부자들의
재테크
불변의 습관

짠테크와 부테크로 100% 수익 만드는 투자비법

부자들의 재테크 불변의 습관

이정우 지음

책들의정원

돈 버는 것보다
돈 관리가 우선이다

대한민국에서 샐러리맨이나 자영업자가 은퇴하고 나면 재산이 얼마나 될까?

국민연금, 퇴직연금에 달랑 집 한 채 정도 남으면 다행?

언제부터였을까? 청년들이 결혼을 포기했다는 말이 더 이상 특별하게 들리지 않는 것이 당연해지고, 그들에게 대한민국은 '헬조선'이라는 단어로 표현되고 있다. 세상을 향해 희망찬 첫걸음을 떼어야 할 그들이 온통 암울한 것들만 떠안고 출발해야 하는 시대라고 누군가는 말하고 있다. 요즘 청년시대를 '열정 페이'라는 명목으로 죽을 만큼 일하면서도 노동력 착취당하는 것을 고마워해야만 하는 시대라고도 하고, 내집 마련은 포기하고 살아가야만 하는 '민달팽이 세대'라고도 한다. 더불어 신생아는 줄고, 노인층이 급격하게 늘어가는 모습이 바로 지금의 대한민국이다.

한편에서는 'YOLO^{You Only Live Once}족'을 외치기도 한다. 남보다 나, 미래보다 현재의 행복을 위해 소비하는 라이프스타일이다. 이들은 내 집 마련이나 노후 준비보다 지금 당장 삶의 질을 높여줄 수 있는 취미 생활, 자기계발 등에 돈을 쓴다. 편의점에서 컵라면으로 끼니를 때울지언정 손에는 컵라면보다 비싼 스타벅스 커피를 들고 다녀야 하고, 원룸에서 월세로 살지언정 외제차에 명품 가방은 있어야 한다는 논리이다.

무엇이 옳은 것일까? 청년들의 대학 등록금 문제, 학자금 대출, 청년실업, 비혼, 출산 거부 등으로 대한민국은 어둠의 늪에 빠져 정말 암울하고 미래가 없는 것일까? 그럼 과거에는 항상 밝은 미래가 있었기에 지금의 대한민국이 지탱해온 것일까?

어차피 우리는 자본주의 사회에 살고 있다. 싫든 좋든 돈은 벌어야 한다. 은행 경력 34년 중 지점장으로 10년을 근무하다보니 참 많은 고객들을 만나면서 다양한 사례를 접할 수 있었다. 매월 25일이면 어렵게 생활하는 노인들이 은행에 기초연금을 찾으러 와서 신세 한탄하는 이야기도 들어주고, 도박에 빠져 대출을 연체한 사람을 찾으려고 과천 경마장까지 쫓아 다닌 적도 있었다.

2002년부터 2012년까지는 대한민국에서 현금성 자산만 10억 원 이상인 부자 고객들의 자산을 관리하는 PB^{Private Banker} 생활을 10년 동안 하면서 누구나 부자가 될 수 있다는 진리를 터득하기도 했다. 그 결과 많은 곳에서 재테크 강의도 하고, 필자 역시 2003년 이후부터 철저한 돈 관리로 대한민국 직장인 평균 이상의 재산을 모을 수 있게 되었다.

부자들의 자산을 관리하다보면 부자가 될 수밖에 없구나 하는 사실을 느낄 수 있으며, 언론에서 접하는 부자 이야기보다 더 큰 감동을 받을 수 있었다. 대한민국이 6·25 전쟁의 악몽에서 벗어난 것은 이제 겨우 반세기를 넘겼을 뿐이다. 하지만 그 이후 가난에서 탈출하고자 하는 신념을 가지고 특유의 부지런함과 고유한 투자 철학으로 부자가 된 사람이 많다. 전쟁의 폐허 속에서 이불 보따리 하나 챙기지 못하고 맨손으로 이북에서 내려온 실향민들 중에는 시장에서 꿀꿀이죽으로 끼니를 때우면서 막일부터 했지만 지금은 수천억 원의 매출을 올리는 회사를 창업한 분들도 많다.

일례로, K회장1944년생은 6·25 전쟁 때 피난길에서 부모님을 여의고 황해도에서 홀로 서울로 피난 와 일곱 살에 지금의 광장시장 포목점 점원으로 시작했다. 그리고 지금까지 약 500억 원의 재산을 일군 100퍼센트 자수성가 사업가이다. K회장은 지금 의료기관에 재산 기부를 준비하고 있다.

얼마 전 고인이 되신 함경남도 단청 출신 S회장 역시 함흥에서 의학을 공부하다가 6·25 전쟁을 겪으면서 무일푼으로 부산까지 피난 갔다가 음악 교과서 관련 일을 한 것이 계기가 되어 H음악출판사를 창업했다. 이후 54년 동안 대한민국 음악 서적 발전을 위해 오직 한길만 걸어오면서 검소와 성실로 자수성가한 분이다.

전북이 고향인 또 다른 S회장은 10대 시절 가난 때문에 받은 설움을 극복하고자 돈을 벌어서 가난의 고리를 끊겠다는 결심으로 새끼손가락 끝마디를 잘랐으며, 27세에 지금의 모 제강회사를 설립해 연 매출 1,000억 원이 넘는 큰 회사로 키운 부자이다. 또한 1993년에 단돈 120만 원으로 의류업을 시작해 200억 원이 넘는 재산을 일군 54세의 Y회장은 남다른 열정과 섬세함으로 대한민국 아동 의류 산업을 획기적으로 발전시킨 여성 사업가이다.

1983년 부친이 건설 공사장에서 일하다 떨어져 받은 보상비 600만 원을 가지고 종로 공평빌딩 7층에서 결혼 혼수용품 사업을 했다가 실패한 이후, 40년간 38번 이사를 할 정도로 전국을 돌아다녔던 대림동 이 회장1954년생. '주방용품 행상', '건강보조식품 외판원'까지 하면서 결국 재기에 성공한 그의 재산은 100억 원에 달한다. 그는 100억 원의 재산을 모으는 동안 많은 어려움이 있었지만 다른 사람에게 빌린 돈은 반드시 갚는 신용 관리를 제일 중시했다. 또한 사업을 하는 동안 동일 업종 내에서 상위 1퍼센트에 있기 위해 항상 최선을 다했다고 한다. 상위 20퍼센트에 있으면 많은 경쟁자로 인해 힘들지만, 한 번 일할 때 죽을 각오로 최선을 다해 상위 1퍼센트에 도달하면 경쟁자가 따라오지 못해 사업하기 쉽다고 한다.

세월은 오직 성실과 부지런한 돈 관리로 노력하는 많은 사람을 부자로 만들어주었다. 반면 부모한테 상속받은 재산이 200억 원에 달했지만 마약과 노름으로 5년여 만에 모든 재산을 탕진해 자살한 어느 사업가의 사연을 접한 적도 있고, 부친이 경기도에 아파트 2개동180가구과 많은 땅 등 500억 원 가량을 상속 재산으로 물려줬지만 친구를 잘못 만나 이 사업, 저 사업에 손대다가 10여 년 만에 신용불량자로 전락한 K씨. 40년 동안 전당포를 운영하면서 모은 수십억 원의 재산을 강원도 카지노에서 1년 만에 모두 탕진한 P씨.

마장동 축산물시장에서 오토바이로 고기 배달 일을 하던 71년생 S씨는 로또 40억 원에 당첨되었다가 5년 만에 재산을 탕진했으며, 남겨 놓은 재산은 없는데도 부인과 어린 자녀 둘에게 상속세만 3억 2,600만 원을 남기고 2005년 6월 자살로 생을 마감한 일. 의사로 근무하면서 진료 때문에 바쁘다보니 믿고 있던 친척에게 전적으로 부동산 투자를 맡겨놓았다가 40억 원을 사기당한 L원장님 등의 사연을 접할 때마다 '돈 관리'라고 하는 단어 하나가 인생을 극과 극으로 나눌 수 있음을 느낄 수 있었다.

지금까지 많은 부자와 실패한 사람들을 만나면서 얻은 교훈이 있다. 부자 되기 제1조건은 벌어들이는 돈의 양이 아니라, 들어온 돈을 어떻게 관리하느냐가 제일 중요한 일이었다. 가난한 길로 들어가는 제1원인은 들어온 돈을 제대로 관리하지 못하는 문제였다. 결국 부자와 가난은 나라가 만드는 것이 아니라는 사실이었다.

이 책은 '어떻게 많은 돈을 벌 것인가?'보다 직장인, 자영업자 상관없이, 수입이 많든 적든 상관없이, 돈을 어떻게 잘 모으고, 어떻게 잘 굴리고, 어떻게 잘 관리해서 60세 이후에 화수분처럼 돈이 계속 나오게 하는 지갑을 만들 것인가에 대해 이야기하고자 한다. 이제 재테크를 하려는 목적에 대해 재정의해 보려고 한다. 재테크의 본질은 어느 특정 자산에 투자해 큰돈을 버는 것이 아니라, 안정적인 현금 흐름이 나올 수 있게 만드는 것이 핵심이다.

미래 자산의 가치를 현재 가치로 환산해 내가 하고 있는 일이 얼마짜리 자산인가 파악하는 것도 중요하다. 가령 1년에 5,000만 원을 벌고, 내년에도 5,000만 원을 벌고, 그 이후에도 계속 5,000만 원을 번다고 가정하자. 매년 벌 수 있는 5,000만 원을 현재 이자율로 나누면 그것이 현재의 자산 가치이다. 현재 이자율이 10%라고 가정한다면 '5,000만 원 ÷ 10% = 5억 원'의 자산 가치가 있는 것이다. 이자율이 2%라고 가정한다면 '5,000만 원 ÷ 2% = 25억 원'의 자산을 보유하고 있는 것이다.

요즘 신입 직원들의 이직률이 높다고 한다. 능력이 많아서 이직하는 것이 아니고, 일단 급한 대로 입사는 했지만, 조금 일해보니 적응을 못해 그만두는 사례가 많다. 지금 내가 하고 있는 일이 적성에 맞지 않아 그만둘 때도 있지만, 나중에는 그 일을 하고 싶어도 하지 못하는 것이 현실이다. 내가 하고 있는 일의 현재 자산 가치를 파악하는 것도 이 사회에서 인내심을 가지고 살아갈 수 있는 지혜라 할 것이다.

이 땅에서 사는 사람이라면 누구나 경험한 게 있다. 심지어 초등학생도 겪어보았다는 '산전수전'이다. 이 책에서는 재테크의 재정의를 위해 재테크 4원칙을 따르고자 한다. 산전수전 경험보다 쉬운 재테크 4원칙으로 ①수전守錢 ②집전集錢 ③용전用錢을 통해 마지막으로 ④산전産錢을 만드는 것을 최종 목표로 두고자 한다.

위에서 설명한 재테크 4단계는 다음과 같다.

제1단계는 수전: 허리띠를 졸라매고 어렵게 모은 돈을 잘 관리하고 지키는 방법

제2단계는 집전: 돈을 모으는 방법

제3단계는 용전: 돈 맛을 빨리 봐서 돈이 돈을 불리게 하는 심리 이용법

제4단계는 산전: 죽을 때까지 화수분처럼 지갑에서 돈이 계속 나오게 하는 연금 만드는 방법

따라서 이 책에는 각 단계에서 해야 할 일과 사례들을 함께 적어놓았다. 마지막 4단계 산전은 연금의 6층탑을 쌓아 여섯 개의 연금을 통해 죽을 때까지 현금을 받아 편안한 노후생활이 되는 방법이다. 연금 5층주택연금까지는 많은 사람들이 알고 있지만, 연금 6층을 만들기 위해서는 남들보다 저렴한 투자가 이루어져야 하기에 이 책을 읽는 독자들은 큰 행운을 거머쥘 것이라 생각한다.

투자할 때 남의 말만 믿고 투자하지 말고 적어도 이 책의 내용 50퍼

센트 정도만 알고 투자해도 손실의 위험을 줄일 수 있으니 돈 관리를 잘해서 연금 부자가 되길 바라는 마음뿐이다. 부디 독자 여러분 모두가 커다란 화수분지갑 하나씩 만들어 가시길 바란다.

2017년 12월 여의도 디지털도서관에서

이정우

목차

CHAPTER

1 제1법칙_ 부자 설계에도 법칙이 있다

CHAPTER

2 제2법칙_ 돈을 모으고, 돈을 굴려라

CHAPTER

3 제3법칙_ 올바른 증권투자, 쪽박 차는 증권투자

CHAPTER

4 제4법칙_ 결국 부동산이 화수분지갑을 채워준다

나라에 재물이 많고 풍성하면 먼 곳에 사는 사람도 찾아오고, 땅이 모두 개간되면 백성이 안정된 생업에 종사하며 머물 곳을 찾게 된다. 창고가 가득 차야 백성들이 예절을 알고, 의식(衣食)이 족해야 영욕(榮辱)을 안다. 예의염치는 재화에 여유가 있을 때 생기고, 없으면 사라진다. 군자는 부유해지면 덕을 행하기 좋아하고 소인은 부유해지면 자신의 능력에 맞게 적절히 행동한다. 연못이 깊어야 물고기가 노닐고 산이 깊어야 짐승이 뛰어놀 듯이, 사람은 부유해야 비로소 인의를 행할 수 있다. 부유한 사람이 세력을 얻으면 세상에 그 이름을 더욱 드러내고, 세력을 잃으면 따르는 자가 없게 되어 즐겁지 않게 된다.

- 사마천의 부자경제학 (2012) 중에서

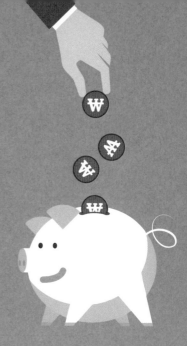

제1법칙_
부자
설계에도
법칙이 있다

재테크를 재정립하라

자본주의 사회에서는 무엇이 가장 필요할까? 자본주의 사회의 근간이 되는 것은 무엇일까? 인간 생존을 위한 3대 요소의식주를 해결하려면 무엇이 필요할까? 위 세 가지를 충족시키는 여러 답변 중 돈도 하나의 답변일 것이다. 돈은 자본주의 사회뿐만 아니라 공산주의 사회에서도 매우 필요한 것임에 틀림없다. 현대사회에서 발생하는 여러 가지 다툼, 도둑, 사기, 강도, 살인심지어 존속살인까지, 이혼, 부부싸움, 형제 간 싸움, 가족 동반자살, 부정부패, 권력다툼, 전쟁 등이 발생하는 원인은 무엇일까? 결국 돈 문제가 대부분을 차지하고 있는 것이 현실이다.

"왜?" 현대사회에서 먹고 살려면 다른 사람 주머니에 있는 돈을 내 주머니로 적법하고 합당하게 옮겨야 하는데, 그 절차가 적법하고 합당하지 못하거나, 적합하더라도 당사자 간의 이해 성립이 안 되거나, 돈의 양이 부족해서 발생하는 사회적 현상이기 때문이다. 그래서 돈을 벌어야 하고, 지금 직장을 다니고, 장사를 하는 것도 돈을 벌기 위해 하는 것이지 순수 자원봉사로 하는 것은 아니다. 심지어 돈이 없으면 자원봉사도 할 수 없다.

'돈! 돈!! 돈!!!'

돈은 단지 목적 달성을 위한 수단일 뿐이다. 돈은 충실한 하인이지만 때론 가차 없고 잔혹한 주인행세를 하기도 한다. 사람들이 더불어 사는 공동체 안에서 다른 중요한 가치보다 돈을 앞세워 자신의 욕망을 추구한다면 도덕의 잣대가 무너지고 결국에는 재앙을 맞이하게 되는 것에 의심의 여지가 없다. 그러나 돈 자체가 비난의 대상은 아니다. 우리는 싫든 좋든 돈을 벌기 위해 일하면서 살고 있다. 그리고 누구나 부자가 되기를 갈망하고 있다.

사마천은 '세상의 이치를 알면 여유롭게 사는 부자가 되며, 세상의 이치를 모르면 항상 쪼들리는 가난한 사람이 된다'고 했다. 그래서 부자가 되려면 '세상의 이치'를 아는 것이 가장 중요하며, 부자가 되고 싶으면 돈을 담을 수 있는 그릇부터 키워야 한다, 라고 가르쳤다.

그럼 언제까지 얼마나 많은 돈을 벌어야 할까? 어느 예능 프로그램에서 방송인 김생민 씨가 이런 멘트를 남겼다. "지금 저축하지 않으면 나중에 하기 싫은 일을 해야 한다."

결국 누구나 돈을 벌고 있지만, 내 통장에 얼마나 많은 돈을 저축해 놓고 있느냐가 부자와 가난한 자를 구별한다고 할 수 있다. 돈을 버는 것보다 돈 관리하는 것이 더 중요함을 말한다. 요즘 나를 위해 과감히 소비하는 욜로YOLO, You Only Live Once족과 소소하게 탕진하는 재미탕진잼에 빠진 사람들이 많다고 한다. 인생에 있어서 누가 멋지고 아름답고 행복하게 살다 떠났다고 평가할 수 없고 정답도 없을 것이다. 하지만 나이 들어 하기 싫은 일을 억지로 하지 않기 위해서라도 지금부터 올바른 재테크를 해야 하지 않을까?

이제 재테크도 재정의해야 한다

2017년 노벨경제학상을 수상한 리처드 탈러^{Richard H. Thaler}는 '무심코 한 선택이 당신의 운명을 결정한다'고 말했다. 많은 사람들이 재테크 하면 특정 주식이나 특정 지역 부동산에 투자하는 방법, 주식 그래프 분석을 통해 매매 타이밍을 잡아 돈 버는 방법, 부자들 돈 버는 방법을 배워 큰돈을 버는 것으로 잘못 이해하고 있다.

세상에 공짜는 없다. 앞에서 언급했듯이 현대사회는 합법적으로 다른 사람 주머니에 있는 돈을 내 주머니로 옮겨와야 먹고살 수 있다. 당신의 주머니를 열려고 하는 사람은 당신에게 정확하고 확실하다고 믿음을 주는 정보와 숫자를 제시할 것이다. 정보와 숫자는 당신을 사로잡고 절대적인 믿음을 주지만 숫자는 숫자일 뿐이다. 그 이면에 숨어있는 속뜻을 살펴보고 정보 너머에 있는 본심을 파악해야 한다.

증권투자 인터넷 가짜뉴스에 현혹되지 말고 거짓으로 위장한 숫자에 속지 말자! '060-△△△-△△△△'로 전화하는 순간 당신 주머니의 돈은 다른 사람 주머니로 넘어가는 것이다. 진정한 주식 고수는 자신의 투자 종목을 남에게 알려주지 않는다. 자신이 투자하기도 전에 우량주식이라고 떠벌리고 나서 자신이 떠벌린 주식 가격이 오르면 투자하는 주식 고수가 있을까?

그러므로 좋은 주식, 좋은 부동산 투자정보가 공짜로 들어올 리 없다. 당신 주머니돈을 가져가기 위한 유혹의 손길일 뿐이다. 특히 정확한 숫자 조합으로 만든 주식 그래프 분석을 통해 매매 타이밍 투자기법 이를 주식투자에서 전문용어로 '기술적 분석'이라 한다을 권유하는 것은 당신 주머니돈을 옮겨가기 위한 초고도화 된 심리전술이다. 주식 그래프로 표시된 매매 타이밍에 모든 투자자들이 덤빈다면 이론대로 될까?

따라서 기술적 분석을 통한 주식투자는 다른 사람들이 알고 따라하면 성공하기 어렵기에 남들 모르게 먼저 투자해야 하는 것이다. 오를 거라는 주식 종목을 왜 나한테 알려줄까? 많은 사람이 사겠다고 하면 가격이 올라 자기 자신도 못 살 텐데? 좋은 부동산을 일면부지인 나에게 왜 소개할까? 자기가 투자하면 되지!

다시 한 번 강조하지만 현대사회는 다른 사람 주머니에 있는 돈을 적법하고 합당한 방법으로 내 주머니로 옮겨와야 나도 먹고살 수 있는 사회다. 그래서 우리가 하고자 하는 재테크도 결국 다른 사람 주머니에 있는 돈을 옮기는 방법 중 하나일 뿐이기에 많은 위험이 따르는 법이다. 마치 세렝게티의 먹이사슬처럼 서로 먹고 먹히는 힘겨운 생존경쟁을 할 수밖에 없는 것이다.

재테크의 덫, 닻, 돛을 구분하자

올바른 재테크를 위해서는 재테크의 덫, 닻, 돛을 구분할 줄 알고 이를 이용할 줄 알아야 한다. 굳은 마음을 가지고 희망차게 출발하던 재테크 호가 어느덧 나도 모르는 곳으로 항해하다 좌초되는 일이 비일비재한 것이 현실이다.

재테크의 덫은 고수익이라는 달콤함에 나도 모르게 빠져 드는 것이다. 에스키모의 늑대 사냥법에 대해 들어봤는가. 날카로운 칼에 동물의 피를 두껍게 발라 얼려놓은 뒤 늑대가 다니는 길목에 던져놓는다. 그러면 늑대들은 피 묻은 칼을 혀로 핥기 시작하며, 이후 피 맛에 취한 늑대는 마침내 자기 혀가 잘리면서 죽는다. 따라서 안전하면서 동시에 높은 수익을 바라는 일은 없어야 한다.

재테크의 닻은 유혹에 흔들리지 않는 마음과 나를 단단하게 지탱해줄 기초 자산이다. 그 기초 자산은 내 집이다. 주택부터 마련해야 재테크의 뿌리가 고정이 되어 다른 유혹에 흔들림이 없다. 누가 뭐라 해도 모든 재테크는 내 집 마련이 우선임을 강조한다. 내 집은 노후에 주택연금으로 회수분 지갑에 돈을 공급할 귀한 재산이기 때문이다.

재테크의 돛은 물들어 올 때 노를 저어야 하고, 바람 불 때 돛을 올려 재테크 속도를 낼 기회다. 내 집 마련이 완결된 이후 재테크는 순풍에 돛단 듯 돈이 돈을 벌어다주는 재테크가 될 기회를 놓치지 않을 것이다.

고령화 쇼크에 대비하자

대한민국이 빨리 늙어가고 있다는 사실은 그동안 많은 언론을 통해 보도되었다. 하지만 그러한 사실이 지금 나에게 전달해주는 현실을 못 느끼면 고령화 쇼크를 알고 있다는 자체가 의미 없다. '대한민국이 빨리 늙어가고 있다는데, 그래서 날 보고 뭐 어쩌라고?' 사람들은 빨리 죽을지도 모르는 위험에 대비해 생명보험에 가입한다. 어린 자녀들이 있는 가장이 불의의 사고나 질병으로 돈을 벌지 못하면 가정은 매우 어려운 상황에 처한다. 이러한 위험에 대비해 생명보험에 가입한다.

하지만 사람들은 장수하는 삶에 대비해 무엇을 하고 있을까? 돈도 없이 오래 살아야 하는 비참함이 내 앞에 기다리고 있다면 어떤 생각이 드는가? '나라가 알아서 해주겠지'라는 막연한 기대감만 가지고 살다보면 젊을 때에야 잘 모르지만 40~50대에 들어설수록 불안한 노후 문제가 현실로 다가온다. 그러다보면 한 방 투자의 유혹이 주변에 많이 보이기 시작한다. 돈이 들어갈 일은 점점 많아지는데, 들어오는 돈이 상대적으로 적다보니 한 방의 유혹에 빠져들어 결국 헤어 나오지 못하는 극한의 노년을 맞이하게 된다.

우리나라는 은퇴 후 평균 5억 5,000만 원이 필요하다고 한다. 그러니 한 살이라도 젊을 때 부지런히 모아서 은퇴 후 5억 5,000만 원에 상당하는 현금을 만들어야 한다. 재테크는 많이 오를 주식이나 부동산에 투자해서 일시에 많은 돈을 버는 것이 아님을 먼저 알아야 한다. 노후를 대비해 현금이 매월 꼬박꼬박 나오게 투자하는 것이 올바른 재테크임을 강조한다. 어떤 사람은 이를 산産테크라 표현하기도 한다.

즉 재산財産의 한문을 있는 그대로 표현해서 재화財를 계속 낳게産하라는 것이다. 돈을 부풀리려고 투자하지 말고, 돈이 어디에선가 평생 흘러나오게 투자하는 것이 올바른 투자이고, 이렇게 노후를 준비하는 것이 재財테크를 재정의해서 산産테크를 하자는 것이다. 재테크를 재정의한 결정체가 화수분 지갑을 만드는 것이다.

Real Story 50대에 남편과 사별한 후 3남매를 키우면서 사채로 큰돈을 모아 부동산과 예금을 합쳐 200억 원 정도 재산을 보유한 85세의 성북동 L할머니는 치매 증세로 고급 요양병원에서 3년째 요양 치료를 받고 있다. 한편 베트남전쟁 참전으로 남편과 사별하고 자식도 없이 홀로 분식점을 하던 78세 K할머니는 뇌졸중으로 중풍에 걸려 경기도에 있는 요양병원에 입원 중인데, 조카가 매일 병원에 들러 병간호를 해주고 있다. K할머니의 재산이라곤 4억 원 상당의 아파트를 담보로 받는 주택연금, 국가유공자 유족연금, 1994년 보험회사에 가입했던 개인연금을 합쳐 매월 400만 원 정도의 연금과 1억 원 가량의 은행예금이 전부다. K할머니가 돌아가시면 연금은 더 이상 나오지 않는다.

'당신은 어느 할머니의 혈육이 더 극진한 효도를 할 거라고 생각하는가?' 재산 200억 원을 보유한 L할머니가 돌아가시면 200억 원의 재산이 자녀들에게 상속된다. L할머니의 자녀 중 첫째 아들은 L할머니 소유의 빌딩을 관리하고 있고, 둘째 딸은 남편의 사업 실패로 L할머니로부터 매번 돈을 받아쓰고 있으며, 막내딸 역시 남편 사업이 시원찮아 자금이 항상 쪼들리다보니 남매가 모이면 어머니 병간호보다 어머니 재산을 빨리 분배하자는 다툼만 매번 있다. 심지어 L할머니가 병원에 장기입원해서 지불하는 치료비가 너무 많으니 가격이 저렴한 병원으로 옮기자는 다툼까지 하는 상황이다.

반면 매월 400만 원씩 연금을 받는 K할머니는 병원비 말고는 연금으로 받은 돈을 쓸 일이 없어서 남은 돈을 조카가 사용하고 있다. 조카 입장에서는 할머니가 돌아가시면 연금이 끊기기에 지극정성을 다해 병간호를 하고 있다.

이 사례는 재테크에 대하여 다시 생각하게 한다. 그래서 이 책에서는 재테크의 목적을 노후대비에 두고, 늙어서 하기 싫은 일을 하지 않도록 하기 위해 노후에 다양한 연금을 받을 수 있도록 연금의 6층탑을 만드는 방법을 설명하고자 한다. 여섯 종류의 연금을 전부 가지고 있다면 이 세상에서 제일 비싼 명품지갑인 화수분 지갑을 소유하게 되는 것이다. 급여 생활자나 자영업자, 모두 가능한 방법이니 연금의 6층을 충실하게 만들어 보자.

연금 1층: 공적연금 국민연금·공무원연금·군인연금·사학연금

연금 2층: 퇴직연금 자영업자는 노란우산공제 및 개인형 IRP

연금 3층: 연금저축 신탁·펀드·보험, 개인형 IRP

연금 4층: 연금보험 종신보험을 연금전환함

연금 5층: 주택연금 똘똘한 집 한 채

연금 6층: 농지연금

연금 각 층마다 연금재원을 많이 모아놓지 못했다면 소비가 많은 70대 이전에 국민연금, 퇴직연금, 개인연금, 주택연금, 농지연금 등 연금이란 연금을 전부 동원해서 연금 수령하고, 70대 이후에는 건강 문제 외에 돈 쓸 일이 많지 않기에 국민연금, 주택연금, 농지연금 3종류만을 받아 궁핍하지 않도록 넉넉하게 노후 생활하는 방법으로 연금 수령 시기를 조절하는 것도 한 방법이다. 우리에게 주어진 숙제를 다 끝내고 즐겁고 행복한 인생 2막을 여유롭게 사는 노후를 누구나 꿈꿀 것이다.

지금 저축하지 않으면 훗날 늙어서 하고 싶지 않은 일을 해야 한다. 하지만 하고 싶지 않은 일을 하려 해도 일자리가 없다는 사실 또한 알아야 한다.

세월도, 돈도 사람을 기다려주지 않는다

자, 그러면 이제 노후준비를 위해서 얼마나 많은 돈을 모아야 할까? 당연히 '많이 모으면 모을수록 좋은 것이 돈이다'라고 누구나 말한다. 그럼 언제까지 돈을 벌어야 하나? 이 질문에 있어서는 많은 사람의 생각이 틀리다. 같은 60세라 해도 어떤 사람은 이제 돈이 제법 있으니 여행이나 다니면서 생활해야겠다는 사람도 있고, 모은 돈이 많지만 소일거리로 직업을 계속 가지고 있는 사람도 있으며, 반면에 끼니 때우기도 힘들어 60세가 넘어서도 힘들게 계속 벌어야 하는 사람도 있다.

왜 돈을 모아야 하나?
■ 라이프 사이클과 수입 / 지출

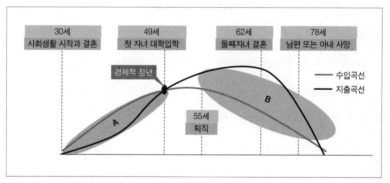

자료: 《고령화 쇼크》, 2003, 박동석 외

직장인의 법적 평균 정년은 60세이다물론 직업별로 다르겠지만. 위 그림에서 보듯이 30세에 직장생활과 동시 결혼하는 경우 생활환경 변천에 따라 경제 정년은 평균 49세이다. 즉, 우리나라 직장인은 평균 49세 이후부터 현금 수입보다 현금 지출이 많아지는 가계 구조를 가지고 있다. 그리고 55세 정도에 퇴직한 이후부터 평균 수명 78세까지 노후생활을 해야 한다.

이는 대학을 졸업하고서 약 30세에 취업하는, 일반적인 경제활동의 경우이므로, 졸업 후 경제활동이 늦어진다면 경제 정년은 더 빨라질 것이다. 따라서 한 살이라도 젊을 때 부지런히 돈을 모아야 한다는 결론이 나온다.

세월은 사람을 기다려주지 않는다. 소년은 늙기 쉬우나 학문은 이루기 어려우니 촌음의 시간이라도 가벼이 여기지 말라고 주자朱子는 말한다. 돈 역시 사람을 기다려주지 않는다. 세월은 누구에게나 공평하게 흐른다. 그러나 돈은 누구에게나 공평하게 쌓이지 않는다. 흘러가는 세월을 어떻게 사용하느냐에 따라 돈의 쌓임은 달라진다. 돈이 쌓이는 크기보다 세월의 흐름이 더 빠르므로 한 살이라도 젊었을 때 돈을 모아야 한다.

경제 정년 49세는 돈의 많고 적음에 따라 행복의 길과 고통의 길, 두 갈래로 나뉘는 갈림길의 시작이다. 누구 말대로 지금 저축하지 않으면 훗날에 하기 싫은 일을 해야 한다.

인생에는 연습이 없듯이 돈을 모으는 것에도 연습이란 없다. 일단 아무렇게나 적금에 가입하고 나중에 생각해보겠다고 하는 사이에 3년, 5년이 훌쩍 지나간다. 하지만 1년 수익률이 3퍼센트일 때와 10퍼센트일 때의 수익 차이에서 인생의 격차가 벌어진다이 내용은 3장에서 자세히 설명하겠다. 그다지 신경 쓰지 않고 선택한 재테크 방법이 한참 지나서 잘못되었음을 깨닫게 되었을 때 다시 원점으로 돌아가 시작할 수는 없다. 시간은 되돌릴 수 없기 때문이다.

30세인 청년이 55세까지 경제활동을 하는 동안 25년이라는 시간밖에 없다. 25년이라는 시간은 5년 만기 적금이 다섯 번 만기되거나, 3년 만기 적금이 여덟 번 회전하는 시간밖에 되지 않는다. 55세 이후부터는 그 동안 모아놓은 돈으로 약 25년 이상을 더 살아야 한다. 그래서 적금으로 돈을 모을 때에도 수익률 관리를 잘해야 미래 가치돈의 양가 높아지고, 이렇게 되면 결국 남들보다 미래생활의 질質이 좋을 수밖에 없다.

기회, 매일 찾아온다

인생에 찾아오는 세 번의 기회를 어떻게 잡느냐에 따라 인생이 달라진다고 흔히 말한다. 과연 그럴까? 아니다. 기회는 늘 우리 주변에서 대기하고 있으며, 하루에도 세 번 이상의 기회가 항상 찾아온다고 말하고 싶다. 다만, 꾸준히 준비하고 노력하는 사람은 작은 기회라도 놓치지 않아 자신에게 엄청난 시너지 효과를 볼 수 있는 기회를 잡아내지만, 자신 앞에 아무리 큰 기회가 버티고 있다 해도 준비되어 있지 않은 사람은 그것이 기회인지조차 파악하지 못한다. 시간이 흐르고 나서야 내게 왔던 것이 기회였고, 이를 놓쳐버린 것을 알면 후회만이 남는다.

그러니 세월과 기회는 사람을 기다려주지 않는다. 부자 부모를 만나지 못했다고 해서 비관하거나 공부를 못했다고 해서 슬퍼할 필요가 없다. 21세기는 부와 권력의 세습 시대가 아니다. 무한경쟁 시대에 들어서면서 누구나 부를 창출할 수 있고, 부자가 되기 위해 도전할 수 있는 많은 기회가 찾아온다.

2016년 12월말 현재 우리나라에는 금융자산 10억 원 이상을 보유하고 있는 부자가 약 24만 2,000명에 이른다고 한다〈2017 한국부자보고서〉, KB금융지주경영연구소. 그렇다면 누구나 꿈꾸는 부자는 왜 아무나 되지 못하는 것일까? 20~40대가 앞으로 만들어가야 할 진정한 부자는 지식을 갖추고 계획 하에 노력하는 부자가 되어야 한다. 막연한 부자를 꿈꾸기보다 인생 전반에 걸쳐 계획을 세우고 차근차근 벽돌을 쌓아가듯 준비해야 할 것이다. 그렇다면 부자가 되기 위해서는 어떤 노력을 해야 할까?

주제 파악, 그리고 나를 마케팅하라

"네 주제 파악 좀 해라!", "세상에 넌 주제도 모르니?" 우리가 하기도 하고 듣기도 하는 말이면서 동시에 들으면 들을수록 매우 기분 나쁜 말이지만 매우 중요한 충고다. 소크라테스는 약 2500년 전에 '너 자신을 알라'는 인류 철학사에 길이 남을 유명한 말을 남겼다. 이것을 우리식으로 말하자면 '주제파악'이라고 할 수 있다. '내 나이가 지금 몇이지?', '내가 모아놓은 재산이 얼마나 되지?', '이 일을 내가 언제까지 할 수 있을까?', '내 적성과 재능은 무엇일까?', '내 잠재력은 얼마나 될까?', '어떻게 돈을 모아야 하나?', '이 물건이 지금 내 형편에 꼭 필요한 걸까?' 같은 질문들을 통해 나의 경제적 위치를 정확히 파악할 수 있어야 한다.

내일 시합에 나가는 100미터 달리기 선수에게 오늘 마라톤에 적합한 운동을 시킬 수는 없다. 집도 없는 사람이 빚내서 주식투자를 하면 안 될 것이다. 보장성 보험에 가입해야 할 사람이 저축성 보험에 가입하는 어리석음을 범해서는 안 된다. 옆집 아이가 피아노 학원에 다닌다고 해서 적성에 맞지 않는 내 아이를 비싼 피아노 학원에 다니게 해서는 안 된다.

그러므로 가장 먼저 자신의 주제부터 파악할 줄 알아야 한다. 그리고 나를 철저히 마케팅하면 돈은 저절로 관리된다. 물론 살면서 나를 파악하기란 어려운 일이다. 평생을 살고도 내가 누구인지 아는 사람은 거의 없을 것이다. 유명한 종교인도 자신을 알지 못하고 세상을 떠나는 것에 안타까워하는데, 세상살이에 찌든 우리가 어찌 제대로 된 주제 파악을 할 수 있겠는가?

하지만 끊임없이 반성하고 자신을 객관적으로 바라볼 수 있는 능력을 키우려는 노력은 해야 한다. 내가 처한 환경과 나의 능력을 조금이라도 알고 있다면 보다 나은 부자의 지름길이 열리기 때문이다. 자본주의 역사는 '차이'를 가진 자들의 손을 들어주고 있다. 의식적이든, 무의식적이든 차이를 만들어내지 못하는 기업이나 개인은 얼마 지나지 않아 간판이 사라진다. 유명 맛집은 남들과 다른, 뭔가 차별 있는 맛을 가지고 있기에 사람들이 몇 시간씩 줄을 서는 것이다.

매우 힘든 직업임에도 많은 사람들이 쉽게 큰돈을 번다고 오해하는 연예인의 경우는 어떨까?

장점보다 단점을 인정한 가수 싸이

젊은이들이 그에게 열광하는 이유는 뛰어난 외모와 매끈한 몸매를 지녔기 때문이 아니다. 대신 그는 주제 파악이 빨랐으며, 자신을 철저한 마케팅 도구로 사용했다. 싸이는 삼성그룹 CEO 자녀 대상 〈주제 파악〉 특강에서 '내 마케팅 전략의 핵심은 '주제 파악'이다. 자신의 장점을 알리는 것보다 자신의 단점을 인정하고 보완하는 것이 뛰어난 마케팅이다'라고 밝힌 적이 있다. '뛰어난 외모나 완벽한 춤, 그리고 음악성이 아주 깊은 음악은 전부 내가 할 수 없는 것들이다. 나는 쉽고 신나는 음악을 하고 사람들이 따라 하기 쉬운 춤을 춘다. 사람들이 따라 하기 쉽다는 것은, 바꿔 말하면 만만하다는 얘기이고 만만하다는 것은 21세기 코드인 참여 문화와 부합한다'고 말했다. 자신의 장점보다 단점을 인정하고 본인이 잘할 수 있는 것을 선택해 숨김없이 발휘한 것이다.

최고의 MC 유재석

그의 외모는 남들을 웃길 정도로, 호감을 보일 정도로 자연적(?)이지는 않다. 하지만 방송 출연료로는 국내 최고의 대우를 받고 있다. 국정 감사장에서 연예인들의 고액 출연료가 공개되었지만 유재석만큼은 네티즌들이 값진 성공을 인정해주는 분위기다. 왜 그럴까?

그도 처음부터 유명해진 것은 아니다. 그에게도 방송 활동 중 8년이라는 긴 무명의 세월이 있었으며, 오락 프로그램의 진행을 맡으면서 토크와 개그를 익혔고 이를 상황에 따라 분리, 조합하는 임기응변을 발휘하기 시작한 것이다. 그리고 웃음을 자아내기 위해서는 출연자들의 권위를 무너뜨려야 하는데, 남의 권위를 무너뜨리기보다 자신의 권위를 무너뜨리는 '겸손한 MC'의 위치를 선택한 것이다.

결국 대중에게 보이는 성실함과 동료 연예인과의 인간관계, 출연진들에 대한 배려와 편안함 등에서 높은 점수를 얻어 오랜 시간이 지난후 그 빛을 발하게 된 것이다. '성실은 최고의 종자돈이다'라는 말이 거짓이 아님을 실증하는 인물이 유재석이다.

앞서 소개한 싸이와 유재석 이야기는 필자가 2007년에 출간한《대한민국 재테크 생활백서》에 소개한 이야기인데, 이후 싸이는 2012년 누구나 따라하기 편한 댄스뮤직 '강남스타일'로 전 세계인에게 인기를 얻는 등 두 사람 모두 지금까지도 변치 않는 인기로 돈을 벌고 있으니 대단하지 않은가? 주제 파악이 빠른 사람은 돈 관리에도 철저하다. 연예인 중 한 번의 광고 촬영이나 한 편의 영화 촬영으로 거액의 돈을 버는 톱스타가 있지만 그러한 톱스타들이 모두 부자는 아니다. 마찬가지로 연예인 타이틀을 가지고 있지만 인기가 없어 변변치 않은 수입을 가지고도 절약과 저축을 통해 강남에 수십억 원 상당의 부동산을 보유한 부자도 있다.

이는 돈을 많이 벌면 반드시 부자가 되는 것이 아니라 본인의 위치가 어디에 있는지, 어느 정도 인기가 있는지, 얼마나 인기를 가지고 갈 수 있는지에 대하여 주제 파악을 한 후, 들어온 돈을 어떻게 잘 관리해서 소비보다 저축을 얼마나 많이 하느냐에 따라 부자와 가난한 자로 나누어짐을 증명해주고 있다.

재물에 투자하지 말고 시간에 투자하라

우리가 소비하는 시간의 진실

내가 만약 인생을 다시 산다면, 가장 소중히 여겨야 할 것이 시간이다. 내 주제 파악이 끝났다면, 하루하루 소비하고 있는 시간을 체크해보자. 빠르게 날아가는 미사일도 잡을 수 있는 세상이 되었지만 지나가는 세월은 어떠한 첨단 과학 기술로도 잡을 수 없다. 대통령이나 일반 국민, 부자나 가난한 사람, 한국 사람이나 미국 사람 등 직위, 지역에 상관없이 남녀노소 누구에게나 똑같은 하루 24시간이 주어진다.

그러나 올림픽 100미터 달리기에서는 100분의 1초로 1등과 2등을 구분 짓는다. 시험장에 가는 수험생이 1초 때문에 전철을 놓치면 적어도 2~3분을 기다려야 전철을 탈 것이고, 시험장에 2~3분을 늦게 도착한다면 다시 1년을 기다려야 하는 상황까지 발생할 수 있다.

3장에서 자세히 설명하겠지만, 매월 100만 원씩 한국 주식형펀드 KOSPI에 1990년 1월부터 2017년 10월까지27년 10개월 동안 적금 식으로 투자한 사람의 원금과 이자는 약 8억 5,000만 원에 달하는 반면, 2000년 1월부터 2017년 10월까지17년 10개월 동안 투자한 사람의 원금과 이자는 약 4억 2,000만 원에 달한다. 2010년 1월부터 2017년 10월까지7년 10개월 동안 투자한 사람의 원금과 이자는 약 1억 1,000만 원으로 차이가 많이 나기에 빠른 저축이 얼마나 중요한지를 보여주고 있다.

대한민국 국민의 평균 수명을 76세라 할 때 평균적으로 일하면서 26년, 잠자면서 23년, 텔레비전 앞에서 7년, 근심걱정하면서 7년, 화장실에서 3년 6개월의 시간을 보낸다고 한다. 18세기 후반 미국의 계몽 사상가인 벤저민 프랭클린Benjamin Franklin은 '시간은 돈이다'라고 강조해왔고, 이는 누구나 한 번쯤 들어봤을 말이다. 하지만 살아오면서 시간의 가치를 측정해보는 사람은 별로 없다.

시간의 가치를 물리적으로 측정할 필요는 없다. 하지만 시간을 돈으로 환산하기 위해 부자들은 재무적으로 측정하고 있다. 즉, '시간의 화폐 가치'를 측정하는 것이 불가능하기 때문에 거꾸로 '화폐의 시간 가치'를 측정하는 것이다. 이는 3장에서도 언급하겠지만 화폐의 시간 가치를 계산하는 것이 재테크의 기본이다.

예를 들어 현재 1,000원은 1년 후의 1,000원보다 더 큰 가치가 있다.

이는 같은 금액이라도 물가 상승률 때문에 1년 후보다 현재의 소비에서 더 큰 만족을 얻을 수 있기 때문이다. 쉽게 설명하자면 지금 **빵** 한 개에 1,000원이라 하자. 1년 후 빵 값이 올라 1,100원이 된다면 1,000원으로는 빵을 사지 못한다. 그래서 현재의 1,000원을 은행에 예금할 때에는 일정한 보상을 기대하게 되는데, 이 일정한 보상이 예금 이자다. 그래서 부자들은 금융 기관에 예금을 하더라도 미래의 현재 가치를 계산한 금리에 매우 민감하고, 여기에 위험을 감안한 위험 보상율까지 계산하고 투자한다.

자수성가한 부자들의 습관

자수성가로 성공한 부자들을 만나면서 배운 가장 큰 부분은 시간 관리였다. 그들은 누구에게나 공평하게 주어진 시간 속에서 성실하게 시간을 사용하고 있었다. 철저할 만큼 시간의 소중함을 알고 시간의 낭비가 없다. 부자들은 돈 낭비보다 시간 낭비를 더 싫어하고 더 무서워한다. 잃어버린 돈은 또 모으면 되지만 흘려보낸 시간은 다시 모을 수 없기 때문이다. '시간만 있으면 돈은 얼마든지 모을 수 있다'라고 하는 것이 부자 마인드다.

부자들의 종자돈은 다름 아닌 '시간과 성실과 절약'인 것이다. 시간을 낭비하지 않고, 모든 일을 대충하지 않고, 아껴서 사용하는 이 세 가지가 결국 부자와 가난을 결정하는 주요 요소가 된 것이다. 미국 심리학자 앤더스 에릭슨의 연구에 의하면, 천재들은 보통 사람들보다 다섯 배 정도 더 많은 시간과 노력을 쏟아 부어 위대한 업적을 남긴다고 한다. 프로이트는 45년간 330건, 아인슈타인은 50년간 248건의 논문을 내고, 볼테르는 2만 1,000통의 편지를 썼으며, 에디슨은 1,093건의 특허권을 획득했다.

1퍼센트의 천재성은 공평하게 주어진 시간 속에서 99퍼센트의 흥건한 땀과 만나야 비로소 성과를 낸다고 한다. 중국의 원자바오 총리는 자신의 대학 시절 공부 비결을 "남보다 한 시간 더, 도서관에 마지막 불이 꺼질 때까지 공부한 성실함이었다"라고 언론에 고백했다. 신장암으로 2014년 사망한 전설적인 전문 경영인 이브 카르셀전 루이뷔통 CEO 역시 매일 아침 6시 15분에 출근하는 성실함으로 트렁크 기업이었던 루이뷔통을 세계 최대 명품 기업으로 탈바꿈시켰다. 이브 카르셀이 20여 년간 영업과 현장 관리 경력을 쌓은 뒤 1989년 LVMH 그룹에 합류해 현재의 루이뷔통으로 만든 건 오직 누구에게나 공평하게 주어진 시간을 성실하게 관리하고 치열하게 일하는 차별성뿐이었다고 한다.

한 CEO가 일찍 출근해서 옥상에 올라가 출근하는 모습을 내려다보았더니, 큰 차부터 작은 차 순서대로 오고, 마지막으로 허겁지겁 뛰어서 시간에 맞춰 출근하는 사람들이 있었다고 한다. 차 크기와 출근 순서가 비례한다는 말이었다.

학력도, 배경도, 자본도 없이 오늘날 정상에 오른 한 자수성가 CEO는 자신의 성공 비결을 "먼저 나를 우수하게 만든 다음 즐기겠다고 노력한 것, 그 한 가지뿐이었다. 남들 잘 때 자지 않고, 놀 때 놀지 않고 일하는 시간이 길었던 것뿐이다. 하루 두 시간의 경쟁력이 나의 운명을 갈랐다. 하루에 두 시간씩 1년에 700시간을 투자하면 평범이 비범으로, 3년간 2,000시간을 투자하면 국내 최고가, 5년간 3,500시간을 투자하면 자신의 분야에서 세계 최고가 되지 않겠느냐?"라고 말한다.

인생의 포로인 사람들은 매일 출근시간에 꼴깍 맞추거나 넘겨서 지각을 감추려고 발자국 소리를 줄이지만, 인생의 프로인 사람들은 남보다 일찍 출근하면서 혹시라도 더 일찍 출근한 사람에게 폐가 될까 봐 발자국 소리를 죽인다고 한다.

실패 속에서도 시간투자로 성공을 만들어내는 부자

주어진 시간 속에서 성실하게 일한다고 누구나 항상 잘되는 것은 아니다. 사업을 하다보면 실패할 수도 있고, 투자를 하다보면 손해를 볼 수도 있다. 주어진 시간 속에서 나는 열심히 살았는데 다른 사람으로 인해 내가 피해를 보고 내가 불행해지는 일도 많다.

하지만 내가 당한 피해나 불행 역시 해결할 수 있는 시간은 또 주어진다. 남들로 인해 당한 피해와 불행을 한탄만 한다고 해서 다른 누군가가 해결해주는 것도 아니다. 내게 주어진 시간 속에서 내가 해결해 나갈 수밖에 없다. 과거의 실패를 딛고 일어나서 성공한 부자도 많다는 사실을 결코 잊어서는 안 될 것이다.

Real Story 1997년 IMF 외환위기 당시 거래처로부터 결제대금으로 받은 어음이 부도나면서 자신의 사업까지 부도로 이어져 집은 경매를 당하고 신용불량자라는 딱지까지 달고 노숙 생활을 해야만 했던 K 사장1963년생. 채권자들을 피해 다녀야만 했던 그는 자살까지 생각했다. 하지만 '우리에게 남아 있는 재산이 있지 않느냐? 아직 시간이라는 재산도 많이 있고, 아이들도 있으니 희망을 가지자'라는 아내의 말 한마디에 남대문시장, 동대문시장에서 팔다 남은 땡처리용 옷이나 잡화류를 얻어다 지방 행상을 하기 시작했다.

지금은 동대문시장과 남대문시장의 액세서리 매장 다섯 개로 중국과 일본, 동남아를 상대로 장사를 하면서 70억 원대 자산가가 되었다. K 사장은 IMF 외환위기가 오히려 자신을 더 성숙한 사업가로 만들어준 계기가 되었다고 말한다. IMF 외환위기 전, 사업이 잘될 때에는 젊었을 뿐만 아니라 끝없이 잘될 거라는 장밋빛 전망만 보여 골프장과 고급 술집에서 돈을 흥청망청 쓰면서 살았는데, 부도를 한번 맞고 나니 세상이 달라 보였다는 것이다.

그래서 이제는 사업을 하면서 리스크 관리와 돈 관리를 철저히 하면서 위기가 올 때 오히려 기회를 잡는다고 한다. 과거의 빚을 청산하고 지금의 재산을 모을 수 있었던 건 IMF 외환위기 때의 경험으로 2008년 글로벌 금융위기를 기회로 잡았던 덕분이라고 말하고 있다.

Real Story 대림동에 위치한 ▲▲글로벌 이 회장1954년생은 1983년 부친이 공사장에서 떨어져 다친 치료 보상금 600만 원을 가지고 종로 공평빌딩 7층에서 혼수용품 판매사업을 하다가 전 재산을 잃는 사건이 발생한다. 가족들 보기 민망하고 앞날이 깜깜했으나 좌절만 하고 있을 수는 없었다고 한다.

이후 40년간 38번 이사할 정도로 전국을 돌아다니며 주방용품 행상, 건강보조식품 외판원까지 하면서 재기에 성공한 이 회장의 재산은 지금 100억 원에 달한다. 그가 부도 후 사업에 재도전하면서 딱 한 가지 바꾼 것은 사업 실패에서 맛본 마음가짐이었다고 한다. 바로 1등이 안 되면 죽는다는 마음가짐. 동종업계 내 상위 20퍼센트에 있으면서 장사 좀

한답시고 머물러 있으면 많은 경쟁자로 인해 힘들 뿐만 아니라 나 자신도 무너질 수 있지만, 한 번 일할 때 죽을 수 있다는 각오로 최선을 다해 상위 1퍼센트에 도달해 있으면 오히려 경쟁자가 따라오지 못해 사업하기 쉽다고 한다.

Real Story 또 다른 사업가 K 사장1966년생은 전남 신안 시골에서 고등학교를 졸업하고 무작정 상경해 서울 을지로 인쇄 골목에서 성실성 하나만 가지고 열심히 일했다. 이후 일산 장항동에 직원 40여 명을 거느리며 자신의 공장을 운영하면서 2006년 필자에게 금융자산만 30억 원을 맡기는 부자 고객이었다구리시와 일산 소재 부동산까지 합치면 약 90억 원의 자산가였음.

하지만 2008년 글로벌 금융위기와 제2자유로 건설로 일산 소재 공장이 일부 수용되면서 공장 이전을 위한 포천시 금현리 소재 부동산을 매입한 것이 문제를 일으켰고, 거래처와의 분쟁 등으로 하던 사업은 부도가 났다. 심지어 거주하던 신당동 아파트까지 경매로 넘어가면서 어린 자녀 세 명을 데리고 지하 단칸방으로 이사해야만 했다.

지금 K 사장은 부인과 단둘이서 일산 법곶동에 조그마한 공장을 빌려 자신의 기술로 재기를 꿈꾸고 있다. 며칠 전 방문했더니 요즘 매월 7,000만 원 이상의 매출은 올린다는 반가운 소식을 안겨줬다. 필자는 K 사장이 분명 재기에 성공할 것으로 확신한다. 왜냐하면 그는 주어진 시간 속에서 술과 담배도 끊고 권토중래의 결단으로 성실하게 살고 있기 때문이다.

요즘 방송에서 전 인기 그룹 룰라의 멤버 이상민의 이야기가 많이 나온다. 그는 과거 본인의 사업 실패와 형사 입건 등 인생 밑바닥까지 떨어진 후 권토중래의 철학으로 사회에 다시 발을 내딛고 있다. '걸어다니는 빚덩어리', '빚 유머 창시자', '인생 롤러코스터의 아이콘'으로 불리지만 실의에 빠져 있는 사람들에게 많은 희망을 안겨주며 사는 그의 모습을 볼 때마다 분명 재기에 성공할 것이라 생각한다. 왜냐하면 돈은 시간에 대한 성실의 결실을 저장해주기 때문이다.

> 시간을 성실하게 사용한 사람이 부를 차지할 수 있기에
> 부자는 돈의 낭비보다 시간의 낭비를 더 무서워한다.
>
> '지금'의 가치는 23:59:59원
> '지금' 당신의 돈은 어제로 사라지고 있다.
> '지금' 돈을 잡아라!
> 내일이면 그 돈이 남의 것이 될 수도 있다.

몰라도 되지만 알면 유익한 TIP

① 72법칙

투자 가치를 두 배로 만들기 위해 필요한 기간이나 수익률을 구하는 법칙이다. 즉, 원금을 두 배로 만들려면 얼마 동안 투자해야 하는가를 계산하는 방법. 예를 들어 원금 1,000만 원을 현재의 금리 연 2퍼센트로 몇 년을 투자해야 2,000만 원이 될까?

'72 ÷ 연이율 2 = 36년'이 걸린다.

그렇다면 원금 1,000만 원을 3년 내에 2,000만 원으로 만들려면 매년 얼마의 이자율을 받아야 할까?

'72 ÷ 투자 기간 3년 = 매년 24%'의 이자를 받아야 3년 뒤 2,000만 원이 된다.

② 앞의 사례 중 병원에 입원 중인 K할머니는 돌아가실 때까지 매월 400만 원의 연금을 받는다. 이를 현재 재산 가치로 환산하면 얼마일까?

매년 수령금 ÷ 현재 1년 정기예금 이율 = (매월 400만 원 × 12개월) ÷ 2% = 24억 원

③ 당신의 현 직장에서 1년 연봉 5,000만 원을 계속 받을 경우 현재 가치는?

5,000만 원 ÷ 현재 1년 정기예금 이율 2% = 25억 원

(25억 원의 재산을 보유하고 있는 상황과 동일하다는 의미)

※ 지금 다니는 직장을 그만둬야 할지 말지 고민해보자!

멈추지 않는 학습, 부자로 만들어주는 지름길이다

'1+1>2 법칙'

지식을 갖춘 사람은 무시하거나 함부로 대할 수 없다. 부자와 대화를 하다보면 주식이나 부동산 등 특정 분야의 지식 수준이 대단하여 재테크 전문가들을 곤경에 빠뜨리는 경우가 종종 있다. 부자들이 자기 자신을 위해 투자하는 것을 지켜본 사람이라면 존경하지 않을 수 없을 것

이다.

가난한 사람들이 매일 소주병과 시간을 보내는 동안 부자들은 온갖 재테크 강좌에 참가해서 정보를 습득하고 지식을 얻는다. 앞에서 부자들은 철저한 시간 관리를 한다고 했다. 부자들은 일하는 시간 외에 남는 시간을 본인의 지식 습득을 위한 시간으로 기꺼이 투자하고 있다.

부자 중에는 우리나라가 1962년 시작한 '제1차 경제개발 5개년 계획' 자료부터 시작해 정부의 각종 국토 개발 계획 신문자료를 지금도 스크랩해 보관하고 있는 이들도 있다. 정부의 계획을 공부하고 연구해서 투자하면 돈을 번다는 진리다. 부자들은 지식이 없으면 기회도 놓친다고 말한다. 기회는 머물러주지 않기 때문에 풍부한 지식을 보유하고 계속 관심을 가진다면 훌륭한 투자 기회가 왔을 때 주저하지 않고 남들보다 빨리 투자함으로써 큰돈을 벌 수 있다.

사람들은 대부분 '학력 = 지식, 학벌 = 지식'으로 연결된다고 생각하지만 부자들이 전부 뛰어난 학력의 소유자인 것은 아니다. 마찬가지로 뛰어난 학벌의 소유자라고 모두 부자는 아니다. 부자들은 학력, 학벌보다 여러 분류의 책을 읽고 연구해서 새로운 아이디어를 찾는다. 결국 필자는 '1+1〉2'라고 말하고 싶다. 지식에 지식을 더하면 시너지 효과가 발휘되고 맥락적 사고가 향상되어 여러 가지 창의적 아이디어가 나온다.

현대그룹의 창업주 故 정주영 회장은 소초등학교만 졸업했지만 대한민국 경제 근대화에 앞장섰음을 누구나 알고 있다. 우리나라 자동차 산업을 비롯한 그의 위대함은 한 시대뿐만 아니라 후손에 길이길이 삼을 업적이다.

'반디 야광펜'으로 유명한 전북 익산 출신의 김동환 사장1957년생은 1965년에 걸린 소아마비와 1972년 친척 도박 때문에 집안이 몰락해서 고2 중퇴 이후 떡과 계란 장사, 택시기사 등 돈되는 일이라면 닥치는 대로 할 수밖에 없었고, 사업하다 실패하기를 여러 번 반복했다. 현실에 만족할 여력도 없었지만 그렇다고 불평불만만 하고 있을 시간도 없었다.

현실만 탓하지 않고 많은 지식을 쌓기 위해 끊임없는 학습과 변화를 시도한 덕분에 1992년 반디 야광펜을 개발해서 큰돈을 벌었다. 지금은 (주)옹기식품농업회사 법인을 창업하여 만든 '간장, 된장' 제품을 국제슬로푸드협회의 '맛의 방주Ark of Taste'에 등록해 세계 속의 한국 음식을 알리는 데 힘쓰고 있다.

어린이 완구업체 (주)손오공 창업주였던 최신규 회장1956년생은 세 살 때 아버지를 여의고, 돈이 없어 초등학교 3학년 때 학교를 그만둘 정도의 가난한 시절을 보냈다. 열세 살의 어린 나이로 금은방에 취직한 최 회장은 매일 독한 염산 냄새를 맡아가며 18시간이 넘게 일하는 금 세공사로 근무했고, 금 세공사를 그만둔 후에는 선반과 주물 기술 등을 닥치는 대로 배우며 일했다. 한때는 판·검사가 되겠다고 독학으로 고시 공부까지 했지만 결국 공부보다 기술을 택해 팽이 완구 '탑 블레이드' 등으로 대박을 터뜨리면서, 마침내 수천억 원의 매출을 올리는 코스닥 등록업체 (주)손오공을 만든 자수성가형 창조적 기업가가 되었다. 이후 2016년 바비 인형으로 유명한 미국 마텔 사에 (주)손오공의 최 회장 지분 약 12퍼센트를 140억 원에 매각하기도 했다. "내가 성공

할 수 있었던 것은 아무것도 가진 것이 없었기 때문입니다"라는 최신
규 회장의 겸손을 보고 있노라면 학벌 위주의 현 사회에 주는 시사점이
크다.

부자가 되려면 맥락적 사고를 향상시켜라

위 사례 외에도 우리나라나 외국에서 학력, 학벌과 무관한 자수성가
형 부자들이 매우 많다. 부자들은 '돈을 위해 일하지 않고, 배움을 위해
일한다'고 한다. 그들은 돈을 벌기 위해 무작정 일만 하지 않는다. 그들
은 현재 하고 있는 일 또는 본인의 전문성과 상관이 없지만 많은 것에
대하여 조금이라도 알고자 여러 가지를 기꺼이 배운다. 배우기 위해
일하며 그 속에서 새로운 아이디어를 찾아 나만의 블루오션을 만들어
나가는 것이 부자들의 특징이다.

글로벌 경제전망 설명회나 부동산 투자설명회, 인문학 강좌 등에 누
가 많이 참석할까? 의외로 부자들이 더 많이 참여한다. 부자들은 어떤
정보가 새롭게 있는지를 확인하기 위해 거리와 시간을 불문하고 여러
가지 강좌에 참여하며, 다방면의 학습을 통해 본인의 맥락적 사고대상이
어떤 맥락에 있는가를 파악하는 능력 - 어떤 대상의 모습이 똑같아도 의미가 다른 경우를 파
악하는 능력를 향상시키고 있다.

자신이 하고 있는 일 또는 자신이 가지고 있는 전문지식 외에 다양
한 지식을 가지고 있으면, 주변의 사물이나 사건을 바라보는 데 관심이
많아진다. 관심이 많아지면 전문지식으로 가지고 있는 사물이나 사건
에 대하여 맥락적 사고가 향상되고, 창의적 생각을 만들어내어 많은 돈
을 벌 수 있다.

다음의 맥락적 사고방식 향상으로 성공한 사례를 생각해보자.

Real Story 홀라후프를 만드는 기업의 K사장은 미국 거래처로부터 엄청난 양의 홀라후프 주문이 들어와서 긴급하게 은행 대출까지 받아 대량으로 만들어놨는데, 미국 거래처가 망했다는 연락을 받았다. K사장은 수출 불가능으로 부도위기에 놓여 조금이라도 빚을 줄여보고자 수많은 스포츠용품점을 다니면서 헐값에라도 팔려고 했지만 전혀 팔리지가 않아 망연자실하고 있었다. 그러던 중, 농촌 들판의 비닐하우스를 보고는 갑자기 창의적인 생각이 번쩍 들어, 산더미처럼 쌓여 있는 홀라후프를 전부 반씩 잘라 비닐하우스 만드는 회사에 팔아 돈을 두 배로 벌었다고 한다.

이는 K사장이 홀라후프 사업을 하면서 취미 삼아 틈틈이 농업에도 관심을 가지고 공부하던 중, 기존 비닐하우스 뼈대 재료가 대나무인데 자주 부러지고 날카로운 대나무살이 비닐을 찢기도 해 매우 불편했다는 사실을 알고 있었기에 역발상이 가능했던 것이다. 그래서 플라스틱으로 만든 홀라후프를 비닐하우스 뼈대로 사용해볼 것을 제안한 것이다. 홀라후프를 운동기구로만 생각하니 팔리지 않아 빚을 갚을 수 없었는데, 농사 짓는 맥락으로 바꾸어보니 전혀 다른 의미가 되면서 매출이 두 배가 되었다고 한다.

Real Story 리바이스는 원래 군용 천막을 만드는 회사였다. 1850년대는 샌프란시스코 근처에 골드러시라고 해서 금광에 사람들이 많이 모여들고 있는 상황이었다. 리바이스의 창업자인 슈트라우스는 엄청난 양의 군용 천막을 주문받아 만들어놓았다. 하지만 주문회사가 갑자기 납품을 못 받겠다고 연락해서 그는 자포자기 상태에서 술집을 돌아다니며 술만 마시고 있었다.

그러던 중 술집에 온 광부들이 찢어진 바지를 꿰매고 있는 모습을 자주 발견하게 되었다. 그래서 슈트라우스는 튼튼한 텐트로 바지를 만들면 좋겠다, 라는 생각에 모아놓은 군용 텐트를 전부 잘라 바지를 만든 것이 리바이스 청바지의 시작이 된 것이다. 주변의 사물과 행동에 대하여 관심을 가지고 지켜보면 맥락을 달리 볼 수 있고 이것이 바로 부자가 되는 능력인 것이다.

맥락적 사고를 향상시켜 부자가 된 사람들은 우리 주변에 너무나도 많다. '★★ 하나 바꿨을 뿐인데 대박난 음식점', '구두, 핸드백 수선 일', '세탁 일', '옷 수선일' 등 우리가 생각하기에 특별하다고 생각하지 않은 직업이지만, 그 속에서 창의적 발상을 가지고 남들과의 차별성을 통해 수십억 원대의 매출을 올려 부자가 되고 있는 사람들이 방송에 소개되고 있는 것을 자주 보고 있다.

학습하지 않고 남의 말만 믿고 하는 투자는?

주변에는 본인이 학습하지 않고 남의 말만 믿고 투자하다 실패한 사례도 많이 있다.

 2006년 5월 김포 한강신도시 개발로 인한 토지 수용에 따른 토지 보상금 지급이 한참 있을 때의 일이다. 필자가 토지보상금 자산관리를 위해 김포 LH공사2005년 당시에는 토지공사 현장에서 상담했던 S고객56년생, 여은 토지보상금으로 약 35억 원을 받았다. 필자는 S고객에게 부동산, 펀드, 예금 등 여러 가지 재산을 가지고 포트폴리오를 제안했고, 다양한 재테크 강좌에 참석토록 권유했으나, S고객은 친구와 자주 가는 찜질방에서 들은 정보를 가지고 영등포역 앞의 수익형 상가 건물구분 등기된 집합 건물이라고 함의 일부5개 사무실를 28억 원 주고 투자했다.

수익형 상가는 투자 성공 확률이 30퍼센트 미만이기에 필자는 2006년이나 지금이나 수익형 상가의 분양 상술에 현혹되지 말고 신중하게 투자하라고 조언하고 있다. S고객이 투자한 상가 주변은 현재 영등포타임스퀘어, 신세계백화점, 롯데백화점, 영등포역사 등 매우 훌륭한 상권이 형성되었지만 S고객이 투자한 상가는 준공 10년이 지난 지금도 상인 입주가 이루어지지 못한 채 각 층별 소유자끼리 다툼만 계속되고 있고, 건물 가격은 반 토막도 더 난 상황에서 매매도 안 되고 재산세와 관리비만 꼬박꼬박 납부하는 스트레스를 받고 있다.

가난한 사람들은 학습을 하고 지식을 넓히기 위해 재테크 설명회 등에 참여하기보다, 남들이 투자 가치가 있는 부동산이더라 하는 소문만 듣고 그 지역으로 몰려가거나, 인터넷 허위 광고 기사에 낚여 ○○투자자문에 가입해 △△주식이 좋다는 말만 믿고 컴퓨터 앞에서 주식 투자를 도박처럼 하고 있다.

富테크의 기본은 '성실, 학습, 시간활용'을 통해 창의성을 높이는 것이다. 필자의 생각에 '부자(富者)는 절차탁마(切磋琢磨)하고, 빈자(貧者)는 불구심해(不求甚解)한다'라고 표현하고 싶다.

몰라도 되지만 알면 유익한 TIP

맥락적 사고 향상의 예(창의성 향상 능력)

① 거북이는 지구상에서 느린 동물로 알고 있다. 하지만 지구의 70%는 바다이다. 지구에서 치타와 거북이 중 빠른 동물은 무엇일까?

② 컵이 보이는가? 아니면 사람 얼굴이 보이는가? (창의성=배경과 대상을 자유자재로 바꾸는 능력)

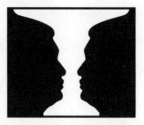

③ 어느 선이 길어 보이는지? (착시현상=주변에 무엇이 있느냐에 따라 대상의 의미가 달라진다)

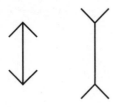

나를
관리하라

부자 계획, 멀리 보고, 마음에 담아라

사람이 정해진 시간, 정해놓은 계획에 맞춰 기계처럼 살 수 있을까? 사람이 기계처럼 살 수만 있다면 돈을 모으고 부자가 되는 건 아주 쉬울 것이다. 그러나 사람이기에 기계처럼 될 수는 없을 것이다.

미래를 예측하는 부자들의 마음가짐

10년 안에 5억 원을 벌고, 15년 안에 10억 원을 벌겠다는 계획이야 누구나 세울 수 있지만, 계획을 세운지 3개월, 아니 3주 만 지나면 흐지부지 되는 게 세상사인 것을…. 하지만 3일, 3주, 3개월, 3년에 한 번씩, 10년 안에 5억 원을 벌겠다는 생각을 계속하면서 미흡했던 부분을 반성하면 어떻게 될까? 막연히 부자가 되겠다는 사람보다는 더 빨리 돈을 모을 수 있지 않을까?

부자들은 멀리 내다보기를 원하고 미래를 예측하고자 노력한다. 고속도로에서 자동차를 고속으로 운전하면서 멀리 보지 않고 바로 앞만 보고 운전한다면 앞차와의 추돌사고뿐만 아니라 내가 가고자 하는 목표 지점을 알려주는 이정표가 있었음을 인식하지 못하고 앞만 보고 지나쳐 달려갈 것이다.

부자들은 단기적인 재테크 목표보다 장기 목표에 전념한다. 단기적인 재테크 목표는 뜻대로 되지 않았을 때 실망감이 크고 목표를 자주 변경하다보니 엉뚱한 방향으로 흐를 수 있다. 돈은 국내외 정치, 경제 상황에 따라 흐름과 쌓임이 변하고 시간에 따라 바뀌기 때문에 투자의 대상주식·채권·부동산 등 역시 수시로 바뀐다.

돈의 흐름을 따라다니면서 투자하면 뒷북치는 투자가 되어 이익보다 손실이 커진다. 따라서 돈이 흐르는 길목을 예측해서 미리 투자하는 전략이 필요하다. 앞에서도 언급했듯이 자본주의 사회에서는 다른 사람의 주머니에 있는 돈을 적법한 절차에 따라 내 주머니로 옮길 수 있어야 한다. 자본력이 큰 세력은 돈 흐름을 인위적으로 만들어 일반인들이 그 흐름을 따라오게끔 할 수도 있다는 것을 알아야 한다. 흔히 말하는 작전주도 자본력이 큰 세력들이 만드는 것이기에 작전주만 좇으며 투자하는 사람 중에 돈 벌었다는 말을 들어본 적은 없다.

일례로 2007년 미국에서 서브프라임모기지 사태로 미국 2위의 서브프라임모기지론 회사인 뉴센추리 파이낸셜New Century Financial이 파산하면서 시작된 글로벌 경제위기는 미국의 패니메이Fannie Mae와 프레디맥Freddie Mac, 메릴린치Merrill Lynch, 베어스턴스Bear Stearns의 부실로 이어졌다. 더불어 2008년 9월 15일 세계 2위 투자은행인 리먼브라더스Lehman Brothers의 파산,

AIG 파산위기 등 세계적 금융보험회사들이 무너지게 되었고, 결국 미국의 저금리 기조와 마구 풀어대는 미 달러는 2010년 유럽의 재정위기를 불러오면서 돈의 흐름이 계속 바뀌고 있다. 이런 와중에 돈의 흐름을 좇던 우리나라 개인 투자자들의 주머니는 더 가벼워지고, 돈의 흐름을 좌지우지할 수 있는 세력들의 주머니는 더욱 무거워졌다.

부자 목표는 일생의 금전 계획과 어떻게 돈을 모을 것인가 하는 실천 계획을 짜는 것이다. 장기적으로 실천 가능한 금전 계획을 세운 후 1년에 한 번씩 피드백하면서 투자하면 장기적 안목으로 투자하게 된다. 지금 당장 부자 목표를 세운다고 1년 안에 부자가 되고 10년 안에 부자가 확정되는 것은 아니다.

부자들은 다르다. 항상 장기적 관점에서 투자한다. 장기 목표를 설정하기 때문에 장기 투자를 할 수 있는 것이다. 부동산을 살 때에는 현재의 재테크 대상보다 자녀들의 미래를 생각하는 매우 장기적 관점에서 부동산을 산다. 즉, 현재 임대 수익률이 좋다고 해서 부동산에 투자하는 것보다 먼 훗날 자녀들의 생계를 생각해서 부동산을 사둔다. 그러다보니 가격이 잘 오르지 않는 수익형 상가구분 등기된 집합건물 투자보다 땅값이 오를 부동산구분 등기된 집합건물이 아닌 상가에 장기 투자를 하며, 10~30년 후 부동산 가격이 올라 더 큰 부자가 될 수 있었던 것이다. 주식이나 펀드에 투자할 때에도 장기적으로 안전한 회사나 펀드에 투자한다. 단기에 크게 수익을 내는 투자보다 단기에 급락할 가능성이 적은 주식이나 펀드에 투자한다. 부자들은 기다림이 곧 돈이라는 사실을 잘 알기 때문이다.

기다림은 곧 돈이다

가난한 사람은 단기적인 투자 수익률에 연연한다. 투자한 주식이 며칠 오르면 주식을 팔지도 않고 평가 이익에 들떠 기분 좋다고 술을 거나하게 사기도 한다. 투자한 주식이나 펀드가 손실이 나면 안절부절못하고 매일 금융회사에 전화해서 물어본다. 부동산을 사더라도 단기시세 차익에 목적을 둔다.

그러나 부자들은 자신들의 포부를 장기적으로 잡는다. 그리고 장기목표 달성을 위해 더디지만 차근차근 계획을 실천한다. 장기 목표가고정되어 있으면, 단기 시장 위기에 어떻게 대응할 것인가에 대한 결정을 빨리 내릴 수 있다. 따라서 부자들은 위기를 두려워하지 않고 오히려 기회로 삼는다. 투자와 투기의 구분은 자기 스스로 투자 원칙을 정하고 원칙에 따라 실천했느냐의 여부에 따른다. 투자세계에서 오랫동안 살아남은 사람은 분석을 잘하거나 운이 좋은 것이 아니라 자신이 세운 원칙을 지키는 사람이다.

전설적인 투자 전문가 피터 린치는 1977년부터 마젤란펀드를 직접운용했으며, 펀드 운용 첫 해부터 20퍼센트의 수익률을 올렸다. 당시같은 기간 미국의 다우존스지수는 17.6퍼센트 하락, S&P 500 지수도9.4퍼센트 하락한 것과 비교하면 대단한 성과라 할 수 있다. 이후 마젤란펀드는 1977년부터 1990년까지 13년 동안 2,703퍼센트라는 놀라운누적 수익률을 기록하며 세계적인 펀드가 된다. 연평균 29퍼센트의 수익률이다. 그리고 마젤란펀드는 이 13년이라는 기간 동안 단 한 번도마이너스 수익률을 내지 않는다.

불패신화의 전설적인 마젤란펀드에 대해 피터 린치는 그의 은퇴식에서 마젤란펀드에 투자한 일반 투자자들의 절반 이상이 원금 손실을 기록하고 말았다는 충격적인 말을 던진다. 마젤란펀드에 투자했다면 누구나 다 성공했을 것 같은데 실은 그렇지 않다는 사실이 이해가 안 될 것이지만, 마젤란펀드에서 원금 손실을 본 투자자 대부분은 단기 투자자들이었다고 한다.

투자 소신을 지키지 못하고 1년도 되지 않는 짧은 투자 기간으로 가입과 환매를 반복했던 단기 투자자들은 세계 최고의 펀드라는 마젤란펀드에 투자하고도 그 좋은 이익 기회를 날린 것이다. 시간과 흔들리지 않는 소신이 투자에 있어 얼마나 중요한지를 나타내주는 대목이다.

IMF 부자라는 말이 있다. IMF 외환위기 때 보통은 주변의 갑작스런 위기에 주식을 팔고, 펀드를 해지하고, 가지고 있던 부동산도 팔았다. 대한민국이 부도나서 망하는 것이라 생각했다. 그러나 현명한 사람들은 이때 남들과는 거꾸로 돈이 있는 대로 긁어모아 우량주식을 헐값에 사들이고 아파트, 상가, 건물, 토지 등에 투자했다. 얼마 지나지 않아 이들은 평생에 걸쳐 모을 수 없는 돈을 벌 수 있었다.

그들은 끊임없이 학습하고 지식을 습득해왔기에 IMF 외환위기 같은 변화를 두려워하지 않았으며, 장기적으로는 대한민국이 안정화될 것이란 확신을 가지고 있었기에 과감히 투자한 것이고, 결국 큰 이익을 얻을 수 있었던 것이다.

그럼 2008년 글로벌 금융위기가 터졌을 때는 어떠했을까? 2007년 11월 최고점 2,085.45포인트에 달했던 우리나라 종합주가지수가 2008년 10월 최저점 892.16포인트까지 주식 가격이 반 토막 이상 무너지고 부동산 가격 하락, 시중금리 급등 등 시장은 패닉 상태 그 자체였다. 우리나라뿐만 아니라 미국, 일본, 중국 등 해외 금융시장 전체가 무너졌다. 그 당시 역시 부자와 가난한 자의 투자 패턴은 확연히 달랐다. 부자들은 달러 가치가 급락하자 달러자산 투자, 금 투자, 싸게 나온 부동산 매입, 삼성전자, 현대차, 현대모비스 등 우량주식에 과감히 투자했던 것이다.

이후 유럽의 재정위기로 2011년 8월 한 달 동안 우리나라 종합주가지수가 2173.28에서 1684.68까지 변동성이 심하다보니, 변동성이 심할 때 투자 방법에 대하여 알려달라고 2011년 8월 19일 필자에게 〈SBS CNBC〉에서 방송 출연 요청이 들어왔다. 1997년 IMF 외환위기를 겪어보고, 2008년 글로벌 금융위기를 겪으면서 회복되나 싶었던 주식에 투자했던 많은 사람들은 2011년 유럽 재정위기로 또다시 솥뚜껑만 보고도 뒤로 자빠지는 사람들이 많아지면서 다수의 언론은 비관적 전망만 가득 기사화 하던 때였다.

당시 필자는 방송에서 '대한민국에 전쟁이 터지지 않는 이상 주식 가격은 다시 올라간다'라는 믿음을 가지고 투자하고, '내가 투자한 기업이 안전하다면, 추가로 더 사라'고 한 적이 있다. 자본시장은 다시 회복세로 돌아가려는 내성을 가지고 있기 때문이다. 자본주의에서 부자와 가난한 자 간의 주머니 속 돈이 이동하는 모습을 또 한 번 볼 수 있었다. 필자 역시 2008년 금융 위기 덕분에 부동산 경매 등을 통해 짭짤한 재산을 모을 수 있었다.

2008년 금융위기 때 필자는 사람들에게 지금이 기회이니 투자하라고 많이 권유했다. 당시 필자의 말을 따른 사람은 부자가 되었을 것이고, 오히려 세상이 지금 어떻게 돌아가는지 알고나 하는 소리냐며 핀잔만 주던 사람은 본인 앞에 다가온 기회를 발로 차버린 것이다.

> 남들이 보지 못하는 것을 찾아내고, 시간의 가치를 돈으로 환산하는 능력을
> 가진 사람이 부자가 된다. 부자는 높은 데서 멀리 보고자 한다.

변화와 투자를 두려워하지 마라

배는 항구에 있을 때가 가장 안전하다. 자동차는 차고에 있을 때가
가장 안전하다. 돈은 금고에 보관되어 있을 때가 가장 안전하다.

하지만 항구에 정박만 하고 있는 배는 더 이상 배가 아니며, 차고에
박혀만 있는 자동차는 더 이상 자동차가 아니다. 단지 배와 자동차의
모양을 갖추었을 뿐 그 기능을 활용하지 않고 있으니 무슨 쓸모가 있겠
는가? 마찬가지로 필요에 따라 사용하고 남은 돈도 굴려야 이자가 붙
는 것이지 안전하게 금고에 보관만 하고 있다면 돈으로서의 역할은 하
지 못한다.

전기가 발명되고 전화가 발명되어 누구나 불편 없이 문명의 혜택을
누리고 있을 때 누군가는 휴대용 전화가 나오고, 컴퓨터를 손에 들고
다니면서 사용할 거라고 했다. 이런 말을 하는 사람에게 많은 이들이
미친 소리 한다고 했다. 세상은 변한다. 사람도 변한다. 변화에 적응하
는 자는 살아남고, 변화를 이끄는 자는 부자가 된다.

이 세상에 안전하게 돈을 많이 버는 방법은 하나도 없다. 굴리는 돈
에는 금액의 많고 적음에 상관없이 늘 위험이 있기 마련이다.

2017년 10월 19일 서울 장충아레나에서 열린 제18회 세계지식포럼

'고령화시대 투자전략' 세션에 참석하기 위해 한국을 방문한 1997년 노벨경제학상 수상자 로버트 머튼Robert Merton은 누구나 꿈꾸는 '부자가 되는 법'에 대한 질문을 받았을 때 이렇게 답을 했다.

"부자가 되려면 단순한 법칙이 있습니다. 일을 더 오래 하고, 저축을 더 많이 하면 되는데 그렇게 하지 못한다면 더 큰 위험을 감수해야 합니다"라고 말했다. 더 많이 벌 수 없다면 있는 돈을 위험한 곳에 투자해서라도 과감히 불려 나가야 한다는 의미다.

가난한 사람은 '돈을 잃는다는 두려움' 때문에 부자가 되지 못한다. 많은 사람들은 부자가 되는 꿈을 꾸지만 돈 잃는 것을 더 무서워한다고 누군가는 말한다. 많은 사람들이 부자가 되기 위해 어떤 사업이 좋을지를 연구하고, 재테크를 위한 금융지식을 배우고, 주식 및 부동산 투자방법 등에 대하여 배우지만 정작 돈을 벌지 못하는 이유는 투자한 돈을 잃을지 모른다는 두려움 때문이다.

부자들도 돈을 잃는다는 두려움은 다 가지고 있다. 하지만 두려움을 다루는 방식, 즉 실패를 다루는 방식이 삶의 차이를 만들어낸다. 따라서 부자가 되고자 한다면 돈 잃을 것을 걱정만 하지 말고, 투자 수익을 얻기 위해 어떤 투자를 어떻게 해야 할지 그리고 그곳에는 어떤 위험이 있으며 위험을 관리하기 위해 무엇을 해야 할지를 연구해야 한다. 이는 곧 투자와 위험을 동시에 연구해서 위험을 최소화시키는 투자를 하라는 것이다.

이사를 자주해서 변화하는 주변 환경에 적응하자

장사하는 사람은 한 곳에서 오랫동안 장사해 그 지역의 터줏대감이 되어야 성공하는 경우가 많다. 하지만 샐러리맨은 이사를 자주해서 주택을 변화시켜야 부자가 될 수 있다. 이사를 해야 불필요한 짐이 있다는 사실을 알 수 있고, 왜 쓸데없이 그런 걸 구매했는지 반성도 하면서 씀씀이를 줄일 수 있다. 더욱 중요한 것은 내가 거주하는 집의 가격과 이사하고자 하는 지역의 주택 가격 변화를 알 수 있고, 앞으로 어느 지역 어떤 아파트로 옮겨야 하는지 등 집에 대한 집테크 능력이 오른다.

Real Story 필자가 근무하는 직장 직원들의 집테크를 위해 2013년에 코칭을 해준 적이 있다. 기존에 오랫동안 안정적으로 잘 살고 있던 집을 처분하고 미래 가치가 어떻게 될지 모르는 재건축 아파트에 투자하고 향후 그 아파트로 이사해야 한다는 변화에 대한 두려움은 누구에게나 있다. 직원 중 한 명은 마포구 도화동 H아파트 79.33제곱미터24평형에 살고 있기에 집을 옮기라고 조언했다.

2013년 당시 도화동 H아파트는 3억 5,000만 원에 팔고, 재건축이 진행 중이던 송파구 가락시영아파트 84제곱미터33평형를 5억 8,000만 원에 매입하도록 했다. 추가 분담금 2억 원을 납부하고도 4억 3,000만 원이 올라 지금 가격은 약 12억 원 정도인데 매물도 없다. 반면 2013년 매도한 도화동 H아파트는 2017년 11월 현재 9,000만 원이 올라 4억 4,000만 원 선이다.

또 한 명의 직원은 비슷한 시기에 봉천동 아파트를 4억 원에 팔고 위직원과 함께 가락시영재건축 아파트 중 똑같은 크기를 5억 7,000만 원에 매입해서 2억 원 추가 분담금을 납부한 후 똑같이 12억 원대로 오른아파트를 보유하고 있다. 반면 봉천동 아파트는 지금 4억 5,000만 원 정도에 거래되고 있다. 오랫동안 안정적으로 잘 살고 있는 지역의 아파트를 처분하고 새로운 곳에 투자한다는 두려움을 버리고, 대출까지 받아 과감히 롯데 123층 타워 옆으로 아파트를 옮기는 변화에 투자를 실행함으로써 40대 나이에 12억 원짜리 아파트를 보유하는 직장인이 되는 데에는 불과 4년밖에 걸리지 않았다.

은행에서 대출 받아 주식투자를 한다면?

위 질문에 대해서 아마 보통 사람은 미친 짓이라 생각할 것이고 여느 재테크 전문가도 이를 만류할 것이다. 하지만 부자들은 다르다. 배당 수익률이 세금 공제 후 연 5퍼센트 이상이 되고, 향후에도 지속적으로 배당률이 높아질 것으로 예상되는 주식가치 우량주을 발견했다면 부자는 과감히 은행에서 연 4퍼센트의 대출을 받아 장기투자를 한다.

은행 대출 이자는 배당 수익률로 정리하면 되고, 가치 우량주는 최소한 3년 이상 보유하면 주식 가격이 많이 올라 큰 수익을 안겨준다는 사실을 알고 있기 때문이다.

Real Story 동대문시장에서 의류 사업을 하던 Y사장65년생은 IMF 외환위기 이후 99년 4월 삼성전자 주가가 10만 원을 넘어설 때 만기가 많이 남은 본인 예금을 담보로 5억 원을 대출 받아 삼성전자 주식 5,000주를 샀다필자와는 2003년에 고객으로 만남. 삼성전자의 미래 성장성과 당시의 경제 상황으로 봐서도 향후 주가가 더 이상 하락하지는 않을 것이라 예측한 후 과감히 투자한 것이다.

Y사장은 2007년 2월 삼성전자 주식을 1주당 60만 원에 매도해서 25

억 원을 벌어 강남 부동산을 35억 원에 매입했다. 이 책을 집필하면서 모처럼 Y사장 생각이 나서 얼마 전에 만나 점심식사를 함께했다. 약 8년 만에 만나 식사하면서 2007년 삼성전자 주식을 판 것에 대하여 후회하지 않은지를 물었다_{2017년 11월 삼성전자 주식이 1주당 250만 원 정도 하니 주식 5,000주를 계속 가지고 있었으면 125억 원.}

의외의 답변이 돌아왔다. 2008년 10월 글로벌 금융위기 때 삼성전자 주식이 1주당 40만 원대까지 떨어졌기에 예금해지 자금으로 1주당 50만 원에 1,000주를 사서 지금까지 보유하고 있다고 했다. 2007년 35억 원을 주고 매입한 강남 부동산을 현재 120억 원에 사려고 하는 사람이 있는데 고민이라고 덧붙였다.

부자들은 돈이 많아도 은행 대출을 적절히 잘 이용한다. 레버리지 효과와 절세 효과를 이용하는 것이다. 임대 수익용 부동산 등을 살 때 은행에서 대출을 받은 후, 대출이자는 임대수익으로 갚아나가며 회계상 대출이자는 손비 처리함으로써 세금을 절약한다. 그리고 부동산은 가치가 올라갈 때까지 기다린다.

투자의 위험을 두려워하지 마라. 하지만 정도는 지켜라

돈 잃는 것을 두려워하지 말라고 해서 카지노나 인터넷 도박 같은 도박장에서 돈 잃는 것을 두려워하지 말라는 것이 아니다. 분명 투자와 도박은 구별해야 한다. 도박장을 운영하는 사업자는 돈을 벌었을지언정 도박해서 돈 벌었다는 사람은 못 봤다. 투자와 투기와 도박은 분명히 구별해야 한다.

2005년부터 1억 원으로 주식 투자를 업으로 하던 자칭 주식 전문가 R사장67년생이 있었다. 그는 주식에 대하여 많은 공부를 하고, 회사 분석도 철저히 해서 오△△△△△이라는 선박 부품 제조회사에 투자해 156억 원이라는 돈을 벌었다. R사장은 주식매매로 번 돈을 단 1원도 사용하지 않고, 다시 주식에 투자하면서 결국 주식을 담보로 돈을 빌려 투자하다가 원금은커녕 빚만 남긴 채 신용불량자가 되어버렸다.

과유불급이라는 말이 있다. 투자는 항상 자산별로 포트폴리오를 구성예금, 부동산, 증권에 1/3씩 투자하라는 전문가의 조언을 무시하고, 주식 투자에 대한 강한 자신감은 속칭 몰빵 투자를 통해 단기간에 더 큰돈을 벌겠다는 과한 욕심을 만들어내고, 결국 참담한 결과로 막을 내린 것이다.

변화 때문에, 혹은 돈을 잃을지 모른다는 두려움 때문에 70세 노인의 마음으로 살지 마라. 투자를 했는데 돈을 잃더라도 시간이라는 자산이 남아 있고, 20세 청년의 마음이라면 언제든지 다시 할 수 있다는 강인한 의지가 부자로 만들어준다.

騎虎之勢 不得不勉之(기호지세 부득부면지)

호랑이를 타고 달리는 기세. 그 음을 보면 매우 용감한 모습을 뜻한다고 생각할
수 있지만 사실은 그렇지 않다. 호랑이를 타고 달리다가 도중에 호랑이 등에서
내리면 호랑이 밥이 되니 도중에 내리지 말고 끝까지 달려야 한다는 뜻이다.
즉, 이미 시작된 일을 중도에 포기하면 당신만 손해 봐야 하는 어쩔 수 없는 일
이니 중도에 포기하지 말라는 의미이다. 보험이든, 적금이든 한번 가입을 했으
면 중도해약하지 말고 만기가 될 때까지 끝까지 납입해야 손해를 보지 않는다.

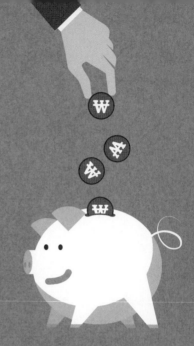

제2법칙_

돈을 모으고,
돈을 굴려라

푼돈을
목돈으로 만들기

푼돈으로 목돈 만들 목표를 세웠으면, 중도에 포기하지 마라

재테크와 관련된 많은 책이나 전문가는 돈을 모으기 전에 돈 모으는 분명한 목표를 세우라고 한다. 모으는 돈의 목표가 결혼 자금인지, 주택 구입 자금인지, 여행 자금인지 목표를 분명히 하고 돈을 모으라고 충고하지만 목표대로 뜻을 이루는 사례가 얼마나 있는지 묻고 싶다. 매년 초에 술과 담배를 끊겠다, 살을 빼겠다 등 세우는 인생 목표도 작심삼일로 끝나는 일이 허다한데 1년 이상 멀리 내다보고 하는 장기 돈 모으기 목표를 누가 쉽게 달성하랴!

금융기관에 적금이나 보험을 가입하고는 중도 해지하는 사례가 매우 많다. 적금이나 보험을 중도 해지하면 처음 가입할 때 약속된 이자가 다 나오지 않고, 심지어 보험은 원금도 나오지 않는다. 중도 해지로 인한 고객의 손실은 상대적으로 금융회사의 이익으로 돌아가는 것이다.

한국은행에서 발표한 통계치를 보면 만기가 1년인 적금에 가입해서 만기까지 가져가는 사람이 40퍼센트 정도, 3년 만기 적금은 20퍼센트 정도의 사람들만이 중도 해지하지 않고 만기 해지를 한다즉, 3년 만기 가입자의 80퍼센트는 중도 해지.

이는 사람들이 적금을 가입할 때 목표 금액만을 염두에 두고 가입하기 때문으로, 푼돈으로 목돈을 만들려고 세우는 목표까지는 좋았는데, 목돈을 만드는 실행 방법이 잘못되어서 발생하는 일이다. 부자가 되려고 적금에 가입했으면 중도에 포기하지 말고 끝까지 납입해서 만기에 목돈을 쥐어보자! 중도 해지하면 '거지꼴을 못 면한다'는 생각을 가지고 끝까지 적금을 부어보자!

포기는 항상 성공하기 1보 직전에 찾아온다. 99미터까지 땅을 파고는 너무 힘들다고 포기하는 경우가 있다. 1미터만 더 파면 매우 큰 금맥이 있는데도 말이다. 더 이상 못하겠다고 포기했던 나머지 1미터 때문에 운명이 바뀌는 경우가 너무 많다.

매월 지출되는 돈을 파악하라

많은 재테크 전문가들이 돈을 모을 때에 다음과 같은 사항을 고려해서 장단기 자금 계획을 세우고 본인의 라이프사이클에 따른 재테크 전략을 세우라고 컨설팅해준다.

① 내가 현재 하고 있는 일은 무엇인가?급여 소득자인가? 자영업자인가? 사업가인가?

② 나에게 고정적으로 들어오는 돈은 얼마나 되고 지출하는 돈은 얼마나 되는가?

③ 부양가족은 몇 명이며, 자녀 교육계획은 어떠한가?

④ 현재의 재산, 부채 상태는 어떠한가?

　　　등등….

물론 위와 같이 자신의 현재 재무 상태를 철저히 파악하고 미래 재산 계획까지 예측하여 재테크 계획을 세우는 것이 당연하지만 사람의 삶이란 게 어디 계획대로 될 수가 있겠는가? 다니던 직장을 퇴직이직할 수도 있고, 불황으로 장사가 안 될 수도 있고, 하던 사업이 부도날 수도 있고, 가족의 질병사고으로 뜻하지 않은 지출이 발생하는 경우 등 변수가 너무 많다.

부자들이 모두 체계적인 계획 하에 돈을 모으지는 않았다. 그들은 돈을 많이 모아 부자가 되겠다는 부자 목표 하나만 설정해놓고, 항상 돈의 소중함을 마음속 깊이 간직하고 있었던 것이다. 그리고는 매일 지출되는 돈의 원인을 파악하고 지출되는 돈을 최소화시키고자 했다. 따라서 부자들은 돈을 모을 때 단순히 악착같이 모으고, 나가는 돈을 막아놓으면서, 힘들게 모은 돈이 쌓이면 투자를 위해 정보를 파악공부한 후 과감히 투자하는 경우가 많다. 부자가 된 후에도 30~40년 동안 가계부를 기록하는 사람들도 적지 않게 볼 수 있다.

체면 불구, 마일리지와 공짜 포인트를 챙기자

재테크 전문가들 대부분은 부자가 되기 위해 가장 먼저 해야 할 일이 '신용카드 없애기'라고 한다. 그것은 한국인의 특성상 외상이라면 소도 잡아먹는 기질 때문일 것이다. 하지만 요즘 부자들은 신용카드를 많이 쓴다. 단돈 5,000원을 쓰더라도 신용카드로 결제한다. 신용카드를 쓰면 별도의 가계부를 기록하지 않아도 카드 대금 결제 청구서에 사용 내역이 날짜별로 꼼꼼하게 나오기 때문이다. 카드 대금 청구서가 나오면 매월 씀씀이를 체크해서 불필요한 곳으로 돈이 새지는 않는지 확인한다. 또한 신용카드를 사용하면 특별 할인 혜택을 주는 가맹점을 주로 이용하며, 3개월 무이자 할부, 자동차 주유 할인 혜택, 카드회사에서 주는 각종 마일리지 등을 매우 세세하게 챙긴다.

'돈 많은 부자들이 그까짓 할인 혜택이나 마일리지에 신경 쓸까?'라고 생각하면 큰 오산이다. 이 세상에 공짜 싫어하는 사람은 없을 것이다. 부자들은 각종 할인 혜택을 받거나, 공짜로 받을 수 있는 혜택을 최대한 이용한다. 물론 부자들도 공짜 점심이 없다는 사실은 알고 있다. 하지만 어차피 본인이 지불한 비용에 포함되는 각종 할인 혜택, 마일리지, 공짜 포인트는 칼같이 챙긴다. 부자들의 절약 습관은 젊었을 때부터 몸에 밴 하나의 습관이기 때문에 세월이 흘러도 쉽게 바뀌지 않는 생활 철학인 것이다. 따라서 신용카드를 없애야 씀씀이를 줄일 수 있다고 생각하는 사람은 이미 부자 대열에 합류할 수 없다.

스스로 씀씀이를 통제할 수 없는 사람이라면 신용카드가 없다고 해서 씀씀이를 절제할 수 있는 것은 아니기 때문이다. 오히려 신용카드를 사용하면서 대금 청구서를 가계부처럼 활용하고, 공짜가 될 만한 것은 무엇이든 챙기는 습관이 필요한 것이다.

재테크 전문가들이 사람들에게 귀가 따가울 정도로 하는 말이 바로 '절약'이다. 동서양을 막론하고 부자의 첫걸음은 절약 정신에서부터 시작하기 때문이다. 작은 것부터 아끼는 습관을 가지게 되면 절약 습관은 점점 커지게 된다. 부자 중에 낭비가 심한 사람은 없다. 얼마나 절약하느냐에 따라 부자에서 갑부, 그리고 재벌로 업그레이드된다.

절약 정신이 푼돈을 목돈으로 만든다

한 번 쓰면 쓱 사라지는 푼돈을 어떻게 움켜쥘 것인가? 방송인 김생민 씨는 '돈은 안 쓰는 것이다'라고 표현하고 있다. 고 정주영 회장은 구두가 닳는 것을 염려하여 굽에 징을 박아 계속 굽을 갈아가며 세 켤레의 같은 디자인 구두로 30년 넘게 신었으며, 등산 바지는 깁고 또 기워서 입었다고 한다. 청운동 자택 거실 가죽 소파는 20년 이상 사용하였고, 텔레비전은 돌아가실 때까지도 한참 유행이 지나 누구도 보려고 하지 않을 것만 같은 17인치 소형 브라운관 텔레비전이었다고 한다. 하지만 대한민국 사람 누구도 그가 청승맞게 산다며 입에 오르내린 적이 없다.

상속받은 재산이 200억 원 정도 되는 J사장은 강남 타워팰리스에 살지만 집에는 30년 전에 사놓은 신일 선풍기가 아직도 거실 한가운데 자리 잡고 있다. 그가 아버지로부터 상속받은 것은 눈에 보이는 돈보다 더 값진 절약 정신이었다. 한국의 상속형 부자들 역시 어렸을 때부터 절약 정신을 부모로부터 물려받았기 때문에 절약하거나 공짜를 챙기는 정신만큼은 변함없는 것이다.

미국의 경제잡지 〈포브스〉가 선정한 2017년 세계 갑부 서열 2위는 주식 투자의 귀재이자 미국 버크서 해서웨이 회장인 워런 버핏이다. 그의 재산은 약 756억 달러약 85조 4,280억 원라고 하지만, 1958년 3만 1,500달러를 주고 구입한 작은 집에서 지금까지 거주하며, 중고차를 직접 운전하고, 아침식사 비용으로 3달러 17센트 이상을 쓰지 않는다. 더불어 값싼 스테이크 하우스와 패스트푸드 전문점을 애용하는 절약형 갑부에 속한다. 그는 "지금 필요한 것을 모두 가지고 있기에 이보다 더 가질 필요가 전혀 없다"라고 한다.

세계 갑부 5위이자 페이스북 창업자인 마크 저커버그는 재산이 약 560억 달러약 63조 2,800억 원이지만 티셔츠와 청바지 차림에 폭스바겐 골프 소형차수동를 몰고 다니는 최연소 절약형 갑부다. 세계 갑부 서열 6위이자 멕시코 텔맥스 텔레콤 회장인 카를로스 슬림은 약 545억 달러약 61조 5,850억 원의 재산을 보유하고 있지만, 요트, 별장 등 과시용 재산에는 눈길도 주지 않을 뿐더러 수십 년째 똑같은 집에 살고 있고, 냉방도 잘 안 되는 낡은 3층 건물에서 업무를 처리하고 있다.

스웨덴 가구회사 이케아 창업자인 잉그바르 캄프라드 역시 엄청난 부자이지만 동시에 지독한 구두쇠로도 알려져 있다. 세계적인 절약형 갑부답게 비행기는 항상 이코노미석만 이용하고, 승용차는 20년도 넘은 볼보240 스테이션왜건이다. 출퇴근은 시내버스를 이용하고, 점심식사는 이케아 푸드코트에서 고객들과 한다. 뿐만 아니라 주말 할인행사 때만 장을 보기 위해 슈퍼마켓을 찾는 등 절약 정신도 세계적이라 할 수 있다.

가난과 실패를 딛고 재기에 성공한 IT 기업 이클레어 그룹의 창립자인 대만 출신 제럴드 수 회장은 바쁜 회사 업무를 처리하기 위해 타이베이, 상하이, 호놀룰루, 캘리포니아 등 세계 각국에 열여덟 채의 저택에 개인 제트기까지 소유하고 있다. 그런 그에게 한 기자가 물었다.

"회장님의 돈 쓰는 철학은 무엇인가요?"

이 질문에 수 회장은 다음과 같이 말했다.

"돈이란 많이 벌어도 아끼지 않는다면 밑 빠진 독에 물붓기입니다. 돈 쓰는 게 표가 안 날 정도로 벌고 싶은가요? 그렇다면 현재 갖고 있는 1달러부터 잘 간수하세요. 투자를 잘하면 절약을 안 해도 된다고요? 천만입니다. 부자를 만드는 것은 수입이 아니라 절약 습관입니다. 저는 지금도 생활비로 미국의 7년차 보통 대졸 월급쟁이 수준 정도밖에 쓰지 않는 답니다."

절약해도 부자가 되지 못하는 이유를 묻자 수 회장은 또다시 다음과 같이 말한다.

"당신은 당신의 돈뿐 아니라, 남의 돈도 그 못지않게 아끼나요? 남의 돈을 많이 절약하는 데 아이디어를 기울이십시오. 그것이 바로 부자 마인드입니다. 진짜 부자들의 절약 마인드는 내 것에만 바들바들 떠는 것이 아니라 남의 재산도 내 것만큼, 아니 내 것보다 존중해주는 것입니다."

가난한 사람들이 아주 자랑스럽게 자주 하는 말이 있다. '공수래공수거.' 사람은 빈손으로 왔다가 빈손으로 가는 것이니 재물에 욕심을 부릴 필요가 없다는 것이다. 하지만 그렇게 말하는 사람들이 살아가면서 오히려 가난을 원수로 생각하고 돈 많은 것을 부러워한다. 본인 소득에 맞지 않는 과소비를 하는 것에 대해서는 당연시하면서 부자들만 탓하는 모습으로는 살지 말자.

'강물도 쓰면 준다'는 말이 있다. 부자의 제1조건은 '절약이다'라고 단정 지을 수 있으며, 절약을 통해 들어오는 푼돈으로 목돈_{종잣돈}을 빨리 만드는 것만이 빨리 부자가 되는 지름길이다. 이제 돈을 절약해 푼돈을 모아 목돈을 만드는 것이 왜 중요한지를 알아보자. 부자로 가는 길은 최종적으로 목돈을 현명하게 굴리는 데 있다고 할 것이다. 투자와 투기를 구별해서 얼마나 잘 굴리느냐에 따라 부자와 가난의 길이 갈린다고 보아도 될 것이다.

여러분이 어딘가에 목돈을 투자해서 10퍼센트의 수익을 얻었다고 가정해보자. 당연히 100만 원을 투자한 경우에는 10만 원의 수익이 발생하고, 1억 원을 투자하면 1,000만 원의 수익이 발생한다. 여기서 10만 원의 수익과 1,000만 원의 수익을 보면 어떤 느낌을 받겠는가? 이자 10만 원은 그냥 용돈 정도 생겼으니 외식이나 한번하자라고 생각하겠지만 이자 1,000만 원을 외식이나 하는 용돈으로 쓰기에는 아깝기에 뭔가 새로운 투자 대안을 찾으려고 할 것이다. 이러한 심리 때문에 결국 돈이 돈을 버는 현상이 생기게 된다. 그래서 가진 자와 그렇지 못한 자의 빈부 격차는 자꾸 커질 수밖에 없다.

> 부자가 되고자 한다면 절약하고 또 절약해서 일단 푼돈을 목돈으로 만드는, 힘겹고 끈질긴 노력이 필요하겠지만, 일단 목돈을 만들어 투자하기 시작하면 큰 수익을 얻을 수 있고, 이러한 투자를 여러 번 반복함으로써 돈이 돈을 버는 구조를 만들게 되는 것이다.

돈 모으기 전에 꼭 해야 할 일

수전守錢: 모아지는 돈을 사수하라! 생애 위험을 방어하자!

돈을 불리기에 앞서 종잣돈이 있어야 어떤 방식으로든지 투자가 가능하다. 따라서 돈을 모아야 하는데, 돈을 모으는 과정에는 처절한 인내와 성실, 그리고 절약 정신이 필요하다.

목돈을 만들려면 사고 싶은 거 안 사고, 먹고 싶은 거 안 먹고, 참아야 할 것이 많고, 주위 사람들한테 구두쇠라는 말을 들을지언정 아끼고 또 아끼면서 나가는 돈을 지키고 모아야 한다. 하지만 아무리 구두쇠처럼 돈을 모은다 해도 어쩔 수 없는 지출 때문에 적금을 중도 해지해야 하는 일이 있다. 이사를 해야 하거나, 사업상 필요해서 적금을 중도 해지하는 경우도 있지만, 자녀의 병 때문에, 부인이 큰 병에 걸렸다거나, 남편이 사고를 당해서 등 안타까운 사연으로 적금을 중도에 해지하는 사람이 의외로 많다.

그것은 건강과 생명에 관련한 것이기에 건강을 위해 백번 노력한다 할지라도 어쩔 수 없이 생긴 질병이나 사고는 누구도 막을 수 없는 것이다. 지금까지 먹고 싶은 거 안 먹고, 입고 싶은 거 안 입으면서 허리띠를 졸라매고 돈을 모았는데 불의의 사고나 질병 때문에 예금 해약뿐만 아니라 살고 있던 집을 팔거나 전세에서 월세로 이사를 가는 사연들도 너무 많다.

이런 어려움을 극복하고, 허리띠 졸라매고 모은 재산을 지켜내는 방법으로 보험 가입을 필히 권한다. 보험을 많이 애용하는 사람들은 과연 누굴까? 의외로 의사다. 의사는 직업상 많은 환자들을 만나면서 질병과 사고로 인한 위험이 얼마나 자주 발생하는지, 또 질병과 사고로 인한 재산 감소가 얼마나 되는지, 그 위험성을 잘 알고 있기에 생명보험이나 상해보험 등에 많이 가입한다. 의사 외의 다른 사람들은 크게 아프거나 다친 경험이 없기에 위험 빈도와 파급 효과에 대하여 깊게 생각하지 않는다.

당장 아무 일 없는 우리 가족의 현 상황이 지속될 것이라는 믿음이 더 크고, 또 그런 위험이 발생하는 것을 원치 않기 때문이다. 목마를 때

우물을 파면 늦는 법이고, 사후약방문死後藥方文 같은 행동은 어리석은 일이다. 거안사위居安思危라고 했다. 평안할 때에도 위험과 곤란이 닥칠 것을 생각하며 미리 대비해야 한다. 따라서 지금 온 가족이 평안하더라고, 아끼면서 돈을 모으기 전에 모아지는 돈을 지킬 수 있는 보험 가입을 먼저 고려해야 한다.

보험은 저축이 아니다

그렇다면 어떤 보험에 가입해야 할까? 먼저 '보험은 저축이 아니다'라는 생각을 염두에 두어야 한다. 보험에 가입한 후 자금이 필요해서 가입한 보험을 중도에 해약하면 원금도 찾을 수 없다. 그러면 보험에 가입한 사람들은 '보험은 사기다'라면서 흥분을 한다. 보험保險은 한자 뜻풀이처럼 험난한 일들을 보호해준다는 뜻이기에 보험에 가입하면서 원금을 찾기 바란다면 보험에 대한 잘못된 생각이다.

따라서 원금은 사라지되 보장이 많은 보험이 원래 보험이 가지고 있는 속성을 가장 잘 반영한 것이라 할 수 있다. 질병이 있거나 사고 발생 시 많은 보험금을 받는 것이 좋은 보험이다. 그리고 보험은 빨리 가입할수록나이가 어릴수록 보험료가 적으므로 자녀가 어릴수록, 직장 초년생일수록 빨리 가입하는 것이 유리하다.

생명보험 중에는 사망보험에 속하는 종신보험이 있다. 이 보험은 내가피보험자 사망하거나 중증장애를 입었을 경우 내 가족유족의 생활 보장을 목적으로 한다. 따라서 종신보험을 가족 수대로 전부 가입하는 것은 권하지 않는다. 종신보험은 가족의 주된 생계 유지자돈을 벌어오는 사람를 피보험자로 해서 한 건만 가입하면 그것으로 족하다. 그리고 배우자나 자녀들을 위해서는 질병과 사고의 위험을 방어할 수 있는 보험이면 문제없다. 배우자나 자녀는 종신보험이 아닌 치료비가 많이 나오는 보험 설계가 바람직한 것이다.

[가입 대상자별로 권유하는 보험의 종류]

보험 가입 대상자	권유하는 보험의 종류	참고사항
주된 생계 유지자(돈 버는 사람)	종신보험(질병 위주) + 사고 대비	젊을수록 빨리, 원금 소멸성 보험(만기 환급금이 없는 것)이 좋음
배우자	질병 위주 + 사고 대비	
자녀		
부모	골절 등 상해보험	

몰라도 되지만 알면 유익한 TIP

① 배우자나 자녀가 사망할 경우 많은 보험금을 받는 보험보다 치료비가 많이 나오는 보험이 좋다. 온 가족이 다 보장받을 수 있을 정도의 보험에 대한 보험료(보험회사에 매월 내야 할 돈)는 월 소득(월급 등)의 10% 이하로 가입하는 것이 바람직하다.

② 종신보험에 가입할 때 주된 생계 유지자, 즉 돈을 버는 사람을 피보험자로 하고, 배우자를 계약자 및 수익자로 한 후 매월 납부하는 보험료를 배우자가 납부하면, 나중에 보험금 수령 시 상속세를 절세할 수 있다(보험료는 반드시 배우자 본인의 돈으로 납부해야 함).

③ 자동차보험에서 보험회사에 납부하는 보험료 비중이 가장 큰 항목이 자기차량 손해담보 부분이다. 자기 차량 손해담보는 내 과실로 자동차 사고가 발생했을 때 또는 차량을 도난당했을 때 등 내 자동차 관련 비용을 보험회

사로부터 받는 것이다. 따라서 내가 조심히 운전하고 자동차 관리도 잘하면 가입하지 않아도 되는 돈을 지불하는 것이니 자기차량 손해담보 금액을 최소한으로 줄이는 방법을 통해 절약한 돈으로 가족들 치료비 보장 보험에 충당하는 것도 재테크다.

35년 은행 근무를 하면서 질병이나 사고로 한 가정의 행복이 일시에 불행으로 바뀌는 사례를 많이 보아왔다. 따라서 돈을 모으기 전에 가정의 행복을 지킬 수 있는 보험에 먼저 가입한 후 적금이나 적립식 펀드 등에 가입을 권유한다.

습관부터 바꾸자

부자들은 어떻게 많은 돈을 모았을까? 이는 많은 사람들이 궁금해하는 내용일 것이다. 의외로 부자들의 대답은 간단했다.

– 안 쓴다
– 돈 모으는 데 왕도는 없다
– 돈이 생기는 대로 저축하고, 저축하고 남은 돈으로 생활했다

간결하지만 당연한 진리가 아닌가 싶다. 매년 10월이면 정부에서 저축을 많이 한 저축 유공자에게 표창을 한다. 이때 저축 유공자 중에는 구두미화원, 김밥장사 할머니, 젓갈장사 할머니 등 돈을 많이 벌 수 없

을 것으로 생각되는 직업군의 사람들이 의외로 많다. 그분들은 인터뷰 때 '안 쓰고 모았다'는 이야기를 빠짐없이 한다.

은행 PB 센터에 10억 원 이상의 자산관리를 의뢰하는 부자들의 70 퍼센트는 사업을, 30퍼센트는 급여 생활자다. 사업하는 분들이야 그렇다 치고, 급여 생활자가 어떻게 10억 원 이상이라는 많은 돈을 모을 수 있을까?

Real Story 신혼 시절 사글세에 시작하여 지금은 100억 원대의 부자가 된 교사 부부의 이야기다. 남편은 교사로 부인은 지방 공무원으로 근무하며 신혼을 사글세에서 시작하였다. 맞벌이하는 평범한 부부가 무슨 돈을 그렇게 많이 벌 수 있었을까? 혹시 촌지나 뇌물을 많이 받은 것은 아닐까 하는 의심을 가질 수도 있을 것이다. 하지만 그분의 과거 이야기를 들어보면 상황은 달라진다.

두 분의 생활비는 첫째 아이를 낳을 때까지 전적으로 부인 월급의 20퍼센트만 가지고 생활을 하고, 남편 월급 100퍼센트와 부인 월급 80 퍼센트는 꼬박꼬박 저축해서 돈을 모았다. 사글세 방에서 생활하며 내 집이 필요하다는 생각에 1970년 초 월급을 꼬박 모은 돈으로 학교와 가까운 지금의 강북구 창동에 밭을 100여 평 구입한 후 학교가 끝나면 밤 10시까지 인부들과 손수 집을 지었다.

고생과 노력 끝에 작지만 내 집 마련의 꿈을 이룬 교사 부부는 이후에도 저축을 게을리 하지 않았다1970년대는 '저축은 국력'이라 해서 예적금 금리가 매우 높았음. 경기도로 전근을 가게 된 교사는 강북구에 있는 본인의 집을 팔지 않고 사글세를 주었으며, 시골 학교 근처의 허름한 농가 주택을 매입하여 교편생활을 하면서 취미로 농사를 짓기 시작하였다.

이들 부부의 생활은 강북구 주택 사글세와 교사 급여로도 풍족했지만 절약 습관은 쉽게 바뀌지 않았다.사모님은 첫 아기를 가졌을 때 길을 가다가 중국집 환풍기를 통해 나오는 자장면 볶음 냄새를 맡고는 자장면이 그토록 먹고 싶었다고 한다. 하지만 지갑에는 항상 버스 요금 외에 가지고 다니지 않았기에 자장면 한번 못 사먹고 둘째 아이까지 출산했다고 한다. 또한 취미로 시작한 농사였지만 적금이 만기될 때마다 학교 인근의 논밭을 매입해서 마을 주민과 함께 쉬는 날마다 농사를 지었더니 식량을 자급자족하고도 남아 농가 수입까지 생기게 되었다.

1970년 강북구 창동에 손수 지었던 집은 1990년에 근린생활 건물 5층으로 재건축해서 임대 수입도 발생하게 되었고, 주변에 전철역이 생기면서 상업지로 바뀌어 지금은 시세가 50억 원이 넘는 건물이 되었다. 농사짓던 경기도 땅 일부는 도로로 수용도 당하고, 상업지로 바뀌면서 30억 원이 넘는 큰 자산이 되었다.

젊었을 때부터 교사라는 본업에 충실하면서 근검절약과 저축으로 돈을 모아 이제는 100억 원이 넘는 재산을 갖게 된 것이다. 자식 농사도 모두 성공한 부부는 이제 고급 중국요리 전문점에서 요리를 즐기면서 학교에 재산을 기부하는 등 은퇴 후 여유롭고 값진 노후를 보내고 있다. 비록 많은 돈을 버는 사업가가 아닌 급여 생활자라 하더라도 누구에게나 똑같이 내려준 시간의 기회와 일할 수 있는 능력을 어떻게 사용했느냐에 따라 부자가 될 수 있음을 보여준 사례이다.

많은 사람들이 월급을 받으면 신용카드 대금 결제 등 생활비부터 챙기고, 남으면 저축을 한다. 이제부터 푼돈(월급)이 생기면 저축부터 하자. 그리고 남은 돈이 있으면 생활비로 사용해보는 것은 어떨까? 자신도 모르게 생활 습관이 바뀌면서 통장에 쌓이는 돈의 위력을 느낄 것이다. 부자들은 절약하기 위해 고민하지 않는다. 절약은 고민거리가 아닌 삶의 일부이다. 부자들은 '돈을 어떻게 절약할 것인가?'보다 '시간을 어떻게 절약할 것인가?'에 대해 연구한다.

돈 모으는 방법, 집전集錢 – 푼돈을 목돈으로 만들어라

현금흐름 사분면

Employee 봉급생활자 또는 연금생활자	Business Owner 사업가
Self - employed 자영업자 또는 전문직	Investor 투자가

같은 사분면에서도 백만장자가 되는 사람이 있고 알거지가 되는 사람이 있다.

이 세상의 모든 돈벌이는 위의 '현금 흐름 사분면'을 보듯이 네 가지 직업군에서 이루어진다. 생각해보면 어느 직업군도 일시에 많은 돈이 생기지 않는다는 것이다. 봉급생활자는 말할 것도 없고 사업가라 하더라도 자신의 사업을 다른 사람한테 비싼 돈을 받고 팔기 전에는 결국 계속 푼돈이 들어오는 것이며, 전문직 변호사도 일시에 거액을 받는 수임료가 아닌 이상 항상 푼돈으로 수임료를 받을 수밖에 없다.

투자가 역시 투자한 돈에서 항상 거액의 투자 수익이 생기는 것이 아니며 여러 군데 투자한 것 중에는 실패한 것도 있고, 적은 수익이 여러 곳에서 발생하기도 한다. 어느 직업군에서나 벌어들이는 돈의 규모가 차이가 날 뿐, 벌어들이는 당사자 입장에서는 매번 푼돈을 벌어들이고 있는 것이며, 벌어들이는 푼돈을 잘 관리해서 목돈을 만들어야 부동산이나 주식 등에 투자할 수 있는 종잣돈이 되는 것이다.

푼돈을 목돈으로 만드는 두 가지 전략

다음에 소개하는 표는 푼돈을 목돈으로 만드는 두 가지 전략이다. 단, 표의 방법으로 목돈을 모으려면 은행과 친해져야 한다. 은행을 통해야만 다음의 두 가지 방법 중 어느 한 가지를 정할지 상담할 수 있기 때문이다. 하나는 푼돈이 생길 때마다 적립식으로 모으는 방법이며, 또 다른 방법은 대출을 받아 아파트 등 부동산을 매입한 후 임대하면서

[푼돈을 목돈으로 만드는 방법]

	주요내용	목표기간	참조할 사항
① 저축으로 목돈 만들기	매월 납입하는 금액별로 적립식 만기 기간을 나누되, 1년, 2년, 3년, 4년, 5년 그리고 55세까지 만기식으로 목표 만기 기간을 나누어 적립식으로 최소 5가지 이상을 동시에 가입한다.	① 만기 1년제 = 확정금리 적금에 10% 가입 ② 55세까지 납입할 사적 연금 = 매월 수입의 30% ③ 2년 이상, 5년 = 적립식 주식형펀드에 50% 가입	적립식 펀드는 정해진 만기가 없으므로 투자 수익에 따라 해지하면 되므로 여러 개의 적립식 펀드에 가입하는 것이 좋으며, 원금 손실 가능성도 있기에 과거 수익률 경험상 평균 3년 이상 적립하는 것이 바람직하다.
② 대출로 목돈 만들기	약간의 목돈 여유가 있다면 금융기관의 대출을 받아 아파트 등 전·월세가 수월한 부동산을 매입한다.	① 만기 1년제 = 확정금리 적금에 10% 가입 ② 55세까지 납입할 사적 연금 = 매월 수입의 20% ③ 직업상 생기는 푼돈(월급 등)의 60%로 5~15년 내에 상환할 수 있는 여력만큼만 대출을 받는 것이 좋다.	지금 집이 없다면 당장 실행하라. 단, 자칫 빚 늘이기 전략이 될 가능성이 크므로 본인의 소득을 감안해야 한다. ▶ 특히 정부에서 부동산(건설 경기)이 침체된 것을 활성화하기 위해 정책을 수정할 때 유효한 전략이다. ▶ 부동산(아파트 등)을 대출받아 구입해 월세를 놓고, 월세 수입과 월급 등으로 대출이자와 원금을 상환한다.
공통사항	질병 + 상해 대비 소멸성 보험에 월 소득의 10% 가입 → 보장되는 기간은 최대한 길게 한다.		푼돈(월급 등)의 10% 정도는 버려라! (돈을 지키기 위한 소멸성 보험에 가입한다)

벌어들이는 임대 수입과 개인 급여 등을 합쳐 대출이자와 원금을 갚아 나가는 방식이다. 대출 원금을 다 갚으면 부동산이라고 하는 큰 목돈을 만드는 돈 모으기 방법이다. 뒤에 목돈 투자 전략에서 설명하겠지만 결국은 부동산이 큰돈을 벌어주고 있는 것이 현실이다.

응용 1 적금 통장 쪼개기 전략

앞의 표에서 소개한 푼돈을 목돈으로 만드는 두 가지 전략 중 '① 저축으로 목돈만들기'에서 만기 기간을 최소한 다섯 개 이상으로 분산해 가입하는 데는 이유가 있다. 앞에서도 언급했지만 적금에 가입하고 난 후 어쩔 수 없는 여러 사정으로 인하여 중도 해지하는 사례가 매우 많기 때문이다.

(적금 통장 핵심) 적립 목표 기간을 나누어라

대부분의 사람들이 목돈을 만들기 위해 적금 상담을 하면서 제시하는 것이 있다.

① 매월 50만 원씩 적금을 하려고 하는데 뭐가 좋은가요?

② 3년 동안 1,000만 원 정도 모으려고 하는데 어떤 상품에 매월 얼마씩 넣어야 하나요?

위와 같이 금액이나 만기 기간만 중요하게 생각해서 질문한다. 어디에선가 들어본 것 같기에 돈 한번 모아보겠다는 큰 포부와 목표를 품고

은행 문을 두드린다. 그러면 은행 직원은 대부분 1년이나 3년 만기 적금에 가입시켜주거나 적립식 펀드 등을 설명해주는 경우가 대부분이다. 하지만 앞에서 한국은행 통계치를 언급했듯이 80퍼센트의 사람들이 적금을 중도에 해지하고 돈 모으기를 포기한다. 살다보면 많은 일이 생기다보니 돈이 모아지기 전에 돈 쓸 일이 많은 거야 어쩔 수 없다 치자. 하지만 적립식 금융 상품을 중도 해지하면 이자가 거의 없거나 보험의 경우 납입한 돈의 원금도 못 찾는 일이 발생한다물론 적금 상품 중에는 일부 금액만 분할 해지가 가능한 것도 있다.

사실 돈 모이는 재미가 붙어야 계속 모을 수 있으나, 모아놓은 돈이 없으면 돈 쌓이는 재미를 볼 수 없기에 절약도 잘 되지 않는다. 따라서 정말 어쩔 수 없이 돈을 써야 할 일이 있을 상황에 대비해 적금 통장을 기간별로 나눠 여러 개로 쪼개어 가입한 후 해지한 적금 통장은 다시 가입하는 것을 반복하는 것이 좋다.

필자가 2006년부터 소개하고 강의했던 방법이 많은 사람들에게 '통장 풍차 돌리기'라는 방식으로 다양하게 소개되고 있어 흐뭇하기도 하다. 방식은 이렇다. 매월 50만 원씩 적금으로 넣는다고 가정할 때 통장 다섯 개를 만들고 각 통장의 만기 기간을 1년, 2년, 3년, 4년, 5년으로 다르게 한 후, 통장 한 개당 10만 원씩 다섯 개의 통장에 50만 원을 매월 입금하는 방식이다.

[적금(적립식) 통장 만기일 분산하기]

적금 기간 (만기)	매월 입금하는 금액	① 1년 후	② 2년 후	③ 3년 후	④ 4년 후	⑤ 5년 후
1년	10만 원	120만 원 만기 → 목돈 마련, 해지한 거 1년 재가입	120만 원 만기 → 목돈 마련, 해지한 거 1년 재가입	120만 원 만기 → 목돈 마련, 해지한 거 1년 재가입	120만 원 만기 → 목돈 마련, 해지한 거 1년 재가입	120만 원 만기 → 목돈 마련, 해지한 거 1년 재가입
2년	10만 원	120만 원	240만 원 만기 → 목돈 마련, 해지한 거 2년 재가입	120만 원	240만 원 만기 → 목돈 마련, 해지한 거 2년 재가입	120만 원
3년	10만 원	120만 원	240만 원	360만 원 만기 → 목돈 마련, 해지한 거 3년 재가입	120만 원	240만 원
4년	10만 원	120만 원	240만 원	360만 원	480만 원 만기 → 목돈 마련, 해지한 거 4년 재가입	120만 원
5년	10만 원	120만 원	240만 원	360만 원	480만 원	600만 원 만기 → 목돈 마련, 해지한 거 5년 재가입
1년마다 쌓이는 목돈		120만 원	이번 만기 360만 원 + 1년 전 묶어둔 목돈 120만 원 = 480만 원을 다시 1년으로 묶어둠	이번 만기 480만 원 + 1년 전 묶어둔 목돈 480만 원 = 960만 원을 다시 1년으로 묶어둠	이번 만기 840만 원 + 1년 전 묶어둔 목돈 960만 원 = 1800만 원을 다시 1년으로 묶어둠	이번 만기 720만 원 + 1년 전 묶어둔 목돈 1800만 원 = 2520만 원을 다시 1년으로 묶어둠

즉, 표의 왼쪽에 표시한 것처럼 적립 기간을 1년, 2년, 3년, 4년, 5년 으로 해서 통장 다섯 개를 만든 후 각각의 통장에 매월 10만 원씩 입금 하면 매월 50만 원이 입금된다.

① 1년이 지나면 목돈 120만 원이 생긴다여기서 이자 계산은 하지 않고 원금 만 계산하기로 한다. 1년 만에 생긴 목돈 120만 원은 정기예금 등 금 리가 높은 상품으로 1년을 묶어두고, 다시 매월 10만 원씩 입금 하는 1년 만기 적금 통장을 새로 개설한다.

② 2년차가 되면 1년 전에 가입한 적금 120만 원 + 2년 전에 가입한 적금 240만 원 + 1년 전에 생긴 목돈을 정기예금으로 묶어둔 120 만 원 = 480만 원의 목돈이 생긴다. 그럼 이번에도 또다시 목돈 480만 원은 1년 만기 정기예금 등으로 묶어두고, 만기 해지한 1년 및 2년 만기 적금에 다시 가입해서 매월 10만 원씩 각각 입금하기 시작한다.

③ 3년차가 되면 1년 전 가입한 적금 120만 원 + 3년 전 가입한 적금 360만 원 + 1년 전에 생긴 목돈을 정기예금으로 묶어둔 480만 원 = 960만 원의 목돈이 생긴다. 그럼 이번에도 또다시 목돈 960만 원 은 1년 만기 정기예금 등으로 묶어두고, 만기 해지한 1년 및 3년 만기 적금에 다시 가입해서 매월 10만 원씩 입금하기 시작한다.

④ 4년차가 되면 1년 전 가입한 적금 120만 원 + 2년 전에 2년 만기 로 가입한 적금 240만 원 + 4년 전 가입한 적금 480만 원 + 1년 전 에 생긴 목돈을 정기예금으로 묶어둔 960만 원 = 1,800만 원의 목 돈이 생긴다. 그럼 이번에도 또다시 목돈 1,800만 원은 1년 만기

정기예금 등으로 묶어두고, 만기 해지한 1년 및 2년, 4년 만기 적금에 다시 가입해서 매월 10만 원씩 입금한다.

⑤ 5년차가 되면 1년 전 가입한 적금 120만 원 + 5년 전 가입한 적금 600만 원 + 1년 전에 생긴 목돈을 정기예금으로 묶어둔 1,800만 원 = 2,520만 원의 목돈이 생긴다. 그럼 이번에도 또다시 목돈 2,520만 원은 1년 만기 정기예금 등으로 묶어두고, 만기 해지한 1년, 5년 만기 적금에 다시 가입해서 매월 10만 원씩 입금하면 된다.

위와 같이 적금의 만기 기간을 각각 달리해서 적금 통장을 여러 개 만들어 입금하다보면, 1년마다 목돈을 만져보는 즐거움이 생기게 되고, 목돈에서 생기는 이자수익의 크기를 경험하는 순간 돈을 모으는 재미가 붙기 시작한다. 돈을 모으는 중간에 어쩔 수 없는 일로 인하여 돈 쓸 일이 생기면, 1년 만기 적금부터 해지하고, 그 다음은 2년짜리 순서로 해지하면 만기가 긴 3년, 4년, 5년짜리는 해지하지 않아도 된다. 그리고 해지하는 순간에는 해지한 것과 동일한 조건의 똑같은 정기적금에 다시 가입해서 계속 돈 모으는 작업을 포기하지 않는 것이 중요하다.

즉, 1년 만기 적금을 매월 10만 원씩 입금하는 것으로 통장을 만들었다가, 8개월째 입금 후 긴급 자금이 필요해서 통장을 중도 해지해야 한다면, 해지 금액 중 70만 원은 사용하고, 10만 원은 1년 만기 적금에 다시 가입해놓으라는 것이다.

처음부터 5년 만기로 해서 매월 50만 원씩 입금하는 방법이나 만기 기간별로 통장 다섯 개를 만들어 각각 통장에 매월 10만 원씩 총 50만 원을 입금하는 방법이나 5년 만기 때에는 모두 똑같은 원금을 손에 쥘

수 있다. 하지만 앞에서와 같이 적금 통장을 만기별로 여러 개 쪼개는 이유는 적금 납입을 참고 인내하며 만기까지 끌고 가는 사람이 많지 않고 중도 포기하는 사람이 많기 때문이다. 따라서 만기 구간을 여러 개로 나누어 짧게 끊어서 목돈 만져보는 재미를 자주 느끼고, 좀 더 참고 인내하면 목돈이라는 보상이 주어짐을 본인 스스로 만들어 보람을 느껴보자는 것이다.

앞서 정기적금을 기준으로 '적금통장 쪼개기'를 설명했으나, 1년 만기는 정기적금을 권유하고 2년 만기 이후부터는 정기적금보다 주식에 투자하는 주식형 적립식펀드에 투자하는 것을 적극 권장한다. 이유는 3장에서 설명하겠다. 매년 10월이면 정부에서 금융의 날에 저축 유공자들을 표창한다. 많은 수상자들이 수십 개의 예금통장을 가지고 돈 관리를 했음을 신문에서 종종 접했을 것이다.

응용 2 대출받아 목돈 만들기

인간 생존을 위한 3대 요소가 의식주라는 사실은 초등학교 때부터 배우기 때문에 누구나 알고 있다. 하지만 돈 걱정 없이 살다보면 자주 망각하기도 한다. 솔직히 말해서 오늘날 끼니를 걱정하는 사람은 거의 없다. 오히려 덜 먹고 건강하게 살려고 다이어트를 하는 세상이다. 입는 옷은 어떤가? 이제 도를 넘어 고급 브랜드 라벨을 달면 수천만 원을 훌쩍 넘는다. 물론 돈이 없으면 노브랜드 제품을 입으면 된다. 하지만 집은 예외이다.

로또에 당첨되면 가장 먼저 뭐 할 거냐는 질문에 주택 구입이 1순위이다. 이후 임대 사업용 부동산 구입이라고 말한다. 많은 사람들의 재테크 목적 1순위가 주택 문제 해결 내지는 부동산 구입이다. 각종 재산 중 부동산만큼은 수요가 많은 게 현실이고, 특히 주택만큼은 대한민국 사람 누구나 큰 관심을 가지고 있다. 따라서 부자가 되기 위한 방법 제1순위로 주택 구입부터 먼저 하라고 항상 강조하고 있다. 돈이 부족하면 대출받아서라도 주택만큼은 먼저 구입하고, 대출을 갚아나가는 방식의 재테크를 하라고 말하고 싶다.

대출받아서 아파트를 샀는데 금리가 올라가고 아파트값이 하락하면 어떻게 할 것인가를 놓고 고민하지 말자. 이는 가난한 사람들의 전유물인 투자의 두려움이다. 어차피 하락할 아파트 가격이라면 대출 안받고 저축해서 모은 돈으로 샀어도 아파트 가격은 하락한다. 부동산 가격이 하락하기 시작하면 내 아파트 가격만 하락하는 것이 아니고 다른 아파트 가격도 하락하기 때문에 평수를 늘리거나 좋은 지역으로 갈아탈 수 있는 기회도 생길 수 있다.

우리나라 주거용 부동산 특히 아파트는 정부 정책에 의하여 가격 변동이 이루어진다. 아파트 가격이 급상승하게 되면 정부 개입을 통해 각종 규제로 주택 가격 안정화를 실시한다. 반면 아파트 가격이 하락하고 미분양 아파트가 쌓이면 건설 경기 침체와 부동산 시장의 침체가 국가 경제 성장률에 미치는 영향이 크기 때문에 정부는 또다시 각종 규제를 풀면서 부동산 시장 살리기에 나선다. 이러한 정부의 부동산 정책은 아파트 가격만을 위해 실시되며 단독 주택, 오피스텔, 상가, 토지 등을 위해 부동산 활성화 정책을 실시하지 않는다는 점에 주목해야 한다.

내 집 하나 없이 전월세를 전전하면서 재테크를 위한 투자를 하다보면 마음이 조급해져 재테크의 기본이 흔들리기 쉽다. 대출 금리 오를 것이 두려워 내 집 마련을 미룬다면 평생 내 집에서 살아보고 싶다는 꿈은 버려야 할 것이다. 대출 금리가 오르면 전월세도 함께 오른다는 사실을 알아야 하고, 전월세가 오르면 부동산 가격이 또다시 오르듯이 자본주의에서의 자산 가치는 상승하며 변하고 있다.

일부 재테크 관련 서적이나 인터넷 블로그에 보면 수입이 발생하지 않는 집은 짐덩어리이니 집을 절대 사지 말라고 주장하는 사람도 있다. 하지만 보유한 아파트에서 지금 수입이 발생하지 않고 설사 아파트 가격이 떨어진다 하더라도 내 명의로 되어 있는 아파트 한 채는 먼 훗날 주택연금이라는 명목으로 당신의 노후를 책임져줄 효자가 될 것이기 때문에 사야 하는 것이다. 앞에서 말한 재테크 4원칙인 수전·집전·용전·산전 중 산전의 연금 5층탑에 해당하는 주택연금을 반드시 받을 수 있도록 해야 한다.

앞의 '대출받아 아파트 등을 매입해서 목돈 만들기 전략'은 필자가 2007년 출간한 《대한민국 재테크 생활백서》에서 이미 밝히고 많은 재테크 강좌에서도 강조했던 내용이다. 지금 결론은 필자의 조언대로 대출받아 아파트를 매입한 상당수 투자자들은 아파트 가격 상승으로 상당한 목돈을 마련했다. 그들은 '금리가 오르고 아파트 가격이 떨어지면 어떻게 하나'라는 투자의 두려움보다 현명한 재테크 방법을 택한 것이다. 물론 2008년 글로벌 금융위기 당시 부동산 가격이 잠시 출렁였고 2012년에도 잠시 주춤했으나 단기적인 시세 변동에 흔들리지 않고 계속 보유함으로써 지금은 부동산 가격 상승으로 큰 목돈이 되어준 것이다. 그럼 향후에도 '대출받아 아파트 등을 매입해서 목돈 만들기 전략'이 유효할 것인가를 묻고 싶을 것이다.

필자는 미래에도 유효하다고 주장한다. 단, 미래에는 아파트 가격의 지역별 차이가 지금보다 더욱 심할 것이므로 과거와 달리 아파트의 지역 선택이 더욱 중요하다. 향후 가격이 상승하는 아파트만 계속 오를 것이므로 양극화 현상이 더욱 심해질 수 있음을 염두에 두어야 한다. 특히 전세 자금을 위해 대출받지 말고 아파트 매입을 위해 대출받을 것을 강조에 또 강조한다.

앞의 표 '② 대출로 목돈만들기'는 주택이라는 자산을 매입하기 위한 목돈 만들기 전략이다. 대출받아 전세 보증금으로 사용하는 것은 결국 대출이자만 꼬박꼬박 내야 하기 때문에 월세로 사는 것과 똑같은 것이다.

전세 살려고 대출받지 마라! 주식 투자하려고 대출받지 마라!

땅 사려고 대출받지 마라!

전세 자금 대출은 대출이자를 매월 납부해야 하기 때문에 월세 사는 거와 똑같다. 대출은 아파트 등 주택이라고 하는 자산을 매입하기 위해서만 받아야 한다. 주택 취득 목적 이외의 대출은 부자가 아닌 가난으로 빠져드는 지름길이다. 아파트 한 채는 먼 훗날 당신의 노후를 주택연금으로 책임져줄 효자가 될 것이다.

응용 3 내 아이가 체납자?

부모 또는 조부모가 자녀나 손주를 위해 매월 적립식으로 하는 적금이나 펀드에 가입하는 경우가 있다.

물론 자녀손주를 사랑하는 마음에 조금씩 돈을 모아주고 싶고, 세금우대 한도를 이용하여 적립식 예금에 가입하는 경우도 있다. 하지만 부모가 자녀 앞으로 예금을 해주는 것은 증여에 해당되며 일정 금액을 넘으면 증여세가 부과될 수 있음에 주의해야 한다.

가령 아무런 증여 계약 없이 자녀 앞으로 매월 30만 원씩 주식에 투자하는 적립식 펀드에 가입해서 5년 뒤 원리금이 2,000만 원이 되고, 2,000만 원인 목돈을 주식에 투자해서 다시 10년 뒤에 2억 원으로 불려줬다고 하자. 늘어난 2억 원을 가지고 자녀 명의로 부동산을 취득했다면 어떤 결과가 발생할까?

현재의 세법상으로 10년 뒤 증여세 자진 신고 납부를 하더라도 자녀가 미성년자인 경우 2,418만 원의 세금을 내야 하고 성년자인 경우 1,860만 원의 세금을 납부해야 한다. 따라서 부모가 자녀 명의로 적립식 예금에 가입해 목돈을 만들고 이를 재투자하기 전에는 증여세 면세 한도2017년 현재 미성년자 2,000만 원, 성년자 5,000만 원 내에서 다음의 증여 계약서를 작성할 필요가 있다. 그리고 공증사무소 또는 등기소에 가서 확정일자비용 1~2,000원를 받아 코팅을 해두고서 장기 보관하거나 납부할 세금이 0원이어도 관할 세무서에 증여세 신고를 해야 한다절차는 매우 간단.

그러고 나서 확정일자를 받은 증여 계약서나 세무서 신고 서류는 컴

퓨터 파일 등으로 저장해서 20년 이상 장기 보관토록 하며, 자녀 명의
의 예금 흐름해지한 통장을 계속 보관을 기록 관리해서 먼 훗날 자녀의 자금
출처 증빙으로 제출할 수 있는 근거 자료를 마련해놓아야 한다. 주의
사항은 증여 계약서를 작성한 후 반드시 공증인사무소 또는 등기소의
확정일자를 받아 놓아야 함에 유의해야 한다.

증여 계약서

증여 재산의 종류: 현금
증여 금액: 금 이천만 원정

위 현금 이천만 원(₩20,000,000)은 증여인이 수증인에게 아무런 대가 없이 무상으로 증여
하고자, 00은행 계좌번호 000-000-00000(예금주명: 수증인)에 입금하며, 수증인은 이를 수
락하였으므로 이를 증명하기 위하여 각자 서명 날인한다.

년　월　일

증여인
성　　　명 :　　　　　　　(인)
주민등록번호 :
주　　　소 :

수증인(관계 : 증여인의 자녀, 또는 손자)
성　　　명 :　　　　　　　(인)
주민등록번호 :
주　　　소 :

(수증인이 미성년자인 경우의 친권자)
친권자 :　　　　　　　부(父)　　　　　　(인)

　　　　　　　　　　　모(母)　　　　　　(인)

자녀에게 증여세 면제 한도 내에서 증여를 한 후 앞의 증여 계약서를 작성해 확정일자를 받아놓거나 세무서에 증여세 신고를 하고나면 증여한 자금은 완벽하게 자녀의 자금이 되는 것이다. 증여 자금으로 인정되게 만들어놓아야 자녀 명의로 주식에 투자하거나 부동산에 투자해서 훗날 투자된 원리금이 1억 원이 되든, 10억 원이 되든 전부 자녀의 돈이 된다. 청문회에 나오는 공직자 자녀 관련 증여세 문제는 이와 같은 증여 요식 행위를 정확하게 하지 않아 벌어지는 일이다.

또한 부모가 법인을 설립해 사업을 하려고 할 때 위의 요식 행위를 거치지 않고 무심코 자녀 이름을 주주명부에 기재했다가 자녀에게 예상치 못한 증여세가 부과되는 사례도 있음에 주의해야 한다. 증여 재산의 합산 기간은 10년이므로 10년마다 자녀에게 증여하고 자녀가 미성년자에서 성년이 되는 시점에 증여세 면제 한도가 2,000만 원에서 5,000만 원으로 늘어남으로써 추가로 증여해 재산을 불려주면 좋다. 4장에서 1,000만 원 미만 되는 땅 사는 방법을 설명할 것이다. 자녀에게 증여한 후 1,000만 원 미만 되는 땅을 구입해 20년 이상 장기 투자하는 재테크 방법이니 관심을 가져주기 바란다

몰라도 되지만 알면 유익한 TIP

확정일자(確定日字)라 함은 증서가 작성된 날짜에 관한 완전 증거가 될 수 있는 것으로 법률상 인정되는 날짜를 말한다. 확정일자는 날짜를 소급해 증서 작성하는 것을 막기 위해 인정된 제도로 개인이 만든 증서에 공증인사무소 또는 등기소 등에서 날짜가 있는 인장을 날인한 경우의 날짜를 말한다.

잘 모은 목돈
어떻게 굴리지?

태어난 목돈에 생명을 불어넣자

지금까지 푼돈을 모아 목돈으로 만드는 방법에 대하여 알아보았다. 짧게는 1년, 길게는 2~3년이 지나면 푼돈이 목돈으로 되어 있을 것이다. 이제 그 목돈에 생명을 불어넣어 보자. 부자들은 돈이 생기면 돈에 생명력을 불어넣는 작업을 한다. 뚱딴지같은 소리로 들릴지 모르지만 부자들은 돈을 하나의 생명처럼 여긴다. 돈이란 생명이 있는 물체와 같아서 가만히 두면 자생력을 잃고 쉽게 사라지지만 돈으로서 역할을 할 수 있게끔 만들어주면 스스로 자라난다.

따라서 모은 돈에 생명력을 불어넣어야 한다. 지갑이나 금고 속 돈은 죽은 돈이나 마찬가지이다. 부자들은 돈을 돈의 형태로 가지고 있지 말고 다른 자산의 형태로 바꾸라고 강조한다. '돈이 돈을 번다'는 말이 있다. 돈에 생명력이 있어야 쉽게 사라지지 않고 자생하는 능력이 생기는 것이다.

용전用錢 – 돈이 돈을 번다

눈사람을 만들 때 처음에 주먹만 한 눈을 굴릴 때에는 눈뭉치에 붙는 양이 적고 눈이 잘 붙지도 않는다. 하지만 주먹만 한 눈뭉치에 사람이 눈을 더 붙여줘서 머리만 하게 만든 다음, 눈 위에 굴리면 눈 뭉치가 점점 커지면서 달라붙는 눈의 양도 많아지고, 조금만 굴려도 눈덩이가 금방 커지면서 단단해지는 것을 보았을 것이다.

돈도 마찬가지이다. 적은 금액의 목돈에는 이자가 붙어도 이자가 붙었다는 느낌을 가지지 못하지만 큰 금액에 이자가 붙으면 뿌듯함을 느낄 수 있다. 목돈이 100만 원 있을 때와 1,000만 원, 1억 원, 10억 원이 있을 때를 비교해보자. 각각의 목돈을 투자해서 아래 표와 같이 동일하게 10퍼센트의 투자 수익을 얻었다고 생각해보자.

투자 원금	투자 수익률	투자 수익
1,000,000원	10%	100,000원
10,000,000원	10%	1,000,000원
100,000,000원	10%	10,000,000원
1,000,000,000원	10%	100,000,000원

모두 10퍼센트의 동일한 수익을 얻었지만 100만 원을 투자해서 얻은 수익 10만 원은 푼돈으로 인식되어 외식이나 기타 소비를 위해 쓰고 싶은 욕구가 강하다. 그러나 1,000만 원을 투자해서 100만 원의 수익이 생기면 10만 원의 수익이 생겼을 때와는 사용하고자 하는 욕구가 다르다. 즉, 외식이나 기타 소비를 위해 수익금 100만 원을 사용하기에는 아깝다는 생각이 들고, 다시 저축 등으로 투자하고자 하는 욕구가 생기

기 마련이다.

그럼 1억 원을 투자해서 1,000만 원을 벌었다면 어떨까? 수익금 1,000만 원을 소비하고 싶다는 생각이 들까? 거의 99퍼센트는 다시 투자하게 된다. 거액인 10억 원을 투자해 1억 원의 수익을 얻었다면 동일한 투자보다 주식이나 부동산 등 다른 투자 대상을 찾아서 1억 원을 투자하게 될 것이다.

부자들은 투자 수익을 다시 투자하기 위해 미리 공부하고 연구해서 투자 목표를 설정해놓고 있지만, 가난한 사람들은 투자 수익을 소비할 것에 몰두하거나 결정을 못해 이자 없는 보통예금에 묻어두고 차일피일 미루는 경향이 많다. 이러한 심리 때문에 '돈이 돈을 번다'는 말이 생겼다고 할 수 있고, 가진 자와 없는 자의 빈부 격차는 자꾸 커질 수밖에 없다. 무생물인 돈에 감정을 이입시키면 생명과도 같은 느낌을 받을 것이다. 생명체의 성장에 필요한 것은 관심과 사랑이다.

최고의 목돈 투자 전략 = 전략적 분산투자

목돈을 투자해서 원하는 수익률을 올리는 방법에는 여러 가지 투자 대상이 있다. 하지만 각 투자 대상에는 위험이라는 놈도 항상 공존하고 있다. 즉 기대 수익률과 리스크에 따른 투자 대상은 매우 다양하기에 경기 변동과 시장 전망에 따른 적절한 분산 투자의 원칙 고수가 재테크의 정도正道이다.

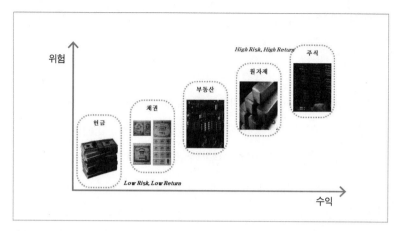

자료: 현명한 투자자의 앞서가는 자산운용 전략 투자설명회, 트러스톤자산운용, 2010

　　그림에서 보듯이 투자 수익을 크게 줄 수 있는 반면, 잘못 투자하면 원금 자체를 전부 날려 버리는 '주식'이라는 투자 대상도 있고, 주식보다 수익이 적지만 가격 하락 시 투자 원금 일부를 손해 보더라도 실물로 가지고 있을 수 있는 '금'이나 '부동산' 등 실물 자산도 있다. 수익이 매우 적지만 원금을 안전하게 지킬 수 있는 현금은행 예금 등의 투자 대상도 있는데 이러한 투자 대상을 적정하게 분산해서 운영하는 것이 포트폴리오 투자 전략이라고 한다. 수익 대비 위험을 고려한 포트폴리오 투자 전략은 첫째, 나이를 먼저 고려해야 하고 둘째, 글로벌 분산을 고려해야 한다.

뉴스 참고 자료

2017년 제18회 세계지식포럼 / 노벨경제학상 머튼 MIT 교수 '누구나 꿈꾸는 부자 되려면…' '몰빵투자' 절대수익률보다 위험 대비 수익률 따져야… 글로벌 분산투자가 해답이다.

은퇴 후 안정적 소득 위해 과도한 목표 수익 자제로 수익률 급락 위험 막아야!

핀테크 시대에도 자문업 생존… 그 대신 꾸준히 신뢰 쌓아야 한다.

"'공짜 점심은 없다는 것'을 유치원 시절부터 철저히 금융 교육 차원에서 가르쳐야 한다. 이 단순한 사실 하나만 설득해도 많은 사람이 투자 실패로 인해 고통을 받지 않을 것이다. 투자는 복권이 아니며 꿈을 좇는 행위도 아니다. 투자는 어디까지나 실제로 달성 가능한 목표를 제시해야 한다."

2017년 10월 19일 서울 장충아레나에서 열린 제18회 세계지식포럼 '고령화 시대 투자전략' 세션에 참석하기 위해 내한한 로버트 머튼 MIT 슬론경영대학원 교수는 매일경제와 인터뷰하면서 이같이 밝혔다. 누구나 꿈꾸는 '부자가 되는 법'에 대한 질문을 던진 자리였다. 그는 "부자가 되려면 단순한 법칙이 있다. 일을 더 오래 하고, 저축을 더 많이 하면 되는데, 그렇게 못 한다면 더 큰 위험을 감수해야 한다"고 말했다. 더 많이 벌 수 없다면 있는 돈을 위험한 곳에 투자해서라도 과감히 불려 나가야 한다는 의미다. (중략)

투자는 현실적이어야 한다는 지론을 펴는 머튼 교수는 실전 투자에 있어 글로벌 분산투자의 중요성을 역설했다. 그는 "1993~2015년 22년간 투자 성과가 전 세계에서 가장 뛰어났던 인도네시아 주식 투자조차 전 세계 주식시장 분산투자보다 성과가 낮다"고 전했다.

2017.10.19., 매일경제

로버트 머튼이 제시한 투자 원칙	
원칙	내용
글로벌 분산투자	22년간 가장 좋은 수익을 거둔 인도네시아 주식도 위험 대비 수익률은 MSCI월드지수보다 낮다
공짜 점심은 없다	투자는 복권이 아니다. 실제 달성 가능한 목표를 염두에 두고 해라
모든 자산과 부채를 파악하라	투자 포트폴리오 최적화를 위한 필수 요건이다
목표 기반 투자	필요 이익 넘는 투자분에 대해서는 콜옵션 매도 통해 추가 프리미엄을 획득하라

실전 ① 목돈 굴리기 제1법칙

집 없는 사람은 내 집 마련이 우선이다

"내 인생에서 두 가지 가장 잘한 투자는 '결혼반지'들이었다. 세 번째로 잘한 투자는 집을 산 것이다." 이는 주식 투자의 귀재이자 '오마하의 현인'으로 불리는 미국 워런 버핏이 2011년 2월 27일 주주들에게 보낸 서신의 한 대목이다.

그는 "특히 지금과 같은 싼 집값과 유리한 금리 조건에서는 대부분의 미국 사람들이 집을 소유하는 것이 현명한 것"이라고 덧붙이면서, "국가의 사회적 목표는 사람들에게 '꿈의 저택'에 살도록 해주는 것이 아니라, 능력에 맞는 집을 살 수 있도록 하는 것이어야 한다"고 말하며 자신의 집을 갖는 게 중요함을 강조했다. 이는 재테크를 위한 많은 투자 대상 중 먼저 투자해야 할 것이 자기 집부터 마련하는 것이며, 이후 자금의 여유가 있으면 주식 등 다른 자산에 투자하라는 의미이기도 하다.

요즘 욜로족이 많다고 한다. 물론 삶의 만족 가치는 개인에 따라 다르다. 내 집이 없어도 원룸에 살면서 고급 승용차를 모는 것이 행복하다면 어쩔 수 없다. 그러나 왜 나는 부자가 되지 못하는지, 자본주의사회는 불공평한 사회라든지 식의 불만은 하지 말아야 할 것이다.

목돈이 생겼을 때 가장 큰 어리석음을 범하는 것이 무주택자가 전세보증금을 늘려 큰 평수로 이사를 하거나, 고급 승용차로 자가용을 업그레이드하는 경우이다. 작은 평수의 주택에 살면 왠지 남들한테 기죽어 보이고, 소형차를 타고 다니면 대접을 잘 못 받는다는 한국식 사고 방식이 문제다.

부자가 되고 싶다면 집부터 사라

월세에서 전세로, 전세에서 내 집으로 하는 식의 계획보다 은행 대출을 받아서라도 내 집부터 마련하자. 단, 대출은 가능하면 제1금융권은행을 통해 저금리의 모기지론주택금융공사 모기지론 포함으로만 내 집을 마련해야 한다. 은행의 모기지론은 갚을 수 있는 만큼만 대출해주기 때문에 향후 대출금을 상환할 수 없을 만큼의 무리함을 방지해줄 것이다.

앞서 언급했지만 '푼돈을 목돈으로 만드는 방법'에서 '② 대출받아 목돈 만드는 전략'을 소개했다. 과거 우리나라의 통계를 보면 주택 가격 상승률이 금리 상승률보다 높다. '대출받은 것을 못 갚으면 어떻게 하나?', '대출 이자가 부담이 되어서'라는 식의 걱정 때문에 전세와 월세만 전전한다면 부자 될 생각은 접어야 할 것이다. 대출 이자를 제때 갚지 못하면 친절(?)하게도 금융기관이 여러분의 불필요한 생활비를 줄이게 독촉하고, 또 다른 부업을 해서라도 돈을 갚게끔 독촉을 하게 될 것이다.

가난한 사람의 나쁜 습관 중 하나는 앞으로 지불할 각종 청구서를 위해 돈을 준비하고 있다가 청구서 결제를 한 후 남는 돈으로 투자적금 등한다. 반면 부자는 자신의 재산 증가부동산, 예금, 주식 등를 위해 먼저 투자한 후 남는 돈으로 청구서를 결제하며, 청구서 등을 정리하면서 돈의 부족함이 발생하면 절약을 하든지 다른 수입원을 더 찾아본다.

수입이 부족해서 청구서 결제를 제때 못해도 저축한 돈이나 투자한 돈에는 절대 손대지 말고 지불 압력이 더욱 높아지게 그냥 내버려두라고 한다. 그러한 지불 압력을 이용해 돈을 더 버는 새로운 방법을 찾아내거나 씀씀이를 절약하면서 자산을 증가시키는 금융 지능을 키우고 있는 사람이 부자다.

대출을 받아서 아파트를 샀는데 아파트 가격이 떨어지면 어떻게 하나라는 걱정은 하지 말자. 그래도 목돈을 모아 내 집 마련하는 것보다 빠르다. 가격이 오를지 떨어질지 미래 예측을 하지 말고, 우리 가족이 오붓하게 살아갈 내 집으로 생각하며 투자보다 실수요 측면에서 아파트를 매입할 것을 권한다,

아파트 가격이 떨어진다 해도 대출을 다 갚고 나면 아파트라고 하는 큰 목돈이 생긴다는 것이 더 중요하다. 그리고 내 집이라고 하는 자산은 세월이 흐르면서 다른 사람에게 전세나 월세를 줄 때 나에게는 또다른 수익 자산으로 바뀔 수도 있으며, 먼 훗날 내 집을 가지고 주택연금을 받으면 편안한 노후도 보장된다.

사람들은 본인의 현재 자산, 부채, 수입, 지출, 향후 자녀 교육비 등 자세한 명세를 제출하며 어떻게 재테크해야 하는지 상담 요청을 한다. 그러면 상담을 받아주는 금융기관의 종류에 따라 거의 대부분 자기 금융회사 상품 위주로 금융 상품을 구성한다. 즉 은행에 질의하면 은행에서 취급하는 금융 상품 위주로, 보험회사에 질의하면 각종 보험 위주로, 증권회사에 질의하면 증권회사 상품 위주로, 사설 재무 설계사 역시 보험 위주의 컨설팅이 이루어진다.

하지만 필자의 경우 본인 명의의 집이 있는지부터 물어본다. 만일 집이 있다고 하면 다양한 금융 상품의 구성과 미래를 대비한 오피스텔이나 토지 등의 투자도 권유하지만, 본인 명의의 집이 없다고 하면 나이와 결혼 여부를 떠나 대출받아서라도 우선 집부터 사라고 컨설팅한다. 그러면 의뢰인은 매월 지불해야 할 대출 이자를 계산해보고는 생

활비는 어떻게 하냐고 하면서 시큰둥한 반응을 보인다.

고객이 상담을 통해서 얻고자 하는 정답은 현재의 재테크를 재구성 사실 생활비는 줄이지 않고 안전하게 수익을 많이 올릴 수 있는 방법, 고수익 투자 방법을 알려달라는 것임해서 빠른 시일 내에 많은 돈을 모으고자 하는데, 엉뚱하게 빚을 얻어서 아파트 구입 후 대출을 삶아가라고 난순하게 컨설팅해 주니 상담자의 입장에서는 시큰둥하게 생각하는 것이 당연할 것이다. 생활비부터 먼저 계산하는 가난한 사람들의 습관이 남아 있기 때문에 그들은 항상 한방에 고수익을 원하며, 그 고수익을 좇다가 망가지고 있는 사람을 주변에서 많이 접하는데, 그들의 습관이 쉽게 바뀌지 않는 것이 안타깝다.

Real Story 직장인 K씨는 2005년 처음 만나 상담을 통해 강제로 주택 구입을 하게 해서 지금까지 연락을 주고받는 사이가 되었다. 2005년 당시 37세였던 K씨는 상담을 처음 받을 때 서울 은평구에 위치한 D아파트의 32평형 전세1억 3,000만 원 | 2005년 3월에 배우자와 자녀 둘과 함께 살고 있었으며, 예금·펀드·주식을 합쳐 4,000만 원 정도의 자산을 보유하고 있었다. 대출받아 강남에 아파트를 사라고 상담을 받은 K씨는 크게 반대했지만, K씨의 배우자 B씨는 부부 싸움을 무릅쓰고 필자가 소개해준 서울 강남구 청담동에 위치한 H아파트 27평형을 3억 7,500만 원2005년 04월에 매입하면서 취득세 등 부대비용도 1,300만 원이나 들었다.

당시 H아파트는 보증금 3,000만 원에 매월 120만 원으로 임차 중이었으며, 전월세 수요는 강남 지역 특성상 꾸준한 편이었다. K씨 부부는 모자라는 돈을 채우기 위해 은행에서 2억 1,000만 원을 대출받았으며, 대출금 이자는 월 100만 원 정도 되었기에 월세 수익으로 대출이자를 갚고도 남았다. K씨 부부는 은평구 전세를 빼서 청담동 아파트 매입 자금에 일부 충당한 후 경기도 고양시 관산동에 위치한 26평형 아파트 1층을 4,000만 원 전세로 들어갔다.

K씨가 대출받아 강남에 집 사는 것을 반대했던 이유는 K씨가 대출받아 강남에 아파트나 사는 투기꾼처럼 보이는 것도 싫었지만, 본인의 직장이 서울 종로구라서 은평구에서 지하철로 출퇴근이 수월한데, 굳이 멀리 고양시까지 이사감으로써 출퇴근이 불편해지는 것 자체부터 불만이었던 것이다. 하지만 대출받아 강남에 아파트를 사고, 출퇴근이 불편한 고양시로 이사 간 이후로 바뀐 것이 있었다고 한다.

첫째, K씨의 출퇴근 비용 절약이었다. 은평구에 있을 때에는 저녁에 술을 마시고 택시로 자주 귀가하는 습관이 있었으나, 고양시로 이사한 이후로는 출퇴근 시 한 번도 택시를 이용한 적이 없었다. 둘째, 은평구는 주변에 외식할 데도 많고 음식 가격도 비싸지만, 고양시 관산동은 주변에 외식 장소도 많지 않고, 아파트가 1층이라 현관문만 열면 정원처럼 보여 집에서 자주 식사를 하다보니 생활비 절약에, 평일에도 가족과 보내는 시간이 더 많아졌다는 것이다.

셋째, 대출 이자와 원금을 갚다보니 K씨 월급만으로는 생활비가 턱없이 부족했다. 결국 배우자 B씨는 아이들을 학교에 보내고 나면 대형마트에서 현금 정산원 등 아르바이트를 하게 되어 생활력도 강해지게 되었다고 한다. 넷째, 청담동 H아파트는 2017년 10월 현재 시세가 9억 원이고, 월세는 보증금 5,000만 원에 매월 180만 원을 받고 있다.

2008년 글로벌 금융 위기 때 H아파트를 처분할까 고민도 했지만, 끝까지 참고 견디면서 돈이 생기면 대출금부터 갚다보니 대출은 2015년에 전부 상환했다. 지금은 아이들 교육 문제로 경기도 일산에서 2억 5,000만 원 전세에 살고 있지만, 청담동에 9억 원짜리 본인 집이 있고, 그동안 모아놓은 돈에 일산 전세 보증금까지 합치니 12년 만에 근 11억 원 정도 재산이 불어나 있었던 것이다. 그때 대출받아 청담동 아파트를 사지 않으면 나이 50을 바라보는 지금 시점이 아찔할 거 같다는 말을 하곤 한다.

본인의 급여만 저축해서 지금 9억 원짜리 아파트는 도저히 살 수 없음을 12년이 지난 이제야 깨달은 것이다. 요즘은 필자에게 공매로 땅 사는 것을 배우고 있다. 은퇴 후 농지 연금 받으면서 농사지을 땅을 찾는 중이다.

위험 없이 100퍼센트 안전하게 돈 버는 방법은 이 세상에 존재하지 않는다. 남의 빚을 얻더라도 그 빚(대출)이 내 재산(아파트)으로 남아 있는 것이라면 과감히 투자하고, 빚 갚기가 벅차면 스스로 씀씀이를 줄이게 되고, 다른 부업거리라도 더 하는 것이 부자 되는 방법이다.

대출받아 아파트를 구입해서 대출금을 갚다보면 생활비를 줄이고, 신용카드도 적게 쓰고, 아파트 가격은 오른다. 그러니 집이 없으면 집부터 마련하자. 집은 인간 생존 3대 필수 요소 중 하나이다. 투자의 두려움을 없애는 것이 부(富)테크의 첫걸음이다. 돈을 빌려고 고민하지 말고, 돈을 잃을 것을 걱정하지 말고, 안정적인 내 집에서 미래를 설계하는 것이 진정한 재테크 고수다.

실전 ② 나이 따라 변하는 목돈 투자 방법

이 책에서는 목돈이 조금이라도 모이면 대출을 받더라도 일단 집부터 사라고 강조하고 있다. 내 집이 있어야 목돈이 있어도 주식이든지 부동산이든지 다른 재테크를 안심하고 할 수 있다. 부모로부터 물려받을 집이 예정되어 있는 것도 내 집이 있는 것이다.

이 책은 60세 이후부터 현금이 지속적으로 나오게 하는 연금을 많이 만들어 늙어서 하기 싫은 일을 억지로 해야 하는 상황이 안 되도록 노후 대비를 하는 데 목적이 있다고 서두에서 밝혔다. 집을 담보로 평생 주택 연금을 받기 위해 집이 필요하기 때문에 집부터 마련하라고 여러 번 강조하고 있다.

20~30대: 공격적 투자 & 땅에 돈을 묻어라

목돈의 10%: 은행 정기예금 등 안전 자산 위주

50%: 증권 투자 - 채권은 전환사채, 주식은 가치 우량주 장기 보유 또는 주식형(국내 및 해외 펀드 골고루) 펀드 장기 가입(5년 이상 장기 투자 목표)

40%: 경매·공매를 통한 임야 매입 - 임야는 매입 가격 2,000만 원 이하, 면적 1,000㎡ 이상 위주로 매입(매입 대상을 찾는 방법은 4장에서 자세히 설명하겠다)

20~30대에는 목돈의 50퍼센트를 증권에 투자할 것을 권한다. 그 이유는 증권투자는 매우 공격적인 투자 방법으로 수익이 많이 날 수도 있

지만, 단기간에 원금을 손해 볼 가능성도 매우 높은 심리 게임이다. 따라서 단기적으로 평가된 투자원금을 손해본다하더라도, 적립식 펀드나 가치 우량 주식에 장기 투자를 하면 상당한 수익을 만들어주는 것이 과거의 투자 분석으로 증명이 되고 있기에 증권투자를 권한다.

또한 증권 투자로 원금을 손해 보았다 하더라도 아직 젊기 때문에 만회할 수 있는 시간이 많으므로 20~30대에는 증권 투자 비중을 높여야한다. 40대가 넘어 증권 투자를 하다가 실패하면 만회할 시간이 부족해서 결국 투자의 조급함을 만들게 되고, 투자의 조급함은 심리 게임에서 패배를 의미하기 때문에 투자의 실패가 반복되어 인생도 실패하게 된다. 따라서 젊었을 때 증권에 투자하면서 위험 관리 능력을 키워야 한다. 그래야 향후 계속 발생할 수 있는 투자에 대한 위험을 회피하기보다 위험을 관리하면서 위험을 이용한 투자를 할 수 있는 것이다.

부자는 위험을 잘 관리하고 이용해서 돈을 벌지만, 가난한 사람은 돈을 잃는다는 두려움 때문에 부자가 되지 못한다고 했다. 즉, 위험 관리 능력에 따라 부자가 되거나 가난한 사람이 될 수도 있음을 말해주고 있는 것이다. 금융 자산만 10억 원 이상 되는 거액 자산가들의 말을 들어보면 과거 투자에서 한 번쯤은 실패를 경험했으며, 그 실패를 거울삼아 위험 관리 능력을 키울 수 있었다고 한다.

위험 관리의 핵심은 탐욕이 불러오는 인간 욕심 관리라고 한다. 젊어서 투자 실패를 경험하면 탐욕으로 인한 실패를 빨리 알기 때문에 욕심을 버리고 위험을 발견하면서 해결할 수 있는 능력을 깨우칠 수 있다. 하지만 나이를 먹어서까지 욕심 관리를 못하다가 40대 이후 투자 실패를 경험하게 되면 실패 속에서 헤어 나오지 못한다. 지금 많은 사람들이 컴퓨터나 스마트폰을 통해 주식 화면을 열어놓고는 마치 도박하듯이 반복적으로 주식을 사고팔고 하는 모습을 보면, 승률 없는 게임에서 투자자들이 언제 깨우칠까 하는 의구심이 든다.

자본주의에서 주식 투자는 반드시 필요한 재테크 수단이다. 또한 투자하는 방법이 잘못되어 있다는 것을 깨우치는 순간 위험 관리 능력은 늘어나게 된다. 반드시 해야 하는 주식 투자, 하지만 투자하는 방법이 잘못되어 있기에, 올바른 주식 투자 방법은 3장에서 설명하겠다.

더불어 20~30대에는 지방의 조그마한 토지임야 위주를 공매나 경매로 사놓을 것을 권한다. 혹 독자들 중에 토지 투자는 투자가 아닌 부동산 투기라고 말할 수도 있을 것이다. 하지만 자본주의사회에서 화폐로 가치가 평가될 수 있는 모든 것이 투자 대상이다. 골동품, 그림, 난蘭, 수석壽石 등등. 따라서 땅도 분명 화폐 가치로 측정할 수 있으며, 화폐로 거래가 되는 자산이기에 투자 대상으로 보는 것이 바람직하다.

여기서 토지의 매입 가격은 2,000만 원 이하 그리고 면적 1,000㎡약 302평 이상 위주로 매입을 권한다. 면적이 1,000㎡ 이상이면서 가격이 2,000만 원 이하인 토지가 어디 있냐고 반문할 것이다. 하지만 우리나라에 여전히 많이 있다. 그러한 부동산을 어떻게 매입해서 어떻게 재테크 수단으로 쓸 것인가는 4장에서 자세히 설명하겠다.사실 이 부분이 이 책의 핵심이라고 장담할 수 있으며, 결국 이 책을 누가 빨리 활용해서 먼저 좋은 임야를 선점하느냐도 재테크의 핵심이라 할 수 있다

20~30대에 토지에 투자하는 목적은 첫째, 60세 이전까지 토지의 공공 수용을 기대하거나 타인에게 매매할 목적의 투자이어야 한다. 둘째, 60세까지 수용이나 매매가 되지 않으면 투자자가 직접 농지로 사용

할 목적의 토지 투자이다.

묵은 땅이 효자 노릇한다고 한다. 기획 부동산 등의 감언이설에 속지 말고 스스로 노력해서 좋은 땅을 만들어 땅에다 돈을 묻어두는 재테크 방법도 배워보자. 앞에서 학교 교사로 시작해 100억 원대 자산가가 된 사례에서 보듯이 결국 땅이 큰 부의 밑바탕이 된다. 한국에서만큼은 부자들이 부동산에 대한 집착이 강하고, 부동산 투자의 불패 신화가 계속 만들어지고 있다. 그 이유는 우리나라의 국토 면적이 작고, 약 69퍼센트가 산악지대이고 개발할 땅이 구조적으로 부족하다보니 많은 인구가 몰려 있는 지역은 상대적으로 토지 공급이 적다. 또한 어려운 시기를 거치면서 간신히 마련한 내 집에 대한 강한 소유욕과 보상 심리가 겹치면서 부동산은 여느 자산보다 배신하지 않는 않는다는 강한 믿음이 깔려 있기 때문에 부동산 가격은 계속 오르는 것이다.

Real Story 1970년 인천 영종도의 운남동에 있는 토지를 3.3㎡1평당 500원에 약 33만 4,000㎡약 10만 평를 5,000만 원에 매입한 고객이 2006년 운남동 국토 개발로 3.3㎡당 평균 80만 원 정도에 수용을 당해 약 800억 원에 달하는 토지 보상비를 받았다. 1970년에 인천국제공항이 영종도에 들어설 줄을 누가 알 수 있었겠는가?

1974년에 라면 한 개 값은 30원으로 기억한다. 1970년에 라면 160만 개를 살 수 있는 돈으로 땅을 샀더니 2006년에는 약1억 6,000만 개의 라면을 살 수 있는 돈으로 변해 있었다.

세종시로 탈바꿈한 충청남도 공주 및 연기군을 비롯해 남양주시 별내면 신도시, 김포 신도시, 판교, 동탄 등 경기도를 비롯하여 전국적인 혁신도시 개발과 공공기관 지방 이전으로, 잠잠했던 농촌 지역에서 농사짓던 농민들에게 갑자기 돈벼락이 떨어졌다. 앞으로도 국토 개발은 계속 이어질 것이다.

김포 신도시 개발로 토지 보상비를 받는 사람들에게 자산 관리 상담을 할 때였다. 시골 논밭을 팔아 자식 공부시켜놨더니 부모를 몰라보는 자식들 때문에 마음 아파하던 사람들이 있는 반면, 농사짓던 땅은 어떤 일이 있어도 팔지 않고 지켜서 40억 원이 넘는 토지 보상비를 받으니까 며느리가 매일 찾아온다고 하는 이야기도 있었다.

'땅만 한 효자 없다'라는 옛말이 틀리지 않았음을 증명하고 있다. '돈을 벌려면 길에서 늙어라'라는 말이 있다. 그만큼 부동산 투자는 발품을 많이 팔아야 한다. 휴가 때 외국에 나가는 것보다 지도 들고 우리나라 국토를 순례해보자. 그리고는 젊었을 때 땅에다 돈을 묻어놓는다 생각하고 조금씩 땅을 사서 모으자. 아울러 토지 투자는 시간과의 싸움이니 나보다 내 자녀에게 물려준다는 생각으로 사놓은 후 현업에 충실해보자.

[뉴스 참고 자료]

땅값이 집값보다 두 배 더 올라

3분기 전국 땅값 상승률이 집값 상승률의 두 배에 달한 것으로 나타났다. 국토교통부가 2017년 11월 02일 발표한 '3분기 전국지가 변동률'에 따르면 올해 3분기 지가 상승률은 1.06%로 전년 동기 0.72%에 비해서는 높았지만 전분기(1.1%) 대비로는 소폭 줄었다. 올 3분기까지 누적 지가 상승률은 2.92%로, 전년 대비 0.95% 높아졌다.

전 분기 대비 오름 폭이 축소되긴 했지만 3분기 지가 상승률은 집값 상승률에 비해 두 배가량 높다. 한국감정원의 전국 주택가격 동향조사에 따르면 올 6월 말부터 9월 말까지의 주택 가격 상승률은 0.55%에 그쳤다. 서울의 집값 상승률은 0.94%였다.

지가 상승률을 지역별로 살펴보면 세종시가 2.17%로 1위를 기록했다. 이어 부산(1.9%), 제주(1.37%), 대구(1.26%), 광주(1.23%), 서울(1.2%), 전남(1.12%) 등이 평균을 웃돌았다. 세종시는 행정수도 이전에 따른 생활기반시설 확충으로 꾸준히 지가 상승률 상위권에 오르고 있다. 부산은 엘시티, 센텀2지구 등 다양한 개발 호재가 주목받고 있으며 제주도는 신화역사공원, 영어교육도시 등이 있어 꾸준한 투자 수요를 창출하고 있다. 특히 최근 중국과 사드 갈등이 봉합 국면에 접어들고 있어 향후 제주도 부동산 시장이 다시 과열될지 주목받고 있다.

반면 경북(0.80%), 경남(0.83%), 경기(0.87%), 대전(0.89%) 등은 상승률이 0.9%를 밑돌며 하위권에 자리했다. (중략)

국토부 관계자는 "저금리 기조에 따른 투자 수요 증가로 3분기까지 토지 가격이 상승하고 거래량도 늘었지만 8·2 대책 이후 다소 둔화하고 있다"며 "개발 수요 및 투기 우려가 많은 지역에 대해서는 가격과 거래 상황을 지속적으로 모니터링할 것"이라고 말했다.

2017.11.03., 매일경제

40대: 늘어나는 지출을 대비해 월급 이외의 현금 창출을 늘리자

목돈의 20%: 은행 정기예금 등 안전 자산 위주 - 교육비 등 돈 들어갈 일이 점차 많아지니 자금의 유동성 확보

60%: 임대 수익(월세)이 나오는 부동산 투자 - 소규모 오피스텔, 도시형 생활주택 등

20%: 5년 이상 장기 투자를 목표로 한국가치우량주식 & 해외주식형펀드투자

40대에는 자녀 교육비 등으로 돈 들어갈 일이 점차 많아지는 시기이므로, 자금의 유동성을 조금 더 늘리면서은행 예금 약 20퍼센트 주식의 직접 투자 비중을 줄이고, 임대 수익을 얻을 수 있는 부동산 투자를 권유한다. 특히 직장인이라면 고정된 월급으로는 돈 모으기가 더욱 어렵다.

이 책의 처음에서 밝힌 바와 같이 우리나라 경제적 정년이 49세이기에 점차 시간이 흐를수록 월급 외의 소득이 필요하기도 하다. 따라서 조그마한 상가나 임대 주택, 오피스텔 등 월 임대료가 나오는 부동산에 투자해서 추가 소득을 올려야 한다. 단, 분양하는 상가나 오피스텔을 신문 광고, 길거리 전단지 등에 미혹당해서는 안 된다. 40대를 불혹不惑이라 하지 않던가! 40대부터는 그 어느 때보다 위험 관리에 많은 주의를 요해야 한다. 앞으로 돈 들어갈 일이 많아지기 시작하는데 자칫 투자 실패가 생겼을 때 이를 만회하려고 더욱 무모한 행동을 할 수 있기에 주의해야 한다.

상가나 오피스텔 등 월세 받는 것을 목적으로 하는 수익형 부동산은 소비 인구가 많은 업무 밀집 지역에 투자해야 한다. 따라서 현장조사 등

발품을 팔아 주변 상권 분석, 임대차 현황 등 철저한 조사해야 한다. 상가나 오피스텔은 직장이 많은 지역에 투자해야 하므로 주간인구지수[1]가 120 이상 되는 지역에 투자할 필요가 있다.

2011년 판교와 수원 광교 신도시에서 비슷한 크기에 비슷한 가격으로 분양한 오피스텔이 있다. 분양 당시 판교와 수원 광교는 보증금 1,000만 원에 월세 50만 원으로 임대가 동일하게 형성되었으나, 2017년 11월 현재 판교는 보증금 1,000만 원에 월세 80~90만 원 정도 되는 반면, 수원 광교는 보증금 1,000만 원에 월세 50만 원으로 변함이 없다. 이는 판교에 직장이 많아 주간인구지수가 높기 때문이다.

2015년 통계청 자료에 따른 주간인구지수를 보면 서울 중구가 372.8, 종로구가 265.7로 높고, 은평구가 74.6, 도봉구가 77.4로 낮다. 어느 지역에 오피스텔이나 상가 등 수익형 부동산에 투자해야 하는지 알 것이다. 이런 것을 알고 투자하는 것이 위험 관리다.

요 근래 신문 광고를 보면 '연 00% 임대수익 확정 보장'이라는 문구의 상가 분양 광고를 자주 접한다. 상권이 좋고 임대 수익이 잘 나온다면 굳이 이런 광고가 필요할까 하는 의문을 가지고 접근해보는 것이 좋다. 이런 광고는 100퍼센트 믿지도 말고, 100퍼센트 거부하지도 말고 현장 답사오전과 오후 시간대별, 평일과 주말를 수차례 해서 결정하는 것이 바

---

1 주간인구(晝間人口)지수: 특정 지역에 주간에만 현존하는 인구로서 쉽게 표현하자면 직장이나 학교 생활을 하기 위해 모여 있는 인구. 상대적인 지수로 상주인구(常住人口)지수가 있다. 상주인구는 집에서 생활하고 있는 인구를 말하며 베드타운(bed town)이라 할 수 있다. 주간인구지수가 100을 초과하면 직장이 많은 것이고, 100 이하이면 베드타운이기에 소비가 적어 오피스텔이나 상가 투자에 적합하지 않다.

람직하다. 상가 및 오피스텔 투자 전략 역시 '부동산 투자 방법'에서 자세히 기술하겠다.

그리고 20~30대 경매, 공매로 투자한 소규모 토지 중 매매 가능한 토지가 있다면 처분해서 수익형 부동산 구입에 보태고 다시 저렴한 토지를 조금씩 사 모으는 것도 투자의 한 방법이다. 증권 투자는 직접 투자보다 전적으로 증권 전문가들이 운용하는 펀드에 투자할 것을 권장한다.

사람 마음이라는 것이 돈이 많이 들어갈 시기에 증권 직접 투자처럼 사고파는 것이 용이한 투자를 하다보면 욕심을 부릴 가능성이 더욱 커지게 되며, 시간에 쫓기는 성급한 투자가 될 수 있고, 그러다 보면 주식 가격이 하락할 때 심리전에서 패배할 확률이 높다. 이미 큰 부자가 된 상태라 돈의 여유가 있다면 몰라도, 부자가 되려고 노력하는 과정이라면 냉정함을 가지고 투자해야 할 시기라고 본다.

50~60대 중반 : 노후 준비 및 경제적 안정 확보

이제부터는 목돈을 굴리는 것이 아니고 그동안 모아온 자산의 포트폴리오를 잘 구성해야 한다.

30%: 은행 정기예금 등 안전 자산 위주 - 매월 연금식으로 이자를 수령하는 금융 상품 추천

60%: 부동산(상가 건물 위주) - 무수익성 토지는 모두 매각해서 월세가 나오는 상가 건물 대형화(여기서 상가 건물이라 함은 건물과 토지 지분 100%가 함께 등기된 부동산으로서 구분 등기 된 집합 건물이 아님)

50~60대 중반은 노후를 준비하면서 경제적 안정을 확보해야 할 시기이다. 이때 자칫 무리한 투자로 돈이 묶여버리면 어려운 노후를 맞이할 수밖에 없다.

Real Story 2005년 1월에 62세 국민연금 수급 생활자, 신당동 24평형 아파트 거주, 은행 예금 2억 원, 코스닥 주식 다섯 종목에 3억 원 정도의 자산을 보유한 고객을 상담한 적이 있다. 한때 서울 강남구 논현동에 5층짜리 근린상가건물을 보유하고 있었지만 IMF 외환위기 때 세입자 관리 문제로 고민하던 중, 2000년 3월 주변 부동산 중개인의 제안으로 20억 원에 처분하고 부동산 처분 자금은 전부 주식에 투자했다고 한다.

2000년 초에는 코스닥 주식 투자로 금방 15억 원을 벌기도 했으며, 계속되는 코스닥 투자로 평가 금액이 한때 70억 원이 넘는 큰 부자가 되어 증권회사 직원에게 자동차를 선물하기도 했다고 한다. 하지만 한없이 오를 것 같았던 주식은 갑자기 반전되었고, 그때 처분하지 않고 가지고 있던 주식 중 일부는 감자자본 감소에, 상장 폐지에 코스닥시장의 붕괴로 3억 원 정도밖에 남지 않았다고 한다.

2000년 3월 팔았던 강남구 논현동 건물은 2005년 1월 상담 당시 시세가 60억 원이 넘는다고 하니 투자 손실에 대한 억울함도 있지만, 가족들마저 외면하는 바람에 자살까지 생각해 보았다며 자신의 투자 이야기를 풀어놓는 것이었다. 그러면서 마지막으로 재산을 정리해 땅에 투자하고 싶다고 하였다2005년 초에는 전국이 땅 투자 열풍이 불 때였다.

[상담 후 제안 내용]

50~60대에는 노후 준비를 위한 경제적 안정을 추구해야 하는 시기 이므로 땅에 투자하는 것은 바람직하지 않기에 예금 2억 원은 생활비를 위해 그대로 두고, '주식 갈아타기' 전략이 필요했다. 따라서 코스닥 주식은 전부 정리해서 가치주 펀드 등 주식형 펀드에 종류별로 가입하는 방법과 직접 투자를 원한다면 삼성전자, POSCO, 신한금융지주, 현대자동차 등 대형 우량 주식으로 갈아타서 장기 보유 전략으로 투자하는 방법을 권했다.

위 상담 내용에서 얻는 교훈은 투자 손실을 만회할 수 없는 나이에 너무 무리한 투자어쩌면 투자 수익에 너무 욕심을 부린를 하게 되면 힘든 노후를 맞이할 수밖에 없다는 것이다. 따라서 50~60대에는 과거부터 투자해오던 위험성 높은 공격적 자산을 가능하면 모두 정리해서 안정적 임대 수익이 나오는 상가 건물을 대형화하는 것이 바람직하다.

앞서 상담인이 세입자 관리로 골치 아프다고 논현동 상가 건물을 처분하는 가장 큰 실수를 하는 바람에 거꾸로 가는 노후 관리가 된 것이다. 세입자 관리가 어려운 것은 임차료 미납으로 보증금이 전부 소멸되었음에도 상가를 비워주지 않고 세입자와 힘겨운 싸움을 하는 것 때문이었다.

임차인과의 다툼 없이 원활한 부동산 관리를 원한다면 임대차 계약을 하면서 법원에 '제소전화해提訴前和解[2]'를 신청해놓으면 세입자 관리가 한결 쉬움에도, 그러한 제도를 몰라서 비싼 부동산을 헐값에 파는 어리석음을 범한 것이다. 제소전화해는 변호사를 선임해서 의뢰해도 비용이 많이 들어가지 않는다.

50~60대까지 토지를 보유하고 있었다면 더 이상 장기로 묶어둘 필요가 없으므로 정리해서 상가건물 매입에 보태거나, 보유하고 있는 토지가 팔리지 않는다면 농지연금을 받으면서 취미삼아 농사짓고 여유로운 제2의 삶을 즐기는 것도 한 방편일 것이다.

50~60대에 목돈의 10퍼센트 정도를 한국 주식형 펀드와 해외 주식형 펀드로 분산 투자하면 글로벌 경제 감각을 살려가면서 다가오는 노후에 생길 변화에 대비하는 것이라 할 수 있다. 물론 직접 투자는 그만두어야 한다.

----

2 제소전화해(提訴前和解) - 제소 전에 화해하고자 하는 당사자가 상대방의 보통재판적(普通裁判籍) 소재지의 지방법원에 출석하여 행하는 화해(민사 소송법 385조). 소송 계속을 전제로 하지 않는 점에서 소송상의 화해와 다르나, 법원에서 행하여지므로 집행권원으로서의 효력이 부여된다. 소송방지의 화해, 즉결화해라고도 한다. 이 화해의 신청은 당사자가 청구의 취지, 원인과 다투는 사정을 명시하여 상대방의 보통재판적 소재지의 지방법원에 제출하고(385조 1항), 화해가 성립되면 화해조서를 작성하게 되며(386조), 이것은 확정 판결과 동일한 효력이 있다(220조). 또 화해가 성립되지 아니한 때 또는 당사자의 불출석으로 화해가 성립되지 않는 것으로 간주되는 때에 당사자가 제소 신청을 하면 화해 신청한 때에 소(訴)가 제기된 것으로 간주된다(387 ·388조).

60대 중반 이후: 여유로운 삶 준비

50%: 은행 정기예금, 연금보험 등 안전 자산 위주 운영

- 상속 등에 대비한 자금의 유동성 확보, 즉시 받는 연금식 보험에 일부

  가입해서 매월 일정 금액을 연금으로 수령

- 공적연금+사적연금+주택연금, 농지연금 수령 시작

  (연금 1층~연금 6층 전부 수령 시작)

50%: 부동산(상가 건물 위주)

- 농지연금 대상 토지를 제외한 무수익성 토지는 매각해서 고정 수익이

  나오는 상가 건물을 대형화

0%: 펀드를 포함해서 주식 등 위험 자산 투자는 자제

60대 중반 이후부터는 당연히 당당하고 여유로운 노후 생활을 즐겨야 할 것이다. 인생의 20대부터 안 쓰고 절약해서 모아온 돈이 최종 목적지인 60대 중반까지 잘 도착했다면 연금 6층탑이 모두 완성되어 매월 현금이 화수분처럼 쏟아질 것이다. 이제는 새로운 투자처를 찾기보다 지금까지 모아온 자산을 잘 관리하면서 노후를 즐기는 모습이 아름다운 것이다.

오래 전 명동에 있는 모 증권회사 영업점을 방문한 적이 있다. 그때 한 상담 코너에서 칠순쯤 되어 보이는 어르신이 남자직원의 멱살을 잡고 이놈저놈 하면서 싸우는 모습을 보게 되었다. 싸우는 내용을 자세히 들어보니 증권회사 직원이 모 코스닥 종목을 추천했는데 손해가 너무 크다보니 논쟁이 된 모양이다. 편안한 노후를 보낼 시기에 손자만

큼이나 젊은 직원과 투자 손실 때문에 언쟁을 높이는 모습이 옆에서 지켜보기에는 썩 좋아 보이지는 않았다.

위험 자산에 투자했다가 투자 원금을 전부 잃는다 해도 노후 생활에 아무런 지장이 없다면 주식 투자 등 공격 자산의 일부 투자를 권한다. 이유는 너무 안전하게 자산 운용을 하다가 뉴스 등을 통해 다른 위험 자산의 고수익 소식을 듣다보면 상대적 박탈감을 느낄 수 있으며, 결국 뒤늦게 주식 등 위험 자산에 거액을 투자하는 어리석음을 범할 수 있기 때문이다. 성북동에 거주하는 200억 원 자산가 92세 L회장님이 3억 원 정도를 주식에 직접 투자하는 이유는 매일 뉴스를 살피고, 경제 흐름을 파악하면서 주식 시세판을 바라보고 있으면 스릴도 있고, 치매도 걸리지 않으면서 아직도 일하고 있다는 뿌듯함을 가지기 때문이라고 한다.

> 투자에는 용기도 필요하지만, 그것보다 더 강한 것이 세월이다. 세월을 이기려 애쓰지 말고, 세월에 순응하되 지나가는 세월만큼 다양한 지식을 쌓고 지혜를 만들면 부자 되는 투자는 당연히 성공한다.

응용 모든 투자에는 때가 있다

앞에서 각 연령대별 목돈 투자 전략을 설명했다. 연령대별 목돈 투자 전략은 현재 들어오는 수입과 지출에 따라 가능한 사람도 있고 불가능한 사람도 있다. 단지 앞의 예시는 우리나라 부자들의 과거 재산 형성 과정을 기초로 한 평균 모델일 뿐이다. 따라서 현재 연령과 보유 중인 목돈의 차이에 따라 현재 투자할 수 있는 자산 종류는 사람마다 다를 수 있으며, 부모로부터 이미 상속받은 재산이 많거나 향후 부모로부터 상속받을 부동산 등의 재산이 많을 예정인 사람은 현재 보유하고 있는 목돈을 어디에 투자해야 할지 고민할 필요가 있다.

분명한 것은 어느 누구도 신이 아닌 이상 미래를 정확히 예측하고, 예측에 따라 투자한 것이 100퍼센트 성공할 수 없다. '향후 주식시장이 어떻게 될 것이다'라든지, '향후 아파트 값이 떨어질 것이다, 오를 것이다' 등 미래의 가치 변화에 대하여 많은 전문가들이 분석, 예측하고, 이를 가지고 투자하고 있으나 성과가 신통치 않은 경우도 많다. 전문가들이 향후 투자 유망한 자산이 무엇인지를 분석하고, 예측하는 데에는 매우 다양한 방법이 있다.

투자 경제학의 기본 개념

이 책은 경제 예측과 투자 자산을 분석 연구하는 전문 서적이 아니므로 구체적이고 자세한 설명은 할 수 없음을 이해해주기를 바라며, 다만 독자들의 투자 이해를 조금이나마 돕기 위해 간단히 분석할 수 있는 GDP국내총생산와 인플레이션물가의 관계를 가지고 투자 방법을 설명하고자 한다. 경제학을 공부한 사람이라면 누구나 잘 알고 있겠지만, 투자하는 현장에서는 쉽게 간과하고 넘어가는 경우가 많기 때문에 간단히 소개한다.

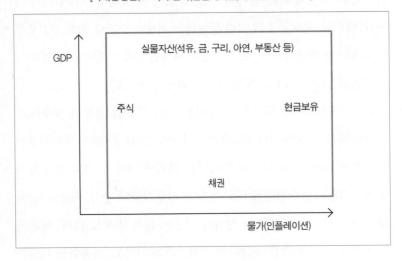

[국내총생산(GDP)과 물가(인플레이션)에 따른 투자 대상]

위 그림을 간략하게 설명하면 다음과 같다.

① GDP는 증가하는데, 물가인플레이션의 변동이 없을 때

= 주식 가격이 오른다주식 투자 시기.

② GDP는 변동이 없는데, 물가인플레이션가 상승하는 경우

= 실물 자산부동산, 금, 석유 등가격이 오른다부동산 투자 시기.

③ GDP는 떨어지는데, 물가인플레이션의 변동이 없을 때

= 시중에 현금단기 예금이 증가한다.

④ GDP는 변동이 없는데, 물가인플레이션가 하락하는 경우

= 채권 가격이 오른다채권 투자 시기.

앞의 이론은 과거 데이터를 분석해보니 위 네 가지 형태를 보인다는 것이다. 즉 후천적 결과라는 말이다. 따라서 투자할 때는 향후 GDP가 증가할지, 물가가 상승할지에 대한 예측이 중요한데, 문제는 예측치가

훗날 정확하지 못할 때가 있다는 것이다. 오로지 경제 신문에서 나오는 경제 지표를 수시로 참고하고, 각계 전문가들의 도움을 받아 투자에 나설 수밖에 없는 것이다.

몰라도 되지만 알면 유익한 TIP

[GDP(Gross Domestic Product: 국내총생산)]

한 나라의 국경 안에서 일정한 기간 동안(보통 1년)에 새로이 생산된 재화와 용역의 부가가치 또는 모든 최종재의 시장 가치를 화폐 단위로 합산한 것을 국내총생산이라고 한다. 이것은 한 나라의 모든 공장과 일터에서 일정한 기간에 생산된 재화와 용역을 통하여 어느 정도 소득이 창출되었는가를 측정하는 것으로, 국민 경제의 전체적인 생산 수준을 나타내준다.

$$GDP = C + I + G + (X - M)$$

(C:소비지출, I:투자지출, G:정부지출, X:수출액, M:수입액)

사람의 욕심은 적절하면 약이 되지만, 지나치면 인생을 망치는 독이 되기도 한다. 그래서 예로부터 욕심을 줄여야 한다는 의미의 '과욕(寡欲)'이 인생의 중요한 화두이자 철학으로 여겨졌다. 마음을 다스리는 데 있어서 욕심을 적게 갖는 것보다 더 효과적인 방법은 없다는 뜻이다. 과욕의 상반되는 말이 '다욕(多欲)'이다. 욕심이 지나치게 많으면 자신의 마음을 제대로 다스리기 어렵다는 뜻이다. 《맹자(孟子)》에서 마음을 다스리는 방법으로 욕심을 줄일 것을 권유하고 있다.

"양심 막선어과욕(養心 莫善於寡欲): 마음을 다스리는 데 있어서는 욕심을 적게 갖는 것보다 좋은 방법은 없다."

- 〈3분 고전〉(2010) 중에서

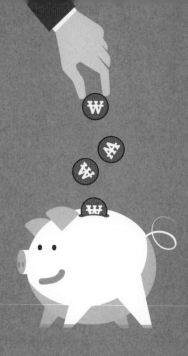

제3법칙_

올바른
증권투자,
쪽박 차는
증권투자

성공하는
채권투자 방법

증권 투자에는 채권 투자도 있다

증권 투자하면 대부분의 사람들은 주식을 생각한다. 하지만 엄밀히 말하면 증권 투자는 주식株式, stock과 채권債券, bond 투자로 구분된다. 채권은 국가, 지방자치단체, 공기업, 주식회사 등이 일반인으로부터 자금을 조달하기 위하여 발행하는 차용증서로써, 그에 따른 채권債權을 표시하는 유가증권有價證券이다. 따라서 채권에 투자한다는 것은 말 그대로 내가 회사에 돈을 빌려주고 3개월이나 1년에 한 번씩 또는 만기 때 이자를 받다가 채권 만기가 되면 원금을 돌려받게 되며, 원금을 돌려받기 전에 채권 발행 주체회사 등가 청산파산을 하게 되면 채권자의 지위를 가지고 회사에 남아 있는 청산 가치에 따라 다른 채권자들과 균등 비례하여 돌려받는다. 경우에 따라서 투자 원금을 전부 못 받는 일도 발생한다. 마치 은행 정기예금에 가입한 후 매월 이자를 받는 방법, 만기에 이자와 원금을 한꺼번에 받는 방법과 동일하다.

채권은 상환 기한이 정해져 있는 '기한부 증권'이며, 이자가 확정되어 있는 '확정 이자부 증권고정 금리를 뜻하는 것이 아님'이라는 성질을 가지고 있다. 알아두면 좋을 채권의 종류로는 이자 지급 방식에 따라 할인채, 복리채, 이표채 등이 있다. 또한 채권에는 합성 채권도 있다. 채권의 성질에 주식 투자의 성격을 합성한 것으로, 전환사채CB, 신주인수권부사채BW, 교환사채, 이익참가부사채, 수익사채 등이 있는데 채권 투자로 큰돈을 벌고 싶다면 전환사채, 신주인수권부사채의 투자를 권장한다.

채권도 주식처럼 사고파는 증권이다

채권도 증권시장을 통해서 거래한다. 즉, 증권회사를 통해 채권 거래를 할 수 있는데 시중 금리에 따라 동일한 채권을 싸게 사거나 비싸게 파는 거래를 할 수 있다. 앞에서 GDP와 인플레이션의 관계로 주식, 채권, 부동산의 투자 적기를 대략 설명한 바 있지만 전문적인 채권 투자를 하기 위해서는 더 많은 공부가 필요하다.

먼저 채권 가격이 형성되는 메커니즘을 알아야 한다. 이를 위해서 자금 시장에서 금리가 어떻게 결정되고 있는가를 알아야 한다. 일반적으로 금리는 화폐 자본의 대가를 의미하는데 돈 빌려줄 사람이 상대적으로 많으면 금리는 떨어지고 반대로 적으면 금리가 올라가는 현상은 일반 재화의 수요와 공급에 따른 가격 형성 과정과 유사하다.

그러나 금리는 일반 상품들의 가격과는 달리 투자와 저축, 경기 변동 등 국민 경제 전반에 광범위한 영향을 미치므로 정책 당국에서는 그 움직임을 관찰하면서 인위적 금리 조정을 하고 있는 것이 현실이다.

가령 경기가 침체되어 있을 때 금리 수준이 너무 높게 형성되면 투자나 소비 수요가 억제되어 경기 회복을 어렵게 하며, 반대로 경기가 과열되어 있는 상황에서 낮은 금리 수준을 유지하면 경기를 진정시킬 수 없다. 아울러 금리 변동이 너무 심하면 경제 환경의 불확실성이 커지므로 기업가의 투자에 대한 의사 결정을 어렵게 할 뿐만 아니라 투자 의욕을 저하시킨다. 따라서 각 나라의 통화 당국은 그 나라의 경기 변동이나 경제 실정에 맞추어 금리 수준 결정에 직접 또는 간접으로 영향력을 행사하여 금융 시장의 금리를 변동시킴으로써 전체적인 자금의 수요와 공급, 자금의 배분을 조절하게 되는 것이다.

최근 미국이 경기 호황에 금리를 올리고 있고, 우리나라 또한 국내 부동산 가격 상승 문제와 개인 부채 문제들이 맞물려 정책 당국 내에서도 '금리를 올려야 한다, 말아야 한다' 등 많은 의견들이 오가고 있는 상황에서 선뜻 정책 금리를 변경하지 못하고 있다가 근래 금리를 슬그머니 올리는 이유도 여기에 있다.

금리가 결정되는 이론에 대해서는 많은 학자들이 서로 다른 주장을 하고 있지만 금리는 자금의 공급과 수요에 의해 기본적으로 결정된다. 금리에 대한 이론은 크게 두 가지로 설명되는데 금리가 저축과 투자와 같은 실물적 요인에 의해 결정된다고 보는 '고전적 금리론'과 통화적 요인에 의해 결정된다고 보는 케인즈의 '유동성 선호설'로 설명되며, 이 두 가지를 절충한 '통화적 대부자금설', '피셔효과' 등의 이론도 있다.

부자가 되려면 위와 같이 어려운 이론을 다 학습해야 하는 것인가? 우리나라 부자들이 앞의 이론을 다 알아서 부자가 된 것은 아니다. 과거 고금리 시대에는 채권을 사고파는 매매 전략을 구사하지 않고 채권을 한 번 사서 만기까지 보유해도 큰 수익을 얻을 수 있었지만, 지금은 저금리 시대이니 채권을 사서 만기까지 보유해봐야 큰 수익을 얻지 못한다. 따라서 요즘 젊은 부자들은 주식과 채권 투자를 하면서 경기 상황과 금리 변화를 예측하고 적절한 투자 비율을 조정하면서 수익을 올리고 있다.

물론 여러 금리 결정 이론으로 시장 금리를 예측한다고 해도 정확히 예측할 수는 없다. 이는 금리를 결정하는 요인이 너무 많고 국내외적 변수도 많기 때문이다. 하지만 채권 투자 전문가들은 향후 금리 방향을 예측해가면서 '수익률 예측 전략', '채권 비교 평가 전략', '수익률 곡선 타기 전략' 등 채권 매매로 주식 투자보다 수익률이 낮지만 은행 정기예금보다 높은 이익을 안전하게 만들어내고 있다.

여러분이 채권 투자 전문가라면 직접 채권을 사고파는 전략으로 수익을 올릴 수 있겠지만, 전문가가 아니라면 타인에게 맡기는 것도 하나의 방법이다. 즉 우리나라 금융 기관에서 판매하는 간접 투자 금융 상품을 확인해보는 것이 좋다. 현재 우리나라에는 '채권형펀드'와 '주식형 펀드', 채권과 주식을 섞어서 투자하는 '혼합형 펀드'가 있다.

채권 금리의 두 얼굴

채권 투자에서는 두 가지 이율을 알고 있어야 한다. 첫째, '표면금리 또는 액면금리: coupon rate'라고 해서 채권을 처음 발행할 때 매월, 또는 매분기마다 이자를 몇 퍼센트 주겠다고 약속된 금리가 있다. 은행에 정기예금을 가입할 때 1년에 2 퍼센트 하는 식의 금리라고 생각하면 쉽다. 표면금리에는 고정금리 방식과 변동금리 방식이 있는데 고정금리 방식은 채권의 만기 때까지 채권 발행 시 정한 이율로 계속 이자를 지급하겠다는 것이며, 변동금리 방식은 채권 발행 후 1년 혹은 3년, 5년 뒤 시장의 상황에 따라 표면 금리를 더 올리거나 내리는 방식이다.

둘째, 뉴스나 신문에서 간혹 한국은행의 금리 인상 여파로 시중 금리가 변동이 되어 국공채 금리가 올랐느니 떨어졌느니 하는 기사를 접할 것이다. 이는 채권의 '시장 금리'를 말하는 것으로 쉽게 생각해서 할인율이라 생각하면 된다.

따라서 채권의 시장 금리가 올랐다고 하는 것은 채권 할인율이 올랐기 때문에 채권 가격이 떨어졌다채권에 이미 투자하고 있는 사람은 손실이 발생는 것을 의미하고, 채권의 시장 금리가 내렸다고 하는 것은 채권 할인율이 내렸기 때문에 채권 가격이 올랐다채권에 이미 투자하고 있는 사람은 이익이 발생고 하는 것이다.

증권 투자할 때에는 채권과 주식의 구분을 명확히 알고 투자해야 힘들게 모은 돈을 잘 지키면서 투자 수익을 올릴 수 있다. 상당수 사람들은 채권과 주식이 뭔지도 잘 모른 상태에서 남들이 투자한다고 하니까 좇아 투자하고, 남들이 좋다고 권하면 투자하는 어리석음을 범하면서 내 주머니 돈을 남의 주머니에 스스로 넣어주고 있는 것이다.

[주식과 채권 구분]

구분 방법	채권	주식
회사 입장에서의 자금 조달 방법	타인 자본	자기 자본
소유자의 지위	채권자	주주
존속 기간	기한부 증권(만기가 있다) ※ 간혹 영구채라 해서 만기 없는 채권도 존재함	영구 증권 (만기가 없다)
투자자의 수익금의 처리	이자 소득	배당 소득
수익금 확정 여부	확정 이자 지급 (변동 금리부 채권 제외)	배당 소득 불규칙 (배당이 없을 수도 있다)
회사의 원금 상환 의무	있음	없음
투자자의 경영 참여 권리	없음	있음
회사 청산 시 원금 상환 방법	우선적으로 원리금 지급	잔여 재산 분배 청구권

*출처 : 투자신탁협회, 《채권투자운용 및 투자전략》, 투자신탁협회연수교재, 2001

몰라도 되지만 알면 유익한 TIP

[한국은행 정책 금리 인상] → 시장 유통 금리 상승(=채권 할인율 상승)

→ 채권 가격 하락 (채권형펀드 수익률 하락)

[한국은행 정책 금리 인하] → 시장 유통 금리 하락(=채권 할인율 하락)

→ 채권 가격 상승 (채권형펀드 수익률 상승)

채권형펀드를 운용하는 펀드매니저는 채권 투자 전략을 통해 장단기 채권의 매매와 여러 가지 금리 스와프·선물 옵션 등의 금융 공학을 이용해 적절한 채권 운용 수익을 관리하고 있다.

전문가들이 하는 채권 투자 전략

채권 가격 결정 이론

채권 가격 결정 이론이란 매일매일 시장 금리가 변함에 따라 채권이 어떤 내재가치를 가지고 있는지 규명하는 것이다. 예를 들어 표면 금리_{액면 금리}가 연 5퍼센트, 만기 3년, 액면 10만 원인 회사채가 있다고 하자. 표면 금리_{액면 금리}는 채권 발행 당시의 시장 금리와 비슷한 상황에서 발행된다. 일단 10만 원이라는 가격으로 발행된 회사채가 3년 만기까지 시장 금리에 따라 매일매일 채권 가격이 어떻게 형성되는가를 결정하는 이론이다. 즉, 매일의 시장 금리가 변함에 따라 채권이 어떤 내재가치를 가지고 있는지 규명하는 것이다.

투자자들은 채권의 표면 금리, 채권 유통 수익률_{시장 금리}, 이자 지급 횟수, 채권의 잔존 만기 등을 가지고 채권의 현재 가치가 얼마나 되는가 하는 이론 가격을 산출해서 채권에 투자할 것인지 아닌지를 결정하게 된다.

채권 가격 결정 원리에 의하면 '오늘의 채권 가격은 만기까지 받게 될 매 기간 현금 흐름을 오늘의 시장 이자율로 할인한 현재 가치의 합계이다'로 정의하며 이를 일반식으로 표시하면 다음과 같다.

$$P_0 = \sum_{t=1}^{t=n} \frac{CF_t}{(1+i)^t} + \frac{F}{(1+i)^n}$$

여기서 P_0 : 채권가격(내재가치)

CF_t : 기간 의 현금흐름(여기서는 액면이자금액)

F : 액면금액

i : 현재이자율(채권의 유통수익율)

n : 향후 남아 있는 이자 지급횟수(향후 이자를 몇 번 받을 수 있나?)

채권 가격 결정 이론을 바탕으로 말킬B. G. Malkeilz이 제시한 채권 수익률과 채권 가격의 관계를 정리해보면 다음과 같다.

① 채권 가격은 채권 수익률과 반비례한다.채권 수익률이 오르면 채권 가격이 떨어지므로 채권 보유자는 손실 발생 / 채권 수익률이 떨어지면 채권 가격이 오르므로 채권 보유자는 이익 발생

② 시장 이자율 변동이 일정할 때 만기가 길수록 채권 가격의 변동 폭이 크다.

③ 채권 수익률 변동에 따른 가격 변화율은 만기가 길수록 증가하나 증가율은 체감한다.

④ 만기가 일정할 경우 시장 이자율의 하락은 동일한 이자율의 상승보다 채권 가격을 크게 변화시킨다.

⑤ 표면 이자율이 높을수록 시장 이자율 변동에 의한 채권 가격 변화율은 작아진다.

따라서 채권 가격 정리에 의하면 채권 가격은 이자율 변동에 반비례하는데 만기 또는 잔존 기간이 길수록, 표면 이자율이 낮을수록, 그리고 채권 수익률이 높을수록 채권 가격의 변동률은 커진다. 이 같은 이

론을 바탕으로 채권의 듀레이션Duration, 이자 금액과 원금의 현가로 가중 평균
한 기간 합계 분석 후, 소극적 채권 투자 전략채권 지수 펀드, 면역 기법, 적극적
채권 투자 전략수익률 곡선타기, 채권 스와프, 조건부 면역 전략의 기법을 이용하
여 전문가들이 채권형펀드를 관리하는 것이다.

이러한 투자 전략 및 기법 모든 것을 다 알아야 부자가 되는 것은 아
니다. 앞에서 말한 금리 형성 과정과 말킬의 채권 정리 이론만이라도
알고 있다면 시장 금리의 오르내림에 따라 채권 투자를 어떻게 해야 할
지에 대한 방향을 잡을 수 있다. 잘 모르겠다면 투자하지 말아야 한다.
이 책에서 계속 강조하고 있듯이 우리는 합법적이고 정당한 방법으로
다른 사람 주머니에 있는 돈을 내 주머니로 옮겨오는 일을 해야 먹고
살 수 있는 사회에 살고 있다. 내가 잘 모를 때 차라리 투자를 안 하면
내 주머니돈을 다른 사람 주머니에 스스로 갖다 바치는 일은 안 하기
때문이다.

몰라도 되지만 알면 유익한 TIP

채권 수익률 곡선타기 투자 방법: 주로 단기 채권을 대상으로 우상향하는 수
익률 곡선에서 만기가 줄어듦에 따라 채권을 사고파는 전략이다. 수익률 곡선
이 우상향하고 투자계획기간 동안 변하지 않을 것으로 예측되면, 시간의 경과
에 따라 채권만기가 줄어들고 투자자들이 더 만기가 짧은 채권으로 수익률 곡
선을 타게 됨에 따라 수익률도 뒤따라 낮아진다. 이렇게 낮아진 수익률은 채
권매매차익을 제공한다.
예를 들어 1년 만기 채권 수익률이 6%이고 2년 만기 채권에 대한 수익률이

7%인 경우 1년 만기 채권을 매입하면 보유 기간 수익률은 6%가 된다. 하지만 2년 만기의 채권을 매입한 후 채권 시장의 금리가 전혀 변동이 없었다고 가정할 경우, 1년 후 그 채권을 매각할 경우 8%의 수익률을 얻을 수 있다(최초 매입한 2년 채권 수익률 7% + 1년 뒤 7% 수익률 채권을 6%로 매각한 차액 1%). 이와 같이 채권 수익률의 만기별 차이를 이용한 채권 투자 기법을 수익률 곡선타기 전략이라고 한다. 만약 수익률 예측이 잘못되어 우상향의 수익률 곡선이 아니라 우하향의 수익률 곡선이라면 투자자는 손해를 보게 되기 때문에 수익률 곡선타기 전략의 성공 여부는 이자율 예측의 정확성에 달려 있다.

참고: 김건우, 《투자론》, 홍문사, 1999

잘 고른 채권 하나 열 주식 안 부럽다

일반적으로 채권 투자는 주식 투자보다 안전한 투자이기 때문에 주식보다 낮은 투자 성과를 보인다. 하지만 채권 투자로도 주식 투자처럼 월등한 투자 수익을 올릴 수 있는 채권이 있다. 바로 '전환사채轉換社債, CB: convertible bond'와 '신주인수권부사채新株引受權附社債, BW: bond with warrant'이다.

요즘 같은 저금리 시대에 저위험/중수익을 추구하는 투자자에게 필요한 양다리 투자 방법이다. 저렴한 가격으로 재건축 대상 아파트를 매입해서 보유하고 있다가 재건축이 진행되어 새 아파트를 분양받았는데 전반적인 아파트 가격 상승으로 큰 이익을 보는 것과 똑같이 주식 가격이 올랐어도 애초에 약정한 낮은 가격에 주식을 살 수 있는 권리를 가지고 있다가 싸게 주식을 사서 비싸게 팔 수 있는 주식 청약권이라고 볼 수 있다.

전환사채 투자하기

전환사채란 기본적으로 채권이다. 만기까지 보유하면 약속된 이자와 원금을 돌려받을 수 있다. 하지만 그것이 전부가 아니다. 일정 기간이 지난 후 특정 가격에 그 기업 주식으로 전환할 수 있는 권리_{전환권}를 부여받은 채권이다.

투자자들은 그 기업의 주가가 오르면, 전환권을 행사해 주식으로 받은 후 매도하여 시세 차익을 얻을 수 있다. 반대로 주가가 오르지 않으면, 전환권을 포기하고 만기까지 채권 상태로 보유하여 원금과 이자_{물론 이자는 일반 회사채보다 낮지만}를 받으면 된다. 전환사채 투자가 '양다리 투자'라고 불리는 이유다. 만일 회사가 파산했을 경우 주식 보유자는 투자 원금을 대부분 손해볼 수 있지만, 전환사채 보유자는 채권자이기 때문에 다른 채권자들과 함께 투자 지분만큼 균등 배분받을 수 있다.

전환사채 실전 투자 사례

(전환사채 발행 조건)

[○○물산 전환사채권(CB)]

구분		내용
발행회사		○○물산 주식회사
발행형태		무기명식 이권부 무보증 사모 전환사채(CB)
발행규모		200억 원
채권만기		5년
이자 사항	표면이자율	1.0%
	만기보장수익률	4.0%
	이자지급방법	매 3개월 이표 후급
Call Option	행사기간	발행 후 1년부터 2년까지(매 3개월 마다)
	행사비율	권면총액의 40.0%
	YTC	4.0%
Put Option	행사기간	발행 후 2년부터 3개월 마다
	YTP	4.0%
전환권 사항	전환가능기간	발행 1년 후 ~ 만기 1개월 전
	전환가액	4,808원
	전환가능주식수	사채 권면금액 / 전환가액(1주 단위 미만 절사)
	전환가액 조정 (Refixing)	자본 변동사유 발생시: 시가 하회 유상증자, 감자, 합병 등
		시가 하락시 전환가액 조정(Refixing): 발행 후 매 3개월마다
	Refixing Floor	최초 전환가액의 70% 이상
발행방법		등록발행

(1) 표면이자율과 이자 지급 방법

표면이자율(coupon rate)은 이자 지급 시 기준이 되는 연 금리를 말한다. 위에서 예를 든 OO물산주식회사 전환사채의 표면 이율은 연 1%로 매 3개월마다 이자를 지급하는 조건이다.

(2) 만기 보장 수익률

전환사채는 일반 회사채보다 표면이자율(발행이자율)이 낮은데, 이는 주식으로 전환할 수 있는 권리가 주어지기 때문이다. 그런데 주가가 전환 가격보다 낮아 전환 청구권을 행사하지 못하면 그동안의 낮은 수익에 대한 보상을 받는다. 이때 투자자가 받는 수익률을 표시한 것이 만기 보장 수익률이다. OO물산주식회사 전환사채의 만기보장 수익률은 연 4.0%이다.

☞ 이 전환사채를 주식으로 전환하지 못하고 5년 만기까지 보유하면 연 4.0%의 이자를 받을 수 있다

(3) 전환 가액

전환 가액(conversion price)은 주식으로 전환할 수 있는 가격을 말한다. 예로 든 OO물산주식회사 전환사채의 전환 가액은 4,808원이다. 주가가 4,808원 이상이 될 때 전환사채를 주식으로 전환 신청하면 된다. 증권시장에서 OO물산주식회사의 주가가 1만 원일 때 전환사채 1,000만 원을 주식으로 전환해 주식 매도 시 매매 손익과 투자 수익률은 얼마일까?

① 채권을 주식으로 전환해서 받는 주식 수 =

채권 보유 금액 1,000만 원 ÷ 전환 가격 4,808원 = 2,079주

② 주식 전환 후 주식 매도 시 매매 손익 =

(주식시장 가격 1만 원 - 전환 가격 4,808원) × 2,079주 = 1,079만 4,168원 이익

③ 주식 전환 후 매매 시 수익률 =

매매 손익 1,079만 4,168원 ÷ 투자 원금 1,000만 원 = 107.94% 수익률

④ 주식 전환 후 매도 시까지 총 투자 수익률 =

주식 전환 후 매매 수익률 107.94% + 연 1% 이자

(4) 콜 옵션(call option)과 풋 옵션(put option)

콜 옵션의 YTC(수의상환수익률 | Yield To Call) 4.0%는 00물산주식회사가 채권 발행 1년 후 2년 동안 매 3개월마다 채권 액면 금액의 40%를 연 4%의 수익률로 전환사채 보유자에게 상환하겠다는 약속이다. (현재보다 미래에 금리가 떨어질 것으로 예상될 때 00물산주식회사가 행사할 수 있는 권리를 가지고 있다)

풋 옵션의 YTP(채권을 발행자에게 다시 팔 수 있을 경우의 수익률 | Yield To Put) 4.0%는 발행 후 2년 후부터 매 3개월마다 채권 보유자가 채권 발행자(00물산주식회사)에게 4.0% 수익률로 다시 팔 수 있는 권리를 채권 보유자가 가지고 있다는 의미이다.

(5) 전환 가능 기간

전환 가능 기간은 전환사채를 발행하는 회사마다 각기 다르며, 예로 든 00물산주식회사 전환사채의 전환 청구 기간은 전환사채 발행 1년 후부터 채권 만기 1개월 전까지이다.

(6) 리픽싱(refixing | 전환 가격 조정) 비율

전환사채 또는 신주인수권부사채 발행 조건에 리픽싱 조건이 붙은 채권은 투자에 매우 유용하다. 전환사채 또는 신주인수권부사채 발행 후, 주식 전환 가격을 하회하는 발행 가격으로 유상 증자, 무상 증자, 주식 배당 등을 해서 회사의 주가가 떨어져 원래의 전환가보다 낮아지면 낮아진 가격으로 전환가가 결정되고, 이후 다시 주가가 높아질 경우에도 낮아진 전환가가 유지되는 제도이다. 즉, 전환 발행될 주식의 실질 가치가 하락할 경우, 전환권 하락 방지를 위해 전환 가격을 조정한다. 리픽싱은 일종의 계약이기 때문에 해당 CB와 BW에 이 조항이 있어야 효력을 발휘한다. 예로 든 00물산주식회사 리픽싱 비율이 70% 이상이라는 것은 발행 시 최초 전환 가격(4,808원)을 70% 이상(4,808원×70%), 즉 3,365원 이하까지 조정할 수 있다는 의미이다.

몰라도 되지만 알면 유익한 TIP

전환사채에 투자할 때에는 전환사채의 시장 가격이 내재가치에 비해 과대 혹은 과소평가가 되었는지를 판단하는 것이 중요한데, 이를 판단하기 위해서는 이론가격지표를 이용해야 한다. 전환사채 투자 시 시장 가격의 적정성 매입, 매도 시점의 판단, 주식 등에 직접 투자하는 경우와의 비교 판단 및 전환 시점 모색에 가격 지표를 이용하는데 먼저 패리티(parity)를 구하고 패리티 가격과 괴리율을 산출해야 한다.

① 패리티 = 주식 측면에서 본 전환사채의 이론가치로서 현재 주가가 전환 가격을 몇 퍼센트 상회하고 있는가를 나타내는데, 전환사채를 지금 주식으로 전

환할 것인지, 말 것인지를 판단하는 기준이 된다.

$$패리티 = \frac{주가}{전환가격} \times 100\%$$

전환 가격은 일정하기 때문에 주가가 상승하면 패리티도 오르고 반대로 주가가 떨어지면 패리티도 떨어지는, 주가와 정(+)의 상관관계이다. 따라서 패리티는 전환사채에 투자할 경우 무엇보다 중요한 지표라 할 수 있다. 일반적으로 패리티가 100을 초과(주가가 전환 가격을 상회)하면 초과할수록 주식 가치가 크게 되어 주가가 전환사채 시장 가격을 변동시키는 큰 요인이 된다.

따라서 패리티가 전환사채 시장 가격을 상회하는 상태에서는 주식 전환으로 보다 많은 이익을 얻을 수 있기 때문에 주식 전환이 많이 진행되며, 주식 가격 상승과 더불어 전환 가치가 올라가기 때문에 전환사채 시장 가격은 한층 더 주가의 움직임을 강하게 반영하게 된다. 반면에 패리티가 전환사채 시장 가격을 하회하고 있을 경우에는 주식으로 전환하면 손해가 나기 때문에 전환이 되지 않고, 특히 100 이하의 상태에 있으면 가격 형성도 점차로 채권 가격 요인이 작용하므로 패리티 변동에 대해서 전환사채 시장 가격의 움직임이 둔화된다.

② 패리티 가격(적정 투자 가격) = 패리티에 액면 1만 원을 곱한 가격(패리티 × 1만 원)

③ 괴리율 평균 - 전환사채의 가격 수준이 적정 투자 가격(패리티 가격)에 비하여 얼마나 싸고 비싼가 하는 정도를 나타낸다.

▶ 괴리(원) = 전환사채 시장 가격 - 패리티 가격

$$\blacktriangleright \text{괴리율(\%)} = \frac{\text{전환사채 시장 가격 - 패리티 가격}}{\text{패리티 가격}} \times 100$$

괴리율이 마이너스이면 주식으로 전환해서 이익을 취할 수 있고, 괴리율이 플러스이면 채권으로서 가치가 크므로 주식으로 전환하지 않는 게 좋다.

(투자 예)

전환사채의 투자 결정에 있어서 A기업의 현재 주가가 주당 2만 원이고, 전환 가격이 1만 원이라면 패리티는 200%이다. 전환사채 액면이 10만 원일 경우, 전환사채의 적정 투자 가격은 '패리티 200% × 액면 10만 원 = 20만 원'이 되므로, 전환사채가 시장에서 20만 원 미만에서 거래된다면, 전환사채를 사서 주식으로 전환하면 이익을 볼 수 있으며, 20만 원 이상에서 거래된다면 투자를 보류해야 한다.

신주인수권부사채 투자하기

신주인수권부사채란 회사가 채권자에게 돈을 빌리고 이자를 지급하는 일반적인 채권과 주식을 특정 가격에 인수할 수 있는 권리인 워런트warrant를 결합한 채권이다. 즉, 사채권자회사채를 보유하고 있는 사람에게 일정 기간이 경과한 후에 일정한 가격행사 가격으로 발행회사의 주식을 인수할 수 있는 권리신주인수권가 부여된 회사채이다. 사채권자는 일정 기간마다 회사채 이자를 받다가 만기에 회사채 원금을 돌려받는 것이며, 동시에 자신이 보유한 신주인수권을 행사해서 회사에서 발행하는 주식의 소유권을 가질 수 있는 채권이다.

전환사채와 달리 발행된 사채권은 그 사채에 신주인수권이라는 옵션이 부여되어 있고 그 옵션은 정해진 기간 내라면 언제든지 사채권자가 행사할 수 있다. 신주인수권 증권의 투자 매력은 투자 위험이 한정되어 있다는 것이다. 가격 변동에 따른 최대 손실은 당해 증권을 매입한 금액으로 한정된다. 즉, 주식을 인수할 권리는 있으나 의무가 없기 때문이다.

예를 들어 투자자 A가 B기업 주식을 주당 1,000원에 살 수 있는 BW를 샀다고 가정해보자. 현재 B기업의 주가가 1,500원까지 올랐다면 A는 자신의 권리를 행사해 시장 가격보다 500원이 저렴한 1,000원에 B기업의 주식을 살 수 있다는 것이다. 만약 주가가 행사 권리가인 1,000원보다 낮아 990원에 있다면 A는 권리 행사를 하지 않아도 된다. 대신 BW는 채권이기 때문에 만기까지 기다렸다가 약정 이자를 받을 수 있다. 결과적으로 투자자는 안정적인 채권 이자와 동시에 주가 상승에 따른 추가적인 수익도 기대할 수 있기 때문에 투자하는 것이다.

BW는 주식과 연결돼 있다는 점에서 앞에서 설명한 전환사채와도 많이 비교한다. CB는 주식으로 바꾸면 회사채 자체가 함께 없어지지만 BW는 신주인수권을 행사하더라도 채권은 그대로 남아 있다는 점이 다르다. 또 BW는 CB와 달리 투자자가 채권과 신주인수권을 따로 분리할 수 있는 '분리형 BW'도 있다. 분리형 BW는 투자자가 채권을 판 뒤에도 주가가 오르면 주식을 약정된 가격에 받을 수 있고, 반대로 BW를 산 뒤 신주인수권리만 팔아 회사채를 샀을 때 들어간 비용을 줄일 수도 있다.

그렇다면 회사는 왜 일반 회사채가 아닌 BW를 발행할까? BW는 향후 주식을 넘겨받을 수 있는 권리가 있기 때문에 채권 자체의 약정이자는 일반 회사채에 비해 많이 낮다. 따라서 기업은 BW를 통해 채권 발행 비용을 줄일 수 있는 장점이 있다. 일반적으로 경제 상황이 좋지 않으면 기업들의 BW나 CB 발행이 많아진다.

신주인수권부사채 실전 투자 사례

1998년 9월 17일 현재 신한은행의 주가는 1주당 3,000원대에 거래되고 있었다. IMF 구제금융 외환위기로 국가의 비상 경영 상황에서 1,500억 원의 유상

[신한은행의 유상증자와 BW 일괄 발행(국내 최초)]

- 신주에 관한 사항
  - o 발행방식　　　　: 주주우선공모방식
  - o 발행주식수　　　: 30,000,000주
  - o 발행가액　　　　: 5,000원 (1,500억)
  - o 이사회결의일　　: '98. 9. 17.
  - o 신주배정기준일　: '98. 10. 12.
  - o 청약기일
    - ● 우리사주, 구주주 : '98. 11. 11. ~ 11. 12.
    - ● 일반공모　　　 : '98. 11. 23. ~ 11. 24.
  - o 납입기일　　　　: '98. 12. 2.
- 신주인수권부사채(BW)에 관한 사항
  - o 발행조건　: 신주청약 주주에 한하여 신주인수권부사채의 인수권리 부여
  - o 발행총액　: 1,500억
  - o 만기　　　: 50년 (단, 5년이후 20원에 상환가능한 call option 부여)
  - o 발행가액　: 10원 (15%로 할인)
  - o 표면이율　: 0%
  - o 신주인수권 : 액면 10,000원당 2주
  - o 행사가격　: 5,000원
  - o 행사기간　: 발행일로부터 3개월 이후부터 5년 이내
  - o 기타　　　: 분리형, 대용납입 불허

증자를 해야 했던 신한은행은 현재 주가(3,000원)가 액면가(5,000원)보다 낮은 상황에서 액면가 증자를 성공적으로 추진하기 위하여 증자에 참여하는 일반 주주에게 시가와 발행가(액면가)의 차이를 BW로 보상해주는 방식의 유상증자를 추진하게 되었다.

위에서처럼 액면가 5,000원, 발행가 5,000원으로 하는 유상증자를 실시하면서 '만기 50년, 연복리 15%, 권리행사가격 5,000원, 1장당 2주의 주식전환권'의 조건이 붙은 BW를 주식 청약자들에게 1장당 10원에 끼워주었다.

이모 투자자는 신주 1,000주 유상증자에 참여해서 BW 1,000장을 받았다.

① 투자한 돈은 주식 1,000주의 값인 500만 원(5,000원×1,000주)과 BW 값 1만 원(10원×1,000장)을 합친 501만 원이다.

② 약 1년 뒤 신한은행 주가는 1주당 1만 5,000원으로 올랐고 BW는 1장당 1만 9,500원 정도에 거래되었다.(원래 이론 가격은 BW 1장을 제출하면 2주를 1만 원에 살 수 있기 때문에 BW의 가치는 2주의 시가인 3만 원에서 주식신청 매입 금액 1만 원(5,000원×2주)을 뺀 2만 원이 된다. 하지만 실제 시장에서는 주식으로 전환하는 동안의 주식 가격 하락 위험 때문에 BW 자체는 약간 낮은 가격에 거래된다)

매매에 따른 순손익을 계산해보자.

③ 5,000원에 유상증자 받은 주식 1,000주를 1주당 1만 5,000원에 처분해 1,500만 원이 들어왔다 ((1주당 매도 금액 1만 5,000원 - 1주당 유상증자 참여 금액 5,000원) × 1,000주 = 1,000만 원 이익)).

④ BW 1,000장을 제출하고 주식 2,000주를 1주당 5,000원에 사면서 신주인수자금 1,000만 원을 지불한 후, 이 주식을 시가(1만 5,000원)로 매도하여 3,000만 원(1만 5,000원×2,000주)을 받아 2,000만 원의 수익이 생겼다

(BW 행사에서 매도한 주식 대금 3,000만 원 - BW 행사 시 들어간 신주인

수자금 1,000만 원 = 2,000만 원 이익)

⑤ 결국 투자자는 신한은행 유상증자 참여와 BW를 501만 원에 산 덕택으로

1년 뒤 총 3,500만 원의 돈이 남게 된다. 결국 3,000만 원의 이익을 남겼으

므로, 수익률로 보면 약 600%의 수익을 올린 것이다.

(이익금 3,000만 원 ÷ 투자금 501만 원 × 100 = 약 600% 수익률)

몰라도 되지만 알면 유익한 TIP

[전환사채(CB)와 신수인수권부사채(BW)의 차이]

구 분	전환사채(CB)	신수인수권부사채(BW)
주식 취득 권리	발행회사의 신주로 전환할 수 있는 권리	발행회사의 신주를 인수할 수 있는 권리
신주 취득 한도	사채 금액과 동일한 금액	사채 금액 범위 내에서 인수
주식 대금 납입	사채 금액으로 대납	신주인수 대금을 추가로 납입해야 함
사채권 존속여부	사채권 소멸	사채권 존속
표면금리	신주인수권부사채보다 낮음	회사채와 전환사채의 중간 수준

채권형펀드에 가입하는 것 역시 채권에 직접 투자하는 효과와 동일하므로 금리가 오를 것으로 예측될 때에는 채권형펀드 가입을 유보해야 하고, 금리가 향후 떨어질 것으로 예측될 때는 채권형펀드 투자를 고려해볼 만하다. 채권 투자로 큰돈을 벌고 싶다면 전환사채와 신주인수권부사채 투자를 적극 권장한다.

==

다시 한 번 강조한다. 우리는 자본주의 사회에서 먹고 살려고 일하고 있다. 다른 사람 주머니에 있는 돈을 합법적이고 정당한 방법으로 내 주머니로 옮겨오게 하는 일을 하면서 살아야 당연한 것이고, 이는 사회라는 공동체 안에서 나와 함께하는 상대방도 나에게 똑같이 행동하며 살고 있는 것이다.

전환사채나 신주인수권부사채를 발행하는 데에는 그만한 이유가 있다. 전환사채나 신주인수권부사채 발행 조건이 매우 훌륭한 투자 조건인데 왜 그러한 조건으로 채권을 발행하는 것인지, 어떤 위험이 있는지, 그 위험을 내가 충분히 감당할 수 있는 여력이 되는지를 분석하고 파악해서 투자해야 내 돈 안 빼앗기고 수익을 얻을 수 있다. 투자 조건에 대하여 무조건 의심하라는 의미가 아니고 분석과 조사를 하라는 것이다.

성공하는 주식투자 방법

주식 투자로 재산을 날리는 천재들

짧은 기간에 벼락부자가 된다거나 쪽박을 차는 투자에는 로또, 경마, 카지노, 주식 등이 있다. 로또, 경마, 카지노는 학벌이나 명성 있는 사람의 조언을 필요로 하지 않고 홀로 행동하는 확률 도박이라 자신의 촉으로 질러댄다. 하지만 주식 투자는 고위험, 고수익의 대명사로 불리는 도박에 가까우면서, 상당한 학벌과 명성을 겸비한 증권 전문가가 조언하면 거의 100퍼센트 의심 없이 따라하는 투자라고 할 수 있다. 더군다나 유명한 천재가 투자하는 주식 종목은 무조건 따라하려 하고, 투자에 실패하더라도 천재를 질책하지 못한다.

주식은 어떻게 만들어졌나?

주식의 기원은 르네상스 초기 이탈리아 상인 또는 18세기 초 인도와 향료 무역을 독점하던 네덜란드계 무역상들이라는 문헌도 있다. 그러나 현재 우리가 참여하고 있는 주식시장의 기원은 산업 혁명기 중반 서구 유럽에서 발생한 주식시장이라 할 수 있다.

먼저 18세기 초 네덜란드 무역상들에 대해 알아보자. 당시 무역회사 역시 현재 무역회사처럼 배를 타고 다른 나라와 물건을 교역하면서 많은 인원과 큰 자금을 필요로 했다. 이때 네덜란드 상인들은 무역업의 자금을 조달하기 위해 지금의 주식 형태와 비슷한 걸 처음 만들어 자금을 조달했다고 한다. 즉, 주식 형태로 자금을 조성하여 무역회사를 만들고 배를 만들어 아시아 등으로 보낸 몇 년 뒤, 이 배가 가지고 온 각종 물건들을 나눠 갖는 조건으로, 지배계층으로부터 주식 발행을 통해 자금을 조달했다. 물론 이 주식 형태는 무역회사의 배가 항구로 귀항하기 전 매매가 가능했는데 오직 풍문에 의해서 해당 주식 값이 변동 폭을 갖게 되었다.

먼저 떠났던 배가 귀항하면서 엄청난 보물을 싣고 귀항한 후, '배가 작아서 값비싼 물건을 다 못 싣고 왔다'라고 소문내면 조금 더 큰 배로 떠났던 차기 귀항 순서의 무역회사 주가는 걷잡을 수 없이 올랐다. 그러다가 결국 1720년 10월 1일 세계 3대 버블[1] 중 하나인 남해포말사건 South Sea Bubble이 발생하게 된다.

....

1 세계 3대 버블
  ① 1720년 남해포말사건(South Sea Bubble이 원어이며, 표준국어대사전에 남해포말사건으로 표현되어 있음)
  ② 프랑스 미시시피 투기사건: 18세기 초반 북미에 식민지를 건설한 프랑스가 세운 미시시피 강 주변 개발 계획. 개발 계획을 이끌 미시시피회사의 실적이 매우 나쁜데도 발행 가격의 40배까지 주가가 폭등했다가 폭락한 사태
  ③ 1630년대 네덜란드 튤립버블사건

스페인 왕위 계승 전쟁에 참여한 영국 정부는 많은 빚을 지게 되었고, 당시 영국 재무장관은 빚을 갚을 여러 방법을 모색하다가 1711년 남해회사South Sea Company를 설립한다. 영국 정부는 남해회사에 스페인의 남미 지역 식민지 무역 독점권을 주는 대신, 회사가 유상증자를 통해 1,000만 파운드에 달하는 국채를 인수하도록 했다. 더불어 이에 대한 대가로 매년 원금의 6퍼센트에 가까운 돈을 돌려주기로 했다. 그러나 전쟁에서 승리한 영국이 1713년 위트레흐트 조약으로 따낸 무역권의 내용은 기대에 훨씬 못 미치는 것이었다. 1년에 겨우 500톤 미만의 물량을 적재한 배 1척을 보내는 것으로 무역량이 제한

그럼에도 불구하고 남해회사의 주식 가격은 상승세를 이어가는데 상승 원인은 1719년 또다시 국채 인수 계획을 발표하면서 이에 대한 근거 없는 낙관적 전망이 확산된 것과 바닷물을 담수로 만든다는 등 황당무계한 사업 계획 그리고 남해회사 주식을 사서 큰돈을 벌었다는 소문이었다. 남해회사의 1주당 가격은 1720년 1월 128파운드에서 2월에는 175파운드, 3월에는 330파운드로 올랐다. 급기야 주가는 8월에 1,000파운드까지 급등한 후 곤두박질, 연말에는 100파운드까지 폭락하는 일이 발생했다. 대출로 주식을 샀던 수천 명의 투자자들이 파산했다. 이때 만류인력으로 유명한 아이작 뉴턴도 그중 하나였다.

가정 형편이 넉넉지 않았던 뉴턴은 케임브리지 대학교 재학 시절 부유한 학생들의 옷감을 빨거나 오물을 치우는 등 궂은일을 하면서 힘들게 돈을 모았다. 이렇게 모은 돈의 일부는 학비에 보탰지만, 일부는 친구들에게 빌려주고 이자를 받아 자산을 불릴 만큼 뉴턴은 수학과 물리학 못지않게 재테크에도 많은 관심을 보였다고 한다.

그러던 뉴턴은 1720년 조폐공사 국장을 하던 77세에 주식 투자를 했다. 일종의 국영기업인 남해회사 주식을 100파운드 근처에서 사서 400파운드 전후에 팔아 세 배 가까운 차익을 남기며 연봉의 몇 배가 넘는 돈을 벌었다. 그러나 이후 자신이 판 가격보다 거의 두 배 가까이 오르면서 친구들이 부자가 되고, 모임에서 주식 이야기가 나올 때마다 바보가 된 느낌으로 괴로워했다. 주식 투자를 하면서 가장 열 받을 때는 투자한 주식 가격이 떨어질 때가 아니라, 내가 팔고나서 많이 오를 때이다. 이때 바보가 된 느낌 때문에 가장 큰 스트레스를 받고 이성을 잃기 쉽다.

뉴턴 역시 이성을 잃어버렸다. 매일매일 오르는 주식을 보는 고통을 견디지 못하고, 전 재산과 빚까지 내서 올인했다. 다행히 주식은 그 후에도 더 올라 1,000파운드에 육박했으나 그 역시 탐욕이 앞서는 인간이기에 주식을 팔지 않고 더 오르길 기다렸다. 그러나 천장을 친 주식은 거짓말처럼 빠지기 시작한다. 뉴턴은 겨우 빠져나왔지만 이미 전 재산의 90퍼센트약 2만 파운드를 잃게 된다. 평생 모은 2만 파운드를 한방에 날려버리고, 7년 후에 사망할 때까지 그 누구도 자신 앞에서 남해회사와 주식에 대해 말도 못 꺼내게 했다고 한다.

뉴턴은 "나는 별들의 움직임을 계측할 수 있지만, (주식시장에 뛰어드는) 인간의 광기는 계산할 수 없다"라는 말을 남기고 주식시장을 떠났다고 한다. 이 사건을 계기로 당시 서구 유럽의 지배 계급들은 주식 매매가 일종의 사기행각이라는 결론을 내린 후 주식 발행을 엄격히 규제하게 되었으며, 이 사건이후 주식시장은 산업혁명 초반까지 사라지게 되었다.

하지만 뉴턴 이후에도 수많은 천재들이 주식시장에서 돈을 잃는 상황은 지금까지 계속되고 있다. 상대성이론으로 유명한 아인슈타인은 1921년 노벨상 상금으로 주식 투자를 했다가 대공황을 거치며 투자금의 대부분을 잃게 되었다. 사실 아인슈타인은 노벨상을 받기 전인 1918년 이혼을 하면서 전 부인에게 만약 노벨상을 받게 되면 상금을 모두 위자료로 주겠다고 약속했지만 주식 투자로 전부 날리면서 약속 이행을 못했다고 한다.

《톰 소여의 모험》작가로 유명한 마크 트웨인도 소설로 벌어들인 엄청난 수입을 주식에 투자했다가 파산하고는 "10월이 주식 투자하기에 가장 위험한 달이다. 또 다른 위험한 달은 7월과 1월, 9월과 4월, 5월과 3월, 6월과 12월, 8월과 11월, 그리고 2월도 그렇다결국 1년 12달이 전부 위험하다는 말"며 주식 투자의 어려움을 토로했다고 한다.

금융공학의 뼈대라 할 수 있는 옵션의 가치를 풀어서 금융파생상품 이론을 만들어낸 숄즈와 머튼블랙-숄즈 모델 개발자은 1997년 노벨경제학상을 공동 수상했다. 이들과 함께 수학자, 컴퓨터공학자가 함께 만든 롱텀캐피탈매니지먼트LTCM는 1998년 러시아가 모라토리엄을 선언하는 바람에 40억 달러 이상 손해를 보면서 결국 파산하는 천재가 되었다.

미국이 낳은 최고 경제학자 어빙 피셔의 주식 투자는 어땠을까? 화폐 이론에 뛰어난 업적을 남겨 지금도 경제 교과서 헤드라인을 장식하는 그는 미국 대공황 직전에 전 재산을 주식에 투자했다가 완벽하게 파산. 심지어 "주가는 이제 떨어지지 않는 고원에 도달해 있다"는 명언을 남긴 직후 다우지수는 90퍼센트 폭락이라는 기록을 세워 후대의 조롱거리가 되었다고 한다.

1720년 뉴턴이 당했던 사건이 2000년 대한민국에서 환생하다

1720년과 2000년 비교

〈그래프 1〉
South Sea Stock December 1718 - December 1721

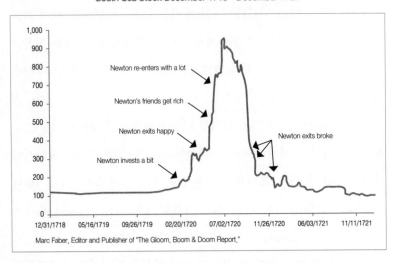

Marc Faber, Editor and Publisher of "The Gloom, Boom & Doom Report."

〈그래프 2〉
리타워텍주가 그래프 1999.01~2003.01

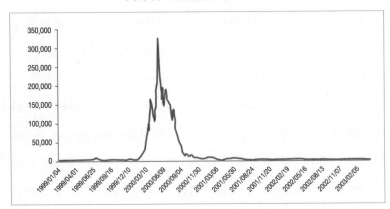

앞 두 회사 주가 그래프의 공통점은? 결론부터 말한다면 두 개 회사 모두 주식 가격이 단기간에 급등했다가 단기간에 폭락하면서 수많은 일반 투자자들의 재산이 날아갔다는 것이다. 〈그래프 1〉은 뉴턴이 투자했던 남해회사의 주식 그래프로서 1720년 1월 128파운드에서 1720년 8월 1,000파운드780% 상승까지 급등한 후, 연말에는 100파운드까지 폭락하면서 뉴턴의 전 재산 90퍼센트를 날려버린 사건이다.

〈그래프 2〉는 대한민국 코스닥에 등록되었던 리타워텍2003년 4월 1일 상장폐지이라는 회사의 주가 그래프다. 2000년 1월 26일 2,000원이었던 주식 가격이 2000년 5월 17일까지 33일 연속 상한가를 치는 기록을 만들면서 2000년 5월 17일 32만 5,500원까지 올랐다가4개월 만에 약 163배 상승, 이후 계속되는 하락으로 2001년 9월 다시 2,000원대로 폭락하면서 2003년 4월 10일 20원으로 상장 폐지되어 개인투자자 약 1만 5,000명의 재산을 날려버린 사건이었다.

리타워텍 주식 사건의 전말은 대략 다음과 같다. 1999년대 당시 IMF 구제금융 외환위기 이후 정부에서는 IT 관련 기술만 있으면 벤처기업이라 해서 정부 지원이 많았고 주식시장에서도 00테크가 붙은 회사명의 주식은 아무런 이유 없이 천장 없는 주가 상승 행진이 이어졌다. 그중 파워텍이라는 보일러 송풍기 만드는 회사를 하버드 경제학과 출신 찰스 스팩맨한국명 최유신이 A&D인수 후 개발 방식으로 인수한 후, 리타워텍으로 회사명을 변경하고는 수많은 벤처기업의 경영권을 확보하고 루머가 동반되어 리타워텍은 천장 없는 주가 상승을 이끌었다.

이후 리타워텍은 홍콩에 소재를 둔 최유신 소유 정보기술IT 지주회사 아시아넷을 인수하기 위해 한국의 유명한 로펌을 비롯해 국제 변호

사만 50여 명, 여기다 뉴욕, 버뮤다, 홍콩 등 세계 각지의 거래 관계자와 리타워텍 직원들까지 합치면 100명이 넘는 인원이 2000년 7월 21일 대기하고 있었다. 이날 오후 10시 10분 13억 달러약 1조 4,000억 원라는 거액이 미국 리먼브러더스 뉴욕 본점과 홍콩 지점에서 시작해 아시아넷 버뮤다법인, 씨티은행 서울지점, 리타워텍으로 외자 유치처럼 한국으로 돈이 들어왔다.

이후 약 3시간 만에 44억 원의 이자를 받고는 다음 날 오전 3시경 룩셈부르크에 있는 그레이하운드 사를 거쳐 다시 리먼브러더스로 자금이 전부 빠져나가는 드라마틱한 사건까지 연출했기에 법원에서조차 무혐의 처리된 매우 정교한 주가 작전이었다. 매출 43억 원에 10억 원의 당기순손실을 냈던 회사의 주가가 2,000 원에서 32만 5,500원까지 올라 코스닥 시가총액 5위를 기록하는 동안 의심의 보고서를 내는 사람만 바보 취급당하던 때였다.

1720년 뉴턴도 멍청하게 당했던 남해포말사건이나 280년 뒤인 2000년 하버드 대학교 출신이 손을 대 IT 기업으로 변신한다는 이유 하나만으로 주가가 급등했던 리타워텍 사건에 당했던 사람들이나 모두 인간의 탐욕이 만든 결과물인 것이다.

가상 화폐와 튤립

요 근래 비트코인Bitcoin, 이더리움Ethereum 등 가상화폐가 화재다. 마치 1630년대 네덜란드 튤립버블사건을 연상케 한다. 1630년대 초호황을 누리던 네덜란드는 축적한 부를 튤립을 통해 과시하면서 튤립가격이 매우 빠르게 치솟았다. 당시 튤립은 색깔과 모양에 따라 장군, 제독, 총

독, 황제 등의 등급으로 구분되어서 판매되었는데, 황제 튤립 한 뿌리의 가격은 집 한 채 값이었다. 튤립시장이 활성화되자 튤립 뿌리는 화폐로 취급받기 시작했고, 황제급 튤립은 무려 6,000길더당시 네덜란드 노동자 1년 평균 연봉이 200~400길더 수준에 거래되기도 했다.

튤립 가격이 아무 이유 없이 천정부지로 오를 때까지 튤립의 적정 가치를 생각하는 사람은 없었으며, 단지 '누군가가 튤립을 더 비싸게 살 거야'라는 막연한 기대감만 시장을 지배하고 있다가 결국 1637년 2월 3일 튤립시장은 붕괴가 되었다. 이후 튤립 가격은 아무 이유 없이 폭락에 폭락을 거듭하다가 정부의 개입으로 이를 매입한 사람은 매입가의 3.5퍼센트만 건지면서 튤립 파동이 끝났다.

지금 가상화폐비트코인, 이더리움 등가 이유도 없이 나타나서 이유도 없이 급등하고 있다. 400~4,000퍼센트가 넘는 폭등을 보이고 있지만 왜 오르는지에 대해 명확한 답변을 제시하는 사람은 없다. 단지 4차산업 혁명에 필요한 것이니 내가 가상화폐를 가지고 있으면 '누군가 내 것을 비싸게 살 것이다'라는 막연한 기대감뿐이다. 가상화폐 그 자체로는 현금 창출을 못하며 재무제표로 관리되는 것도 아니며 정부가 가치를 보존해주지도 않는데 말이다.

주식 투자는 정말 도박일까

먼저 주식 투자는 ① 똑똑하다고 성공하는 것도 아니고뉴턴이나 아인슈타인도 주식 투자에 실패했듯이, ② 경제에 대한 지식이 많다고 성공하는 것도 아니며, ③ 훌륭한 투자 정보를 많이 가지고 있다고 해서 성공하는 것이 아님을 말하고 싶다. 똑똑한 사람이 주식 투자에 성공한다면 아이큐 높은 사람은 다른 일 하지 않고 주식 투자만 해도 부자가 될 것이며, 경제학 및 경영학 박사들은 대학교에서 강의하지 않고 주식 투자에만 전념해도 많은 돈을 벌었을 것이라는 논리가 아니겠는가. 또한 훌륭한 투자 정보나 루머를 남들보다 빨리 접하고 있는 증권회사 직원들은 모두 상당한 부자가 되었어야 할 것이다. 하지만 그들 중에 주식 투자로 많은 돈을 벌었다는 소식을 접하기가 왜 어려운 것일까?

많은 사람들이 주식 투자는 도박의 일종이므로 한 번 빠지면 헤어나지 못하고 패가망신으로 가는 지름길이니 애초에 손대지 않는 것이 좋다고도 한다. 맞는 말이다. 분명 잘못 투자하면 처갓집 재산까지 탕진하는 것이 주식이다. 주식 투자는 98퍼센트의 심리전에 1퍼센트의 지식, 0.5퍼센트의 정보, 0.5퍼센트의 행운으로 성패가 갈린다고 한다.

포커 판에서 80퍼센트의 승률이 있는 사람만이 주식 펀드매니저로 성공할 수 있다는 농담도 있다. 주식시장과 옵션시장은 제로섬^{zero sum}게임이기는 사람이 있으면 치는 사람이 있게 마련이고, '돈을 버는 사람이 있으면 돈을 잃는 사람도 있다'는 것이며, 나아가 '너의 불행은 나의 행복'이 되는 것이다이다. 그만큼 심리전에서 살아남아야 한다는 것이다.

모 카드회사 직원이 회사 돈 400억 원을 횡령해 주식 투자와 도박을 하다가 해외로 도망간 사례도 있고, 주식 투자 실패로 전 재산을 날리자 자살한 사람, 주식 투자 때문에 진 빚을 갚으려고 강도짓을 한 사람 등등 주식 투자가 사회에 많은 폐를 끼치고 있음은 사실이다.

부동산 투자를 위해서는 직접 현장에 가서 따져보고, 이것저것 많은 공부를 함에도 불구하고 유독 주식 투자만큼은 남이 권유하는 대로 정보에 솔깃해서 손쉽게 투자하는 태도가 '주식 투자=도박'의 오해를 낳고 있다. '주식 투자＝도박'이 아님을 만들기 위해서는 매일 시세판을 바라보며 주식이라는 종이에 투자하지 말고, 회사의 주주가 된다는 생각으로 투자해야 올바른 투자가 된다.

주식 투자를 하는 개인 투자자들의 심리

주식이란 회사 부도로 휴지 조각이 되는 것 말고는 항상 떨어지는 것도 아니고, 항상 오르는 것도 아님은 누구나 알고 있다. 그렇지만 내가 산 주식이 오르지 않고 다른 주식만 계속 오르면 조바심이 들게 마련이다. 주식이 오를 때에는 더 오를 것 같아 안 팔았는데, 다시 떨어지면 과거에 올랐던 가격을 생각해서 안 팔고 버틴다. 그러다 처음 매입 가격보다 더 떨어지기 시작하면 울화통이 터지기 시작한다. 그러다가 대략 50퍼센트 정도 손실을 보면 다짐한다. "내 주식이 본전만 되면 주식 다 팔고 다시는 주식 안 하겠다고…." 그리고 나서 정말 본전까지 주식 가격이 다시 올라가면 과감히 던지고는 속 시원하다고 생각한다.

하지만 주식은 팔고나면 오른다고, 또다시 오르는 것을 보면서 아까워한다. '조금만 참을 걸….'

그리고는 이미 판 주식의 손익을 따져보기 시작한다. "지금 팔면 1주당 5,000원은 먹었을 텐데 1만 주 가지고 있었으니까! 5,000만 원 이익이 날아갔구먼! 어휴 속 터져…." 그러다가 그 주식이 다시 떨어지기 시작하면 관심을 가지기 시작한다. 기업을 조사해도 특별히 빠질 것 같지는 않은데 주식이 밀리더니 자신이 최초에 투자했던 가격보다 더 싸지기 시작하면 이때부터 투기 심리가 발동하기 시작한다.

있는 돈, 없는 돈 다 끌어와 대출까지 받아서 배팅을 준비한다. 그 종목만큼은 철저히 분석했고 나만큼 잘 아는 사람도 없을 것이란 확신이 선다. "왜 그럴까?" 그 주식을 본전에 팔던 손실을 보고 팔던 간에 주식 투자를 안 하던 기간에도 어쩌다 한번 신문에 그 회사가 나오면 관심을 갖게 되고, 휴대폰으로 사이버 트레이딩할 때 항상 관심 종목으로 설정해놓았기 때문에 그 종목은 눈에 항상 들어오기 때문이다. 곧이어 과감한 배팅을 시작한다.

금방 오를 거라는 확신이 가득하다. 하지만 가격은 더 내리기 시작하고 좀처럼 본전까지 올라갈 생각을 하지 않는다. 대출이자는 계속 내야 하고 마음은 조급해지기 시작한다. 결국 추가로 대출을 더 받아 물타기를 하게 된다. 결과는 참담한 상황으로 끝난다. 이는 비극적으로 끝나는 연속극의 줄거리가 아니라 현실에서 발생하는 상황이다. 물론 항상 실패하는 것은 아니고 어쩌다 성공할 수도 있을 것이다. 하지만 성공과 실패를 계속 반복하다 보면 주머니가 점점 가벼워질 수밖에 없다.

이는 대부분 개인 투자가들이 가지고 있는 조바심과 성급함 때문에 심리전에서 이미 지고 들어가는 것이다. 우리나라 개인 투자가들의 주식 보유 기간은 투자자의 약 56퍼센트가 평균 3개월이 넘지 않는다_주식 투자자의 약 30퍼센트는 보유 기간이 1주일 이내라고 한다.

아주 짧은 투자를 일삼다 보니 매일 주식 시세에 중독이 되고, 투자가 아닌 투기성 매매를 하다 보니 주식 투자하는 사람과는 사귀지도 말고, 결혼도 하지 말라고 한다. 마치 도박꾼처럼 취급하는 것이 우리 현실이었다. 자본시장의 모든 투자자는 내 물건은 비싸게 팔고 남의 물건은 싸게 사려고 하는 습성을 가지고, 서로 돈 놓고 돈 먹기 하는 냉담한 먹이사슬 시장이다.

주식 투자는 많은 사람들이 실패하지만 부동산 투자는 많은 사람들이 성공한다. 아파트이든지, 상가이든지, 땅이든지 간에 부동산을 사놓고 부동산 중개업소에 매일 전화해 내 부동산 가격이 얼마냐고 물어보면 미친 사람 취급당한다. 부동산도 분명 시세가 있다. 내가 부동산을 3.3㎡1평 당 10만 원에 샀지만 다음날 5만 원에 거래될 수도 있고 15만 원에 거래될 수도 있는 것이다. 하지만 그런 단기 시세를 매일매일 확인하지 않고 장기간 시간이 흐르니 부동산 가격이 많이 올라가 있어서 투자에 성공할 수 있는 것이다.

주식은 심리전이라고 했다. 심리전에서의 승자는 장기간 버티는 것이다. 여유를 가지고 투자하는 사람은 승자가 될 수밖에 없다. 여유 투자를 하는 최상의 방법은 배당수익률이 좋은 우량주를 사서 장기간 보유하는 것이다. 주식의 매일매일 시세에 연연하지 말고 정기예금에 가입해서 매년 이자를 받듯이 매년 높은 배당을 받는 주식 투자를 해보자. 부동산 투자가 성공하는 것은 10년, 20년 장기 투자를 하기 때문이다. 주식도 부동산처럼 투자하면 성공할 수 있다.

부동산처럼 하는 주식 투자를 가치 투자라 한다. 매일 시세판을 바라보며 주식이라는 종이에 투자하지 말고, 회사의 주주가 된다는 생각으로 투자하자.

개미개인 투자자들을 울리는 얄미운 작전세력!

주식 투자의 진정한 고수는 자기가 투자하고자 하는 종목을 남에게 알려주지 않는다. 워런 버핏과 점심식사 한 끼 함께하는 가격이 20억 원을 넘는다고 한다. 하지만 점심식사 자리에서 버핏은 주식 종목을 1도 추천하거나 언급하지 않는다고 한다.

증권 방송을 보면 간혹 유명한 펀드매니저라는 사람이 나와서 종목을 추천하는데, 한번 생각해 보자. 자신이 관리하는 펀드에 본인의 추천 종목을 계속 사서 편입시켜야 함에도, 방송에 나와 떠들면 그 주식 가격이 올라갈 것이고, 결국 펀드매니저 본인이 추천한 종목을 본인이 비싼 가격에 사서 펀드에 편입시켜야 하는데 그런 어리석음을 저지르는 펀드매니저가 어디 있단 말인가? 따라서 누군가가 종목을 추천한다는 것은 내가 보유하고 있는 주식을 남에게 비싸게 팔기 위한 과정이라 생각하고, 추천 종목은 지금 그 주식을 팔아야 하는 것으로 이해하는 것이 올바르다.

인터넷 기사를 접하다 보면 온갖 주식 고수들은 다 등장한다. '▲▲ 주식 특강', '0백만 원으로 100억을 번 주식 명인' 등을 바라보는 순박한 사람들은 큰돈을 벌었다는 한 줄의 인터넷 광고에 현혹되어 그들을 따르며, 그들의 추천 주에 많은 돈을 바친다. 얼마 전 모 증권 방송 진행자가 구속되었다. 유명 연예인, 고위 공무원 등 상당수 투자자의 돈을 주식 투자 대행하다가 손실이 나자 사기 혐의로 구속되었다고 한다.

또 다른 자칭 주식 전문가청담동 주식부자, 86년생, 남 역시 종합편성 방송에 출연하면서 수영장이 딸린 월세 5,000만 원짜리 청담동 저택에서 자신의 능력을 뽐내더니 결국은 3,000명 이상으로부터 수천억 원을 사기

친 혐의로 구속되었다. 앞서 말한 리타워텍 같은 사례가 사라지지 않고 끊임없이 나타나는 것은 인간의 탐욕이 적당한 선에서 멈추지 못하기 때문일 것이다.

'잡기만 하면 수천% 이익', '세계 특급 정보', '1,000% 수익 가능' 등 인터넷 광고에 관심을 갖는 순간 당신은 이미 빠져나오기 힘든 주식 작전의 올가미에 걸려들고 있는 것이다. 일반 개인들이 주식 투자에 실패하는 가장 큰 요인 중 하나가 정보에 의한 투자이다. 언어란 이 사람 저 사람 전달되면서 부풀려질 수도 있고, 축소될 수도 있다. 더군다나 기업의 중대 비밀은 내 귀까지 쉽게 오지 않는 법이다.

기업의 중대한 기밀이 아무 상관없는 내 귀까지 왔다는 것은 시장에서 이미 부풀려지고 축소되고 해서 내 귀에 들어온 것이다. 작전 세력은 이렇게 남의 말만 듣고 투자하는 개인들을 존경(?)한다. 남의 말에 의존해서 투자하는 개인들의 돈이 곧 작전 세력들의 주머니로 이동하기 때문이다. 황당한 루머에 돈을 날리는 개인 투자자들이 얼마나 많으면, IMF 외환위기 때 부도난 동아건설이 동해안에서 50조 원 가치가 있는 러시아 보물선을 발견했다고 해서 300원짜리 주식이 3,000원까지 오르는 황당한 일도 있었으니 말이다.

오래 전에 우리나라 서해안 유전 개발 관련 정보로 모 주식이 크게 요동친 적이 있다. 회사의 전반적인 실적을 떠나 회사가 본래 하는 사업과는 전혀 무관하게 뜬금없이 유전 개발이라는 호재로 크게 오른 후 조금 떨어지자 치과의사 고객으로부터 한 통의 전화가 걸려 왔다. 그 회사 주식에 투자하는 것을 어떻게 생각하느냐고.

그 고객에게 부정적인 투자 의견을 내면서 그 주식이 작전주이건 아니건 상관없이 그런 정보에 의한 투자는 자제해줄 것을 부탁했지만 그 고객은 거래하던 증권회사를 통해 결국 투자를 했고, 이후 주식은 상장 폐지되어 필자가 주식형펀드로 벌어준 수익 3억 원을 고스란히 잃어버렸다.

주식 투자는 모르는 주식 종목, 남들이 추천하니까 한번 믿어보고, 정보에 의하면 등 남한테 의지하는 투자는 실패 확률이 크며 내가 연구하고 분석해서 투자해야 성공 확률이 높다. 주식 투자에 성공한 사람들의 공통 투자 전략은 여유 자금의 20~30퍼센트만 투자하고 있으며, 주식 투자로 수익 난 부분은 회수해서 은행 예금, ELS, 부동산 등에 분산투자한다고 한다.

과거 집착형 투자 때문에

일반 개인들이 주식 투자하면서 스트레스를 받는 때는 다음 네 가지 경우이다.

첫째, 주식을 계속 가지고 있었는데 오늘 주가가 하한가를 친 경우
둘째, 주식을 방금 샀는데 며칠간 하한가를 친 경우
셋째, 주식을 손해 보고 팔았는데 상한가를 친 경우
넷째, 주식을 손해 보고 팔았는데 며칠간 계속 상한가를 친 경우

조사에 의하면 투자자들이 가장 심한 스트레스를 받을 때는 두 번째와 네 번째, 특히 네 번째 경우라고 한다. 뉴턴도 네 번째처럼 남해회사 주식을 팔고 났더니 더 올라가기에, 본인만 바보된 것 같아 주식을

다시 샀다가 망가진 것이다. 이는 인간의 대부분이 '과거 집착형' 투자자이기 때문이다. 내가 투자해서 이익을 보건 손실을 보건 현실적으로 계좌의 잔고가 변경되었으면 거기서 끝내고 다른 투자 대안을 찾아야 함에도, 매매 이후의 가격 변동에 매우 집착한다는 것이다.

이는 주식 투자에만 국한된 것이 아니다. 아파트 값의 일시적 폭등으로 아파트 매매계약을 한 매도자들이 위약금을 물어주고라도 계약을 해지하는 사례가 속출하고 있다는 기사를 접한 적이 있다. 매도자의 입장에서는 아파트 가격이 지금 파는 것보다 더 오를 것이란 기대감도 있지만, 매매계약서를 쓰고 나니 오르는 것에 더 분통이 터지는 것이다.

은행에서 일하다 보면 이런 사람들이 참 많다. 주식형펀드에 가입해서 수익률 30퍼센트를 올려서 처분했는데, 그 펀드의 수익률이 나중에 50퍼센트까지 올랐을 때에는 투자 수익을 30퍼센트 올려줬다는 고마움보다 50퍼센트까지 이익을 볼 수 있는 걸 왜 빨리 처분했냐면서 항의하는 사람들이 있다.

그렇다면 주식 투자를 하면서 가장 기쁜 순간은 언제일까? 투자자들은 다음 네 가지 경우를 꼽았다.

첫째, 주식을 팔려고 했는데 안 팔았더니 주가가 상한가를 친 경우
둘째, 주식을 방금 샀는데 며칠간 상한가를 친 경우
셋째, 주식을 이익 보고 팔았는데 매도한 그날 하한가를 친 경우
넷째, 주식을 이익 보고 팔았는데 며칠간 계속 하한가를 친 경우

혼히 두 번째 경우처럼 사자마자 계속 상한가라면 기쁠 것으로 생각하지만 언제 상한가가 밀릴지 몰라 불안한 마음을 가지고 있다고 한다. 오히려 네 번째 경우인 이익 보고 주식을 팔았더니 계속 하한가를 칠 때 투자자들은 희열을 느낀다. 심지어 이익 보고 주식을 팔았더니 부도설이 나돌아 연일 하한가를 치면 동네잔치를 연다는 우스갯소리도 있다.

이는 결국 사촌이 땅을 사면 배가 아픈, 그리고 남들이 잘못될 때 기뻐하는 속성을 가지고 있기 때문일 것이다. 주식을 손해 보고 팔았어도 며칠간 하한가 치는 것을 보면 기쁘고, 주식을 이익 보고 팔았음에도 계속 상한가 치면 스트레스 받는 참 못된 속성을 지닌 것이 주식 투자이다.

개인의 심리를 이용하는 작전 세력에 속지 말자

작전 세력은 바로 이러한 개인의 못된 투자 심리를 잘 이용하고 있으며, 작전 세력들은 테마를 먹고 산다. 작전 세력들은 한 종목의 주식이 목표로 선정되면 보통 짧게는 3개월, 길게는 1년 가까이 주식을 바닥에서 아주 서서히 매입한다. 이들은 한 사람의 이름으로 주식을 매입하는 것이 아니라 사무실에 컴퓨터를 대여섯 대씩 설치해놓고 여러 증권회사 사이트를 통해 사이버로 수십 명의 계좌로 매입한다.

웬만큼 주식 매입이 완료되면 휴식 기간을 거친 후 세력들은 시장에 조류독감 관련주, 바이오 기술 관련주, 전기차 관련주, 지진 관련주, AI 관련주 등 다양한 테마를 만들어 인터넷 등을 통해 유포하고, 서서히 매수 수량을 높여가면서 주문을 내기 시작한다. 즉 거래량을 높이면서

'기술적 투자 분석'의 일종인 그래프를 만들어나간다.

거래량이 늘고 주가가 오르면 당연히 시장에서는 매수 신호가 발생한다. 매수 신호를 만든 다음에는 시장에다 상한가 잔량이 쌓일 정도로 주문을 내면서 조금씩 매도한다. 첫 상한가에 일반 개인 투자가들이 웬일인가 하고 팔아버릴 수 있지만, 2~3일 정도 상한가를 만들면서 매수 잔량을 쌓아놓으면 아예 개인들이 팔 생각을 못 하며 팔고나서 연속 상한가를 경험하고 있는 열 받은 개인 투자가들이 무슨 일이 있는가하고 유심히 정보를 뒤지기 시작한다.

작전 세력은 이때 ☎060-000-0000 주가 정보 제공회사나 인터넷 카페 등을 통해 시장에 작전주식의 루머를 퍼트리기 시작한다. "자회사인 00회사가 어디어디 대규모 납품계약을 맺었다", "△△회사가 바이오 핵심기술 특허를 받고, 임상실험까지 마쳐서 0조 원대의 수익이 예상된다" 등등의 루머를 흘리면, 팔고나서 상한가를 당한 열 받은 투자자는 땅을 치고 후회하면서 상한가가 한번은 밀릴 것이란 기대감으로 매수 주문을 깔아놓고 기다리며, 루머에 유혹 당한 일반 개인들까지 가세하게 된다. 이때부터 작전 세력은 매수 호가와 매도 호가의 비율을 줄여가면서 서서히 빠져나오는 것이다.

즉, 상한가 잔량이 계속 쌓여 거래량이 적을 때 이미 상한가 매수 주문을 냈던 잔량을 취소함과 동시에 매도하면 일시에 거래량이 터지면서 주가가 밀리고, 이때 놀란 개인들은 다시 매수 물량을 취소하려고 할 것이다. 주가가 전일 대비 보합 내지 약간의 마이너스권이 되면 다시 세력들은 매수 주문을 하면서 개인들이 따라 붙게 한다.

매수 90 : 매도 10, → 매수 80 : 매도 20 → 매수 70 : 매도 30 → 매수

60 : 매도 40의 비중으로 거래를 반복하다가 2~3일 소강 상태를 보인 후, 다시 매수를 좀 더 늘리면서 주식을 끌어올린 후 매수 40 : 매도 60 → 매수 30 : 매도 70의 방법으로 주식을 털고 나간다. 작전 세력들도 한꺼번에 다 털고 나가지는 못하고, 3주 정도 있다 다시 한 번 올려서 마지막 남은 주식을 전부 털고 나간다.

작전 세력들도 최고가에 모든 것을 정리하지는 못하며, 보통 최고 가의 70퍼센트 선에서 마무리를 짓는다. 개인의 심리를 이용하는 작전 세력들로 인해 개인 투자자들은 눈물을 흘릴 수밖에 없지만 이 역시 자 본주의에서 내 주머니돈을 작전 세력의 주머니로 옮기는 작업이니 눈 물을 흘리지 않으려면 유혹에 넘어가지 말고 올바르게 투자해야 한다.

푼돈으로 목돈을 만드는 방법에는 주식만큼 좋은 재테크 수단이 없 다. 따라서 주식 투자는 해야 한다. 그럼 어떻게 투자해야 하는가?

증권 전문가들이 하는 증권 투자 방식

증권운용전문가펀드매니저들이 증권에 투자할 때에는 '경제 분석→산 업 분석→기업 분석'을 순차적으로 행하는 거시 방식Top Down 방식을 주 로 이용하여 증권에 투자하게 된다. 경제 분석을 통해서는 시장 동향 을 파악하여 주식 또는 채권 등의 포트폴리오를 구성하게 되며, 산업 분석에서는 주식의 경우 어떤 업종 또는 어떤 산업의 주식이 유망하고 과소·과대평가되어 있는가를 분석하며 기업 분석에서는 어떤 특정 기 업의 주식이 동종 산업 내에서 투자 가치가 큰가에 대한 판단을 한다.

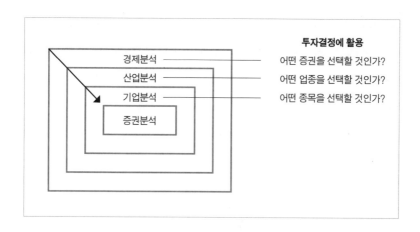

증권 분석에서는 다음과 같은 기본적 분석과 기술적 분석을 통해 투자할 종목을 선정한다.

■ 증권 분석의 분류

기본적 분석	질적 분석 (qualitative analysis)	경제 및 산업 동향, 개별 기업의 사업 내용, 경영진 등 재무제표에 나타나지 않아 계량화가 불가능한 것을 분석
	양적 분석 (quantitative analysis)	재무제표를 중심으로 비교적 계량화가 가능한 것을 분석
기술적 분석	추세 분석	변화하는 주가의 움직임으로부터 추출되는 추세선을 관찰하여 주식의 매매 시점을 포착
	패턴 분석	여러 가지 주가 변동 모형을 미리 정형화해놓고 실제로 나타나는 주가 움직임을 주가 변동 모형에 맞추어봄으로써 앞으로의 주가 추이를 미리 예측하고자 하는 기법
	장세 분석	현재의 시장 수급 상태가 과열권인지 침체권인지 파악
	시장구조이론	엘리어트 파동이론, 태양 흑점 이론, 엘리뇨 현상 등
	심리적 분석법	시장 참여자들의 심리를 읽고자 하는 방법으로 반대 의견 기법 등이 있다

기관 투자가의 펀드매니저 등 증권운용전문가들은 이와 같이 증권 투자에 대한 전문 지식을 가지고 체계적인 틀에 의해서 증권을 운용하며, 회사 내부에서는 증권 투자에 대한 규정을 정하고 투자에 임하기 때문에 개인 투자자들처럼 소문에 의지해 투자하지 않는다. 증권 전문가들은 철저하게 기본적 분석에 따라 투자할 주식을 결정하며, 기술적 분석은 단지 보조지표로만 참고한다.

하지만 작전 세력들은 기본적 분석보다 단순히 기술적 분석으로 만든 그래프만 가지고 개인 투자자들을 유혹한다. 주식 그래프는 증권회사가 개인들의 잦은 매매를 유도하기 만든 지표라는 말도 있다. 그러므로 그래프만 믿고 투자하는 어리석음을 버려야 한다. 종합편성채널이나 인터넷 증권방송을 보면 자칭 증권 전문가라는 사람들이 각종 테마와 연결해 주식 그래프를 보고 매수매도를 설명하고 있는데, 그들은 주식으로 얼마나 많은 재산을 벌었는지 묻고 싶다.

단기 투자할 것인가? 장기 투자할 것인가?

주식 투자를 함에 있어서 기본적으로 어떤 방식으로 투자할 것인가를 선정하는 것이 중요하다. 주식 투자에 있어서 장기 투자라 함은 한 종목에 평균 3년 이상 투자함을 의미하며, 단기 투자는 그 이하로 초단기 데이트레이더의 경우 주식 보유 기간이 1일을 넘기지 않는다. 단기 투자가는 주가 변화 예측이 중요하기 때문에 투자하고자 하는 회사의 본질 가치도 중요하지만, 더 중요한 것은 현재의 주가와 거래량 패턴을 분석하고 주가 변화를 예측해서 투자하는 부류인 것이다.

따라서 단기 투자가에게 있어 중요한 것은 그래프이다. 앞에서 설명한 것처럼 그래프 분석을 '기술적 분석'이라고 한다. 즉, 과거 주가의 움직임 데이터를 가공해서 향후 주가가 어디로 튈지에 대한 방향성을 분석하는 것으로, 오로지 경험이 필요하다. 단기 투자를 하는 사람들은 컴퓨터 모니터증권 시세를 떠날 수 없다. 단기 투자자에게는 기술적 분석을 할 수 있을 만큼 지식을 요구하고 있지만 투자 성공률은 그다지 높지 않다. 왜냐하면 그래프 분석에도 나름대로 자신의 주관적 생각이 들어가기 때문이며, 시장 참가자들이 모두 그래프 예측대로 투자하면 그래프는 변형되기 때문이다.

반면 장기 투자자는 기업의 경영 실적 수치와 핵심 사업을 가지고 내재가치를 분석해서이를 기본적 분석이라 한다, 기업의 본질 가치 대비 현재의 주식 가격이 싼지 비싼지를 분석해서 투자를 결정하며, 기본적 분석으로 주식을 매입했다면 주가가 기업의 본질 가치에 다다를 때까지 기다리고 있으면 되는 아주 간단한 투자 전략이다. 하지만 이러한 장기 투자가 성공할 확률은 매우 높은 편이다.

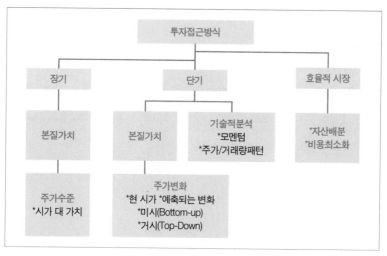

(출처: 브루스 그린왈드 저, 이순주 역, 《Value Investing》, 국일증권경제연구소, 2002, 26쪽)

☞ 기본적 분석: 기업의 경영 실적 수치를 가지고 기업 내재가치를 분석하는
방법(주식 투자에서 제일 중요한 분석이다)

☞ 기술적 분석: 과거 주가와 거래량 등의 데이터를 가지고 주가에서 반복되
는 경향을 예측하는 기법(과거 데이터일 뿐이므로 절대 신봉하지 말고 참
조만 하자)

☞ 효율적 시장: 시카고 대학교 교수 유진 파머(Eugene Fama)가 1970년 효율
적 시장 가설(EMH: Efficient Market Hypothesis)을 처음 발표한 것으로써
현재 주가는 모든 이용 가능한 정보를 반영하고 있으며, 새로운 정보에 즉
각 반응하는 시장이라는 것이다. 따라서 어떤 투자자라도 이용가능한 정보
를 기초로 한 투자에 의해 초과수익을 얻을 수 없다는 것이다.

주식의 단기 투자는 그래프 분석 능력과 경험 및 심리전에 강해야 한다. 그래
프 분석 능력이 부족하다 보니 남의 말에 의존하는 주식 투자를 하게 되며 정
보에 의존하게 된다.

작전 세력은 테마를 먹고 살며 단기 투자자를 좋아한다.

작전 세력에 당하지 않으려면 정보나 테마를 좇아다니는 투자는 하지 않는 것
이 좋으며 확실한 실적이 수치로 검증되고 기술이 검증된 회사를 골라 장기
투자하는 것이 주식 투자로 부자 되는 길이다.

워런 버핏을 배워라

지금까지 글을 읽어보면 주식 투자는 매우 어려우므로 함부로 주식 투자를 하지 말라는 것으로 느낄지 모르겠다. 하지만 돈을 모으는 데에는 주식 투자만큼 훌륭한 수단이 없다. 앞에서 말했듯이 가난한 사람은 돈을 잃는다는 두려움 때문에 부자가 되지 못한다. 부자가 되려면 돈을 잃는다는 두려움 때문에 투자를 피하지 말고 투자 위험을 관리해야 한다.

미 경제잡지 〈포브스〉가 선정한 2017년 세계 갑부 서열 2위는 워런 버핏이다. 그는 1941년 11살의 나이로 시티서비스 사의 주식을 매입함으로써 주식 투자를 시작했다. 1953년 기본적 분석가치 투자의 원조인 벤저민 그레이엄Benjamin Graham에게 감명을 받아 그레이엄-뉴먼 사에 입사한 후 그레이엄의 제자로 일하기 시작했다. 1956년 100달러로 시작한 주식 투자는 2017년 10월 현재 약 756억 달러약 85조 4,280억 원로 불어난 것이다.

버핏의 투자 원칙은 가치 투자와 장기 투자로 요약할 수 있다. 그는 향후 주식시장의 전망에 대하여 묻는 기자에게 이런 말을 했다. "나는 내일 주가가 오를지 떨어질지에 대하여는 알 수 없을 뿐만 아니라 알고 싶지도 않다. 단지 내가 사고자 하는 주식이 시장에서 싼지 비싼지에 대하여 연구할 따름이다. 10년 동안 보유할 주식이 아니라면 10분도 보유하지 말라." 실제 그는 월마트, 코카콜라 등 10년 넘게 보유하고 있는 주식이 많으며, 질레트 주식은 16년간 보유한 덕택에 약 5조 원의 이익을 벌기도 했다.

버핏이 추구하는 투자 패턴은 내재가치에 비해 저평가된 기업을 사서 장기 투자최소 3년 이상하는 것이었다. 그는 주식을 사는 것이 아니라 '기업을 산다'는 표현을 사용한다. 이를 가치주 투자라 한다. 가치주란 실적이나 자산에 비해 기업 가치가 상대적 또는 절대적으로 저평가됨으로써 주식시장에서 낮은 가격에 거래되는 주식이라고 할 수 있다.

그레이엄으로부터 시작된 가치투자법은 그의 수많은 제자들 중에서도 워런 버핏에 의해 진가를 발휘하였다. 그레이엄의 가치주 투자 방식은 기업 가치에 비해 현재 주가가 낮은 것으로 분석될 경우 매입해서 주가가 올라 어느 정도 기업 가치에 도달한 것으로 파악되면 매도하는 투자 방식따라서 단기 투자의 경향이 짙었다이었다. 그러나 버핏은 가치주의 투자 판단을 현재 가치뿐만 아니라 미래 가치까지 분석하여 투자하는 중장기적인 가치주 투자로 발전시켰다.

단기적으로 기업 주가는 수급과 심리에 의해 기업의 내재가치와 상관없이 큰 변동성을 보이지만 장기적으로 기업 주가는 기업의 내재가치를 반영한다. 따라서 내재가치에 비해 싸게 거래되는 주식을 장기 보유할 경우 위험은 낮추고 수익은 높일 수 있는 것이다.

가치 투자에서는 살 만한 기업인가를 진단할 수 있는 항목 아홉 가지를 검토해야 한다.

[기업 진단 항목 9가지]

① 소비자 독점적인 사업인가?

② 수익성이 높고 상승세인가?

③ 보수적으로 자산을 운용하는가?

④ 주주자본에 대해 지속적으로 높은 이익을 내는가?

⑤ 수익을 유보하는가?

⑥ 영업 활동에 쓰는 비용은 어느 정도인가?

⑦ 유보 수익을 자유롭게 재투자하는가?

⑧ 물가 상승 시 자유롭게 제품 가격을 인상할 수 있는가?

⑨ 유보 수익이 그 기업의 시장 가치를 상승시킬 수 있는가?

몰라도 되지만 알면 유익한 TIP

☞ 벤저민 그레이엄의 주식 선정 10가지 기준

수익성	1. PER의 역수가 AAA회사채 수익률의 2배 이상 2. 현재 PER이 과거 5년 평균 PER의 40% 이하 3. 배당 수익률이 AAA회사채 수익률의 2/3 이상 4. PER이 0.67 이하인 종목 5. 주가가 주당 순유동자산의 2/3 이하
안정성	6. 부채비율 100% 이하 7. 유동비율 200% 이상 8. 부채 / 순유동자산 비율 2 이하 9. 과거 10년간 평균 EPS 성장률 7% 이상 10. 과거 10년간 적자 회수 2년 미만

☞ 유보 수익: 기업이 영업 활동이나 자본 거래를 통해 각종 경비와 세금, 주주들에게 배당하고 최종적으로 순수하게 남은 회사에 쌓아둔 이익금을 말한다. 총 잉여금을 납입 자본금으로 나눈 것을 유보율로 표시하는데, 유보율이 높으면 회사의 재무 구조가 그만큼 탄탄함을 의미한다. 따라서 유보율이 높은 회사는 무상 증자, 자사주 매입, 높은 배당 가능성 등이 있지만 영업 수익이 나쁨에도 유보 수익이 많다는 것은 투자를 지속적으로 하지 않고 있기 때문에 미래 기업 성장성에 문제가 될 수도 있다.

- PER(Price Earning Ratio: 주가수익률)

주가를 한 주당 당기순이익으로 나누어 순이익의 몇 배가 되는지를 나타내는 지표이다. 한 주당 순이익은 당해에 발생한 순이익을 총 발행 주식수로 나눈 것으로 한 주가 1년 동안 벌어들인 수익이다. 주가수익률(PER)의 비율이 크면 기업의 이익에 비해 주가가 상대적으로 높은 것이고, 비율이 작으면 주가가 이익에 비해서 싼 것이 된다.

PER를 참고하여 투자할 종목을 선택하려면 동종업계 내에서 PER를 비교해야 한다. 대표 우량주라고 해서 신한금융지주, 삼성전자, SK텔레콤, POSCO 간의 PER를 비교해서 저PER주를 찾아 투자하는 것이 아니고, 삼성전자는 전자나 IT 업종의 평균 PER를 비교해서 저PER 여부를 판가름하는 것이다.

- PBR(Price on Book-value Ratio: 주가순자산비율)

주가를 주가순자산가치(BPS)로 나눈 비율로 주가와 1주당 순자산을 비교한 수치를 말하며, 주가가 순자산에 비해 1주당 몇 배로 거래되고 있는지를 측정하는 지표를 말한다. 순자산이란 대차대조표의 총자본 또는 자산에서 부채(유동부채+고정부채)를 차감한 후의 금액이다. 따라서 장부상의 가치로 회사 청산 시 주주가 배당받을 수 있는 자산의 가치를 의미한다.

예를 들어 PBR이 1이라면 특정 시점의 주가와 기업의 1주당 순자산이 같다고 볼 수 있으며, 이 수치가 낮으면 낮을수록 기업의 자산 가치가 증시에서 저평가되어 있다고 볼 수 있다. PBR이 1 미만이면 주가가 장부상 순자산가치(청산 가치)에도 못 미친다는 뜻이다.

부자가 되려면 돈을 잃는다는 두려움 때문에 투자를 피하지 말고 투자위험을 관리해야 한다. 위험은 눈에 보이지 않는다. 특히 부동산 투자에 있어서 위험을 찾아내기란 쉽지 않다. 하지만 주식투자에서만큼은 위험을 수치로 계량화시킬 수 있다. 기업의 재무현황이 눈에 보이고, 그 회사가 만드는 제품이 눈에 보이며 많은 사람들의 평가도 따른다. 따라서 위험관리 부분은 주식투자가 부동산투자보다 한결 쉽다.

기업을 사는 가치 우량주 투자 방법

투자할 주식을 선택하기 전에 먼저 투자자로서의 마음가짐부터 바꾸라고 버핏은 조언한다. 그가 조언하는 성공하는 투자자 조건은 다음과 같다.

1. 욕심을 억제하고 투자 과정 자체에 매력을 느끼고 주식을 게임으로 즐겨야 한다.
2. 인내력이 강해야 한다.
3. 스스로 판단해야 한다.
4. 주식을 매입할 때는 매입 이유를 전부 적은 후 최종 판단을 내려야 하고 다른 사람 의견을 듣지 않는 것이 좋다.
5. 충분한 지식을 쌓아 마음의 평안과 자신감을 지녀야 한다.
6. 모르는 것을 모른다고 솔직히 말할 수 있어야 한다.
7. 업종 선택에 있어 유연성이 있어야 한다.
8. 어떤 면이든 천재적인 소질이 있어야 한다.
9. 지적인 성실성을 지녀야 한다.
10. 정신적으로 지나치게 산만하지 말아야 한다.

가치 투자자가 점검해야 할 평가 방법

가치 우량주를 찾아내기 위해서는 먼저 회사 재무 상태의 계량적 분석이 필요하다. 회사 재무제표를 가지고 기본적 분석을 한 후 동종업계의 다른 기업도 분석해서 시장 경쟁력경쟁 우위 요소을 분석해야 한다. 그리고 나서 법인을 대표하는 오너의 경영 마인드가 회사를 얼마나 키울 것인가 하는 조사가 필요하다.

워런 버핏은 투자회사의 오너를 직접 만나는 데 많은 시간을 할애했다고 한다. 투자하고자 하는 여러분이 회사의 오너는 만나기 어려울지언정 회사의 IRInvestor Relation, 기업이 자본시장에서 정당한 평가를 받기 위하여 주식 및 사채 투자자들을 대상으로 실시하는 홍보 활동을 담당하는 직원이라도 만나서 회사의 경영 현황을 파악하는 데 많은 수고를 들여야 할 것이다.

■ 가치주 평가 방법

점검 항목	점검 사항
① 무엇을 하는 회사인가?	제품이나 서비스가 아닌 이 회사가 없음으로 인해서 고객은 어떤 불편을 겪게 되는가를 알아보라.
② 회사는 장사를 잘하고 있는가?	회사의 재무제표를 분석해서 영업이익률, 자기자본이익률, 시장점유율 등을 동종업계의 타 기업과 비교해본다.
③ 장사를 잘한다면 이유는 무엇인가?	경쟁 우위 요소가 무엇인지를 분석한다(특허, 관행적인 표준, 낮은 가격, 높은 품질, 고객 고정, 고객 접근의 편리성, 뛰어난 사후 서비스, 기업 문화 등)
④ 계속 잘할 수 있을 것인가?	기업이 계속 잘하는 데 있어서 위험 요소는 없는지를 확인한다. (외부 위험과 내부 위험 검토)
⑤ 주주의 이익을 위해 적극적인가?	- 주주 이익을 위한 배당과 자사주 매입 여부 - CEO는 전문성이 있고, 검소하며, 솔직한지, 그리고 주주 이익을 대변하는지를 파악한다.

(출처: www.itooza.com 투자교실 - 가치투자 첫걸음)

가치 우량주를 발굴하면서 재무 분석으로 우수하다 해도물론 앞 예시 표 기업들의 재무 상태가 좋을 리 없지만, 사업다각화가 아님에도 기업 본연의 업종과 상관없는 재료가 시장에 정보로 나오는 기업, A&D 재료로 자

■ 피해야 하는 기업의 특징

기업의 형태	시장에서 나타나는 모습
동화형 기업	보물선 탐사 등 본연의 업종과 상관없는 재료를 시장에 정보로 흘리는 기업 (동아건설 등)
껍데기형 기업	A&D 등을 재료로 회사의 겉모습만 바뀐 기업(앞의 사례 리타워텍처럼)
냄비형 기업	시장의 관심을 한 몸에 받는 뜨거운 테마형 기업(검증되지 않은 줄기세포 특허 등)
덤핑형 기업	제품의 차별화에 실패해서 가격 경쟁밖에 할 수 없는 기업
물먹는 하마형 기업	기업이 성장하면 할수록 이익 창출보다 돈이 더 많이 들어가는 기업
부채형 기업	차입금 과다 기업 - 남의 돈으로만 사업하려는 기업

(출처: www.itooza.com 투자교실 - 가치투자 첫걸음)

주 변신하는 기업, 검증되지 않은 줄기세포 등으로 뉴스에 자주 나오는 기업 등은 투자에 유의할 필요가 있다.

반면 분석한 재무 상태가 우수하고 기업의 CEO가 검소하며, 시장에서 독점적 지위를 가지고 있어서 진입 장벽이 높은 기업, 시장에서는 이미 한물 간 업종섬유, 음식 등이라 해도 꾸준히 성장하는 기업 등은 가치 우량주로서 투자할 만한 기업이 되는 것이다.

■ 바람직한 기업의 특징

기업의 형태	시장에서 나타나는 모습
CEO형 기업	전문성, 도전·검소·솔직하며 주주 이익 대변
시장의 오해	재정의형 기업, 사양 업종 속에서 성장하는 기업, 불경기 속 선두형 기업
적극적인 주주 정책	배당과 자사주 매입
독점적 기업	자연 발생형 독점, 지역 독점

(출처: www.itooza.com 투자교실 - 가치투자 첫걸음)

위의 모든 조건을 만족하는 가치주를 찾았다면 주저하지 말고 주식을 사라고 버핏은 조언한다. 그리고 가치주를 매입했는데 갑자기 하락한다면 첫째, 절대로 당황하지 말라! 매도하려고 서두르지도 말라! 둘째, 회사의 장기적인 기업 가치를 다시 한번 검토하라! 셋째, 기업 가치는 변함이 없는데 주가가 하락했다면 추가로 더 매수하라! 이것이 워런 버핏의 투자 철학이다.

몰라도 되지만 알면 유익한 TIP

A&D(Acquisition & Development: 인수 후 개발)

저성장 업체를 인수하여 고성장 업체로 바꾸는 기업 인수 방식으로, 기술 연구 인력이 부족한 벤처기업들이 인재 확보를 위해 핵심 기술을 가진 소규모 벤처기업을 인수하는 것이다. 즉 기술을 자사가 직접 개발하기보다 필요한 기술을 갖춘 기업을 인수한 후 자사 제품과 통일시키거나 재포장하는 기업의 인수합병 방식이다. 기업의 기술, 인력 등 핵심 역량을 강화하기 위한 점이 단순히 기업의 덩치만 키우는 인수합병(M&A)과는 다르다. 앞서 설명한 리타워텍 주가 조작 사건에 동원된 방식이 A&D 방식이었다.

워런 버핏은 분명 이 시대에 존재하는 주식투자의 귀재이다. 하지만 그는 주식투자 방법에 대하여 훌륭한 이론을 만들어 노벨상을 받은 사람도 아니다. 단지 여러 가지 정보에 의지하지 않고 투자에 대한 확고한 신념에만 의지해서 장기투자를 한 것이 세계 갑부 2위에 오르게 한 힘이었다.

누구나 버핏처럼 주식으로 갑부가 될 수 있다. 하지만 인내심과 장기투자 철학 없이 욕심만 과한 주식투자는 흉내 내지 않는 것이 현명하다.

성공하는
펀드투자 방법

자신 없으면 남한테 맡기자

지금까지 증권채권, 주식 투자 방법에 대하여 알아보았다. 처음에는 단순하게 생각했던 증권 투자가 오히려 이 책을 보고 나서 뭐 이렇게 어렵냐고 반문하는 사람들도 있을 것이다. 맞는 말이다. 학습이라고 하는 것이 파고들면 파고들수록 어려운 것이니까.

하지만 이 책에서 소개한 증권 투자 내용은 투자를 위한 전문 지식 전부가 아니고, 투자를 위해 알아두어야 할 책 제목 정도밖에 되지 않는다. 앞에서도 언급했지만 고도로 학습되고 훈련된 증권운용전문가펀드매니저들은 세계 각국의 경제 동향, 환율과 금리 움직임, 국내외 환경 분석과 증권 분석, 기본적 분석을 통한 종목 선정, 기술적 분석을 통한 매매 타이밍 잡기 등 다양한 방법으로 증권시장을 주무르고 있다. 여기에 자금력과 지식이 풍부한 외국인 투자 전문가에, 막강한 자금력으로 밀어붙이는 작전 세력까지 가세한 한국 주식시장에서 스마트폰에 어플리케이션 하나 깔아놓은 일반 개인 투자자들이 맞서 싸워 얼마나 이길 수 있을까?

주식 투자는 제로섬게임이다. 돈을 버는 사람이 있으면 당연히 잃는 사람이 있는 것이다. 지금 내가 켜놓은 스마트폰에 표시된 주식시장에는 워런 버핏도 참여하고 있고, 고도로 훈련된 증권 전문가도 참여하고 있고, 해외 유명 대학 경제학과 출신의 작전 세력도 참여하고 있는 상황에서 돈을 벌 확률이 얼마나 될지 계산해 보았는가?

몰라도 되지만 알면 유익한 TIP

제로섬게임(zero-sum game)
스포츠 등에서 승자의 득점과 패자의 실점 합계가 제로(zero)가 되는 경우를 이르는 말로, 사회 전체의 이익이 일정하여 한쪽이 득을 보면 다른 한쪽은 반드시 피해를 보게 되는 상태를 말한다. 자본시장에 공급된 돈은 한정되어 있으므로, 주식시장에서 돈을 버는 사람이 있으면 반드시 돈을 잃는 사람이 있다는 의미로 쓰인다.

개인 투자자들이여, 투자는 전문가에게 맡기고 본업에 충실하자

워런 버핏을 벤치마킹하자는 재테크 책이 많은데 앞에서 말한 가치 우량 주식을 개인 투자자가 고를 수 있을까? 여러분이 주식 투자 전문가겸 전업투자자라면 여러 가지 검증을 거쳐 가치 우량주를 고를 충분한 시간이 있겠지만 전문 투자가가 아니면 어렵다. 주변의 주식 전문가를 통해 어느 종목이 가치 우량주인지를 귀동냥으로 들을 수는 있지만 개인 투자자들은 그것을 검증할 시간조차 없다.

그렇지 않아도 본업이 따로 있는 직장인이 업무 시간에 스마트폰으로 주식 투자하는 것도 눈치가 보이는데 언제 가치주를 찾을 수 있겠는가? 그러다 보니 인터넷 유료 주식 정보 제공 사이트나 060-***-****에서 비싼 돈 주고 얻은 정보로 단타 매매를 하면서 내 주머니 속 돈을 남에게 넘겨주고 있는 사람이 직접 투자를 하고 있는 개인 투자자이다.

이러한 개인 투자자들이 실패하지 않고 성공하는 주식 투자를 할 수 있는 방법은 남에게 맡겨서 장기 투자하는 방법이다. 여기서 남에게 맡긴다는 것은 펀드매니저가 관리하는, 펀드에 가입하는 것을 말하며, 이를 간접투자라 한다. 증권과 관련된 많은 지식을 보유하고 있는 펀드매니저라 해도 사람이기에 개인의 주관이 앞설 수 있다. 그래서 요즘은 인공지능을 이용한 로봇이 관리하는 펀드도 있다.

IMF 외환위기와 2008년 글로벌 금융위기 이후 우리나라 펀드는 많이 투명해졌다. 과거에는 간접투자자산운용에 대한 법규조차 미비하여 펀드와 펀드 간 자산 이동을 통한 수익률 조정하기, 펀드에 특정 주식 한 종목구 새롬기술 등을 잔뜩 편입해서 3개월 만에 100퍼센트 수익을 올렸다는 과장 광고 등을 통해 투자자를 끌어들이고 수수료만 챙기는 자산운용회사가 많았다. 이제는 강화된 '자본시장과 금융 투자업에 대한 법률' 아래에서 철저한 준법 감시를 하고 있어서 많이 투명해졌다. 또한 펀드매니저는 펀드 운용 성과에 따라 성과급이 주어짐으로써 펀드 수익을 내기 위해 많은 노력을 한다. 워런 버핏을 따라할 수 없다면 주식형펀드에 투자하는 것이 현명한 선택임을 알아야 한다.

알고 넘어가야 할 펀드의 종류

우리나라에서 현재 운용되고 있는 펀드의 개수는 우리나라 주식시장에 상장코스닥 포함된 주식 종목 수보다 많다. 펀드의 개수는 많지만 자산운용회사가 많고, 국내와 해외 자산을 각각 펀드로 관리하다보니 개수가 많은 것뿐이며 펀드의 유형은 많지 않으므로 개인 투자자들이 모든 펀드를 꿰차고 있을 만큼의 지식은 필요 없다.

펀드는 채권과 주식의 편입 비율에 따라 크게 '채권형펀드주식 0%, 채권 60% 이상 투자', '혼합채권형펀드자산의 50% 미만을 주식에 투자, 채권 비중이 높음', '혼합주식형펀드자산의 50% 이상을 주식에 투자, 채권보다 주식 비중이 높음', '주식형펀드자산의 60% 이상을 주식에 투자', '주식과 선물, 옵션을 결합한 파생 펀드ELF, ELS 등'가 있다는 정도만 알면 된다.

또한 국내 증권에만 투자하는 국내 펀드와 해외 증권에만 투자하는 해외 펀드가 있기에 적은 금액판매 금융기관마다 다르지만 일반적으로 1만 원 이상이면 펀드 가입 가능으로도 국내 증권, 해외 증권에 골고루 투자할 수 있다는 장점이 있다. 또한 한 개의 펀드에 투자되는 종목이 적게는 20여 개, 많게는 100여 개 이상의 종목이 편입되어 있기에 종목 분산 투자 효과의 장점이 있다.

국내 펀드와 해외 펀드에 대하여 객관적 평가 지표를 가지고 어느 펀드가 수익률을 어떻게 내고 있는지, 비슷한 유형의 펀드 중 어느 펀드가 위험 대비 수익률 성과가 좋은지에 대한 자료를 제공하는 펀드 평가 회사가 있다. 따라서 펀드 가입 전에 먼저 금융 기관 직원과 상담한 후 금융 기관 추천 펀드에 대하여 본인 스스로 펀드 평가 회사 자료를 참조해서 객관적으로 검토하는 것이 좋다.

　앞에서도 잠시 언급했지만 펀드 운영은 고도로 학습되고 훈련된 증권운용 전문인력펀드매니저이라고 하는 운용전문가가 채권, 주식 운용을 하게 되는데 펀드매니저 1인이 북 치고 장구 치고 혼자 알아서 다하는 것이 아니고, 각 산업별 기업 분석 전문가인 애널리스트와 함께 정해진 규정에 따라 운용하고 있다. 이들을 기관투자가라고 한다.

　개인이 직접 투자하면서 고도로 학습되고 절제된 운용을 하는 기관투자가를 이길 수 있을까? 마찬가지로 자금력이 풍부하고 고도의 학습을 한 외국인 투자가와도 겨뤄서 이길 수 있을까? 그래서 제로섬 게임의 희생양은 외국인 투자가와 기관투자자가 아닌 항상 개인 투자자 몫인 것이다.

주식형펀드의 종류와 가입 적기는?

　우리나라 금융 기관에서 팔리고 있는 펀드 개수는 주식 종목 수보다 많다. 하지만 펀드의 속성들을 보면 대개 비슷한 유형의 종목 구성을 하고 있다. 단지 펀드 이름만 유별나게 길 뿐 펀드 속성을 알고 운용회사를 잘 선택해서 가입하면 큰 무리가 없을 것이다.

펀드는 운용 전략에 따라 크게 소극적인 운용 전략과 적극적인 운용 전략으로 나눌 수 있다. 이러한 전략에 따라 펀드의 종류는 크게 두 가지로 나눌 수 있는데, 소극적 전략을 사용하는 '인덱스Index펀드'와 시장보다 높은 성과를 목표로 공격적이고 적극적인 운용 전략을 펼치는 '액티브Active펀드'가 있다.

몰라도 되지만 알면 유익한 TIP

[펀드의 유형, 특징, 가입시기와 주의사항]

펀드유형	펀드종류	펀드의 특징, 가입 시기, 주의사항
소극적인 (Passive) 운용전략 = 인덱스 (Index) 펀드	펀드명에 인덱스 KOSPI200, 인덱스 S&P500, 인덱스 나스닥, 등 명칭 들어감	펀드의 수익률을 특정한 지수(예: KOSPI, KOSPI200, S&P500,나스닥100 등)의 해당 지수를 구성하는 종목을 지수에서 차지하는 비율대로 매입해 지수를 복제하는 것, 즉 지수 움직임을 따라가도록 설계되어 운용되는 펀드이다. 따라서 펀드매니저 개인의 역량보다는 운용사의 지수 복제기술과 운용 시스템에 따라 수익률이 결정된다. 또한 펀드 내에서는 선물환 등과 연계한 차익거래 수익도 추구한다.
		[가입 시기와 주의사항] ① 인덱스펀드는 추종하는 지수의 움직임만큼 수익을 얻기 위한 펀드이다. 따라서 지수보다 너무 높은 투자수익을 기대하면서 인덱스펀드에 투자하는 것은 펀드선택이 잘못된 것이다. ② 인덱스펀드에 투자하는 적합한 시기는 향후 주식시장(특히 시가총액 상위 대형주)의 상승전망이 밝을 때이다. 즉, 경기전망이 좋을 것으로 예상되거나, 단기적으로 시장이 급락한 후 반등하는 시기가 가입 적기라 할 수 있다.

적극적인 (Active) 운용전략 = 액티브 (Active)펀드	가치주 펀드 (펀드명에 밸류, 가치 등의 표현이 있다.)	기업의 내재가치 대비 주식시장에서 가격이 저평가 되어 거래되는 가치주를 선별 매입하여 포트폴리오를 구성한 펀드를 말하며, 가치 투자 전략은 다음의 2가지 패턴이 있다. ① 상대가치(relative value)전략 = 개별주식의 주가 비율(PER, PBR 등)을 동종의 다른 주식과 비교- 동종의 다른 기업 대비 상대적 가치가 있는 주식을 발굴한다. ② 절대가치(absolute value)전략= 주식의 주가 비율을 다른 것과 비교하지 않고, 절대적 관점에서 어떤 기업이 가치가 있는지를 평가하고, 그 계산된 가격보다 낮은 가격에 구매하는 가치투자 전략을 취한다.
		지수등락 보다는 가치주가 적정 가치에 이를 때까지 보유하는 전략을 취하므로, 매매가 적고 시장변화에 비교적 흔들림이 적다는 장점(변동성이 작음)이 있으나, 일부 종목은 진정한 가치주임에도 거래량이 너무 적어 펀드에 편입하지 못하는 경우도 있어서 펀드의 단점으로 꼽히고 있다. 또한 지수등락과는 별개로 움직이므로 주식시장의 전반적 상승장에서는 소외감을 느낄 수도 있는 펀드이다.
		[가입시기와 주의사항] 투자기간은 3년 이상 목표로 가입하는 것을 권장한다. 주식시장이 전반적 침체장일 때에는 절대가치주가, 대형주 활황장세일 때에는 상대가치주가 투자적기 일 수 있다. 이유는 주식시장이 침체장에서는 거의 모든 주식이 하락해 있기 때문에 절대가치주를 더 싸게 매입할 수 있으며, 대형주 활황장세에서는 상대적으로 저평가된 상대가치주들이 자기 몸값에 도달하는 시간이 빠르기 때문이다. 단지 펀드에서는 절대와 상대 가치주 펀드임을 표시하는 경우는 찾아보기 어려워 각 펀드의 투자설명서를 보고 선택해야 한다.

성장주 펀드 (펀드명에 그로쓰, 성장 등의 표현이 있다.)	향후 높은 성장·높은 이익증가율이 기대되는 주식으로, 기업의 재무구조가 양호하고, 동일 업계에서 시장점유율이 우월하고, 영업실적의 지속적인 증가가 예상되는 종목을 발굴하여 포트폴리오를 구성한 펀드로서 흔히 가치주 펀드와 반대되는 개념의 펀드로 이해된다. 대부분의 성장형 펀드 매니저들은 다음 3가지의 선택 방법을 혼합해서 펀드를 운용한다. ① 당기순이익 위주(Earnings-Driven) ② 수익(매출) 위주(Revenue-Driven) ③ 적정한 가격에서의 성장주(growth at a reasonable price : GARP) 회사의 미래전망에 투자하기 때문에 가치형 펀드에 비하여 편입되는 주식은 대부분 높은 주가 수익률(고PER주)과 높은 주당순자산 비율(고PBR주)을 나타내며 변동성이 크다.
	주식투자는 미래를 보고 주식을 산다는 말이 있지만 자칫 뜬구름 잡는 주식투자가 될 수 있다. 과거 미국의 나스닥 IT주 거품붕괴와 한국의 코스닥 시장 붕괴 때 테마가 성장주였다. 특히 코스닥의 경우 대부분 종목들이 현재의 기업 실적보다는 미래 성장성(매출증가율)만 보고 투자를 함으로써 버블이 생긴 것이었다. 따라서 성장주펀드는 코스닥시장과 벤처시장이 살아날 때 투자 적기라 할 수 있으나, 이를 예측하는 것은 매우 어려운 일이므로, 가치주펀드 가입 시 함께 가입해서 장기투자 패턴으로 운용하는 것이 좋다.
액티브(Active)펀드는 위 2개 유형 말고도 배당주펀드, 중소형주 펀드 등 매우 다양하다.	

* 출처 :모닝스타코리아, www.morningstar.co.kr. 펀드ABC 재구성

액티브펀드는 가치주펀드와 성장주펀드 외에도 배당주펀드, 우량주펀드, 중소형주펀드, 공모주펀드, 집중펀드Focused Funds, 사회책임투자펀드SRI: Socially Responsible Investment Fund, 섹터펀드Sector Fund, 헤지펀드Hedge Fund, 구조화펀드Structured Fund : ELF, ELS 등, 선박 등 실물자산펀드, PEFPrivate Equity Fund 등 매우 다양한 종류의 펀드가 있다. 이와 같이 펀드에는 편입하는 주

식의 종류에 따라 펀드의 색깔유형을 정하는데, 어떤 특별한 규칙이 있는 것은 아니며 단지 펀드 자산을 운용하는 펀드매니저의 운용 노하우가 많이 반영된다고 할 수 있다. 각 자산운용사와 펀드매니저의 역량에 따라 수익률은 천차만별이기에 개인 투자가가 복잡 다양한 펀드 유형을 연구하고 찾아다니면서 투자할 필요는 없다.

단지 인덱스펀드, 가치주펀드, 성장형펀드를 분할해서 투자할 것을 권한다. 또한 한국주식형펀드 중 가치주펀드나 성장형펀드 등 액티브펀드는 최초 만들어질 때수탁고가 작고 펀드가 만들어진지 6개월 이하 가입해서 덩치가 커지기 전보통 수탁 금액 1조 원 이상에 빠져나오는 전략으로 투자하는 것이 좋다. 이유는 펀드 초창기 운용 자산이 적을 때에는 유연성이 있어서 수익률을 올리기가 쉽고, 수익률을 많이 올려서 수익률을 보고 가입하는 투자자들이 많이 늘어나는 효과를 만들기 위해 수익률 관리에 최선을 다하기 때문이다.

반면 액티브펀드는 운용 자산이 1조 원 이상이 되면 몸집이 무거워지면서 수익률 관리가 버거워지고, 펀드매니저 운용 실적마저 떨어지면 펀드매니저가 변경되거나 다른 자산운용사로 이직하는 일이 벌어지면서 펀드는 망가지기 시작한다.

세상은 아주 무서운 속도로 변하고 있다. 인터넷의 발달로 한국에 앉아서 미국 주식을 살 수 있을 만큼 세계는 좁아지고 있으며, 인공지능을 가지고 있는 로봇이 전 세계 금융자산투자에 투입되고 있다. 이제는 금융도 금융공학이라는 학문으로 대학원에서 강의되고 있다. 그만큼 투자에는 전문지식도 있어야 하는 것이다. 전문가와 비전문가의 싸움에서 누가 이길 것인가? 섣부른 지식으로 피땀 흘려 번 돈을 헛되이 잃지 말자.

투자하지 않고 돈을 벌 수 없다고 했다. 이제 투자는 전문가에게 맡겨 보자. 제로섬게임의 희생양이 되지 않는 방법은 전문가의 힘을 빌릴 수밖에 없는 세상이 온 것이다.

주식형펀드의 장점을 요약하면 다음과 같다. 첫째, 적은 비용으로 주식 전문가를 고용할 수 있다. 펀드 관리하는 자산운용사 등 기관투자가에는 고도의 학습을 한 펀드매니저와 거시경제 및 기업분석 애널리스트가 있다고 했다. 그들은 글로벌 경제와 환율, 금리, 증권, 기업의 영향 등과 관련된 자료를 분석하면서 자산을 운용하는 것이 주된 일이기에 증권에 대한 제1의 전문가라 할 수 있다. 또한 펀드 운용 수익률에 따라 성과급을 받고 인사고과 점수가 부여되기에 펀드 수익률을 올리기 위해 상당한 노력을 하고 있는 전문가들이다.

둘째, 적은 돈으로 분산 투자가 가능하다. 주식은 고수익, 고위험 자산이다. 위험을 줄이는 방법은 분산 투자이다. 계란을 한 바구니에 담지 말라는 말이 있다. 여러 바구니에 나누어서 계란을 담아야 바구니 하나가 떨어져도 나머지 바구니에 있는 계란은 안전하다. 주식도 마찬가지이다. 어느 한 종목의 주식에 집중 투자할 경우 그 주식이 잘되면 큰돈을 벌 수 있으나, 그 한 종목의 주식이 잘못된다면 자산이 아닌 휴지로 바뀔 수 있다.

그렇기 때문에 주식에 투자할 때에는 한 종목에만 집중 투자하지 않고 여러 종목에 분산 투자하는 것이다. 그러나 본업에 바쁜 사람들이 분산 투자를 하는 데에는 한계가 있다. 아무리 좋은 주식도 다섯 개를 넘기면 관리하기가 힘들다. 그러나 주식형펀드에는 적어도 20종목 이상, 많게는 100종목 이상의 주식이 편입되어 있다. 주식형펀드에 100만 원을 가입하던, 1,000만 원을 가입하던 펀드에 편입되어 있는 모든 주식을 사는 것과 동일한 효과를 볼 수 있다.

저축과 투자를 동시에

주식 투자를 할 때 많은 사람들이 공통적으로 가지고 있는 감정이 하나 있다. 바로 투자 시기에 대한 두려움이다. 많은 사람들이 주식에 관심을 가질 때는 신문 등 언론에서 '주가지수 몇 % 상승', '주가지수 ○○년 이후 최고치 경신'이라고 발표할 때이다.

앞집, 옆집 아주머니가 ○○주식에 투자해서 얼마를 벌었다는 이야기나 직장에서 주식으로 돈 벌었다는 이야기가 나올 때 관심을 가지면서도 선뜻 투자를 주저한다. 지금 너무 많이 오른 거 아닌가 하는 불안감 때문이다. 1994년 8월 삼정전자 주식이 10만 원을 넘자 무슨 주식값이 10만 원이나 되냐면서 부정적인 의견을 쏟아내는 사람들이 많았고, 10만 원 아래로 떨어지면 주식 사겠다는 사람들도 있었다. 하지만 1997년 1월 삼성전자 주식이 4만 5,000원 이하로 떨어졌을 때 주식에는 아예 관심도 가지지 않았다. 주가가 떨어질 때에는 '이미 주식시장도 한물갔어!'라고 단정 지으면서 정작 투자를 못한다. 하지만 2017년 10월 말 삼성전자 주가는 270만 원대에 있다.

앞에서 돈 모으는 방법 중 적립식펀드를 잠시 언급했다. 적립식펀드란 금융기관에 적금처럼 매월 돈을 예금하되 적금보다 위험하지만 적금보다 이자가 높은 증권에 투자하는 펀드로, 펀드 안에서 운용되는 주식이나 채권은 앞에서 말한 자산운용전문가들이 대신해서 투자해주는 간접투자 금융상품이다.

이 책에서는 푼돈을 목돈으로 만드는 방법에 있어서 적립식펀드를 적극 권장하며, 특히 채권형펀드보다 주식형펀드에 적립식으로 가입하는 것을 적극 추천한다.

분산 투자에 따른 위험 축소

주식 투자를 고민하는 이유는 지금 투자할 경우 손실이 날 것 같은 두려움 때문이다. 돈을 잃을 거 같은 두려움 때문에 부자가 되지 못한다고 했다. 부자들은 돈을 잃을 거 같은 두려움보다 이를 관리하는 방식이 뛰어나다고 했다. 즉, 돈 잃을 것을 대비하는 위험 관리 능력이 뛰어난데 그 방식이 분산 투자에 따른 위험 축소 방법이다. 따라서 주식에 투자하는 적립식펀드에는 다음과 같은 위험 관리 전략이 있다.

적립식펀드의 위험 관리 전략

① 적은 돈으로 펀드에 가입하면서 여러 종목에 분산 투자할 수 있다.
② 매월 적립식으로 주식을 매입하므로 투자 기간을 분산시킬 수 있다. 즉, 주식을 언제 사야 할지 고민할 필요가 없다. 적립식펀드는 주식 가격이 쌀 때는 많이 사고, 비쌀 때에는 적게 사면서 계속 꾸준히 주식을 사들임으로써 매입한 전체 주식 가격을 평균화시켜 주식 가격이 상승할 때 수익을 올리는 투자 방법이다.
③ 펀드 종류에 따라 해외 주식형도 있기 때문에 적은 돈으로 여러 국가에 분산 투자할 수 있다.
④ 증권 전문가들이 투자를 대신해줌으로써 지식의 위험을 없앨 수 있다.

여러 가지 위험관리전략 중에서 특히 '매월 적립식으로 주식을 매입해서 투자 기간을 분산시키는 부분'이 적립식펀드의 가장 큰 장점이라고 할 수 있다.

적립식 분산 투자 사례 1

적립식 투자는 평균 매입 가격 하락dollar cost averaging 효과를 나타내는 투자 방식이다. 이 방식은 주가가 빠질 때에는 가격이 싼 만큼 같은 돈으로 주식을 더 많이 사고, 주가가 오르면 적게 사게 된다. 결국 시간이 지나면 평균 매입 가격이 갈수록 낮아지게 된다. 즉, 매월 일정한 투자 금액을 평균화해서 그만큼 위험을 분산시킨다는 의미이다.

예를 들어보자.

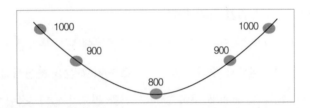

개월	첫째 달	둘째 달	셋째 달	넷째 달	다섯째 달
누적투자금액	1,000	2,000	3,000	4,000	5,000
A주식 가격	1,000	900	800	900	1,000
매입주식수	1.00	1.11	1.25	1.11	1.00
누적주식수	1.00	2.11	3.36	4.47	5.47
적립된평가금액	1,000	1,899	2,688	4,023	5,470
평균주가	1,000	950	900	900	920
평균매입단가	1,000	947.86	892.85	894.85	914.07
투자수익금	0	- 101	- 312	23	470
투자수익률(%)	0	-5.05	-10.40	0.58	9.40

앞의 그래프처럼 A라는 주식 가격이 첫째 달 1,000원 → 둘째 달 900원 → 셋째 달 800원→ 넷째 달 900원 → 다섯째 달 1,000원의 가격 변동이 있었다고 가정할 때 매월 1,000원씩 A라고 하는 주식을 사서 모은다고 하자.

① 첫째 달에 A주식 가격이 1,000원이라고 할 때 1,000원어치 주식을 사므로 A주식 1주를 살 수 있다.

② 둘째 달에 주식 가격이 900원으로 떨어졌을 때는 1,000원을 가지고 약 1.11주를 살 수 있다물론 실제 주식시장에서 1주 미만은 거래할 수 없으나, 여기서는 예시이므로 1주 미만을 거래한다고 하자. 그러면 첫째 달에 샀던 주식과 합치면 2,000원 투자에 누적 주식 수는 2.11주1주+1.11주가 될 것이고, 주식 가격이 900원으로 하락했으므로 총 평가금액은 2.11주×900원=1,899원이 될 것이다. 그러면 2,000원어치 주식을 샀는데 평가 금액이 1,899원이므로 101원을 손해 본 것이며, 수익률은 -5.05%가 된다.

③ 셋째 달에 주식 가격은 더 하락해서 800원이 되었다고 하자. 똑같이 매월 1,000원어치 주식을 사기로 했으므로 1,000원이면 A주식을 800원에 1.25주를 사게 된다. 그러면 총 3,000원 투자에 A주식을 3.36주1+1.11+1.25를 보유하게 되며, 지금 주식 가격이 800원이므로 평가 금액은 3.36주×800원=2,688원이 되어 평가 금액 2,688원-총 투자 금액 3,000원=-312원이 되어 10.40%의 손해를 보게 된다.

④ 넷째 달에는 주식 가격이 전월보다 100원이 올라 900원이 되었다고 하자. 또 1,000원어치를 900원에 사므로 약 1.11주를 사게 되

며, 4개월째까지 사둔 주식은 총 4.47주가 되고, 평가 금액은 지금 주식 가격이 900원이므로 총 주식수 4.47주×900원=4,023원이 된다. 따라서 4,000원 투자에 23원의 이익으로 보아 총 0.58%의 이익을 보게 된다.

⑤ 다섯째 달에는 A주식 가격이 올라서 최초에 투자했던 1,000원의 가격으로 회복했다고 하자. 그러면 역시 1,000원을 투자해서 1주의 주식을 사게 되며, 5개월째까지 사둔 주식의 합계는 5.47주가 된다. 주식 가격이 현재 1,000원으로 올랐으므로 총 주식 평가금액은 5,470원이 되며, 평가 차익은 470원의 이익를 보게 되어 총 9.40%의 수익을 얻게 된다.

앞의 예시는 쉬운 이해를 돕기 위해 만든 가상의 예라서 눈속임처럼 생각할 수도 있다. 다음은 실제 데이터를 가지고 분석한 자료임으로 좀 어렵더라도 차근차근 이해하면서 읽어주기 바란다.

· **적립식 분산투자 사례 2**개별 주식을 적립식으로 투자

자, 지금부터는 좀 어렵더라도 바짝 긴장하고 이 책을 보자. 앞에서 말한 기본적 분석에 의한 주식 투자 방법이니 워런 버핏의 가치주니 하는 것은 다 잊어버려도 좋다주식 투자가 너무 어려우니 모르면서 함부로 주식 직접 투자하지 말라는 권고사항임. 지금부터 설명하는 적립식 투자 방법이 이 책에서 말하고자 하는 핵심이기 때문이다. 적립식 투자 방법을 올바로 이행하면 연금 2층과 3층, 4층은 완벽하게 구축되어 여러분의 화수분 지갑에 넉넉한 돈을 공급할 것이다.

삼성전자에 1980년 1월부터 2017년 10월까지(454개월) 투자
투자 금액 매월 1,000,000원

개월수	적립투자 년 월	월중 최고가격	A 최고가 매입주식수	월중 최저가격	B 최저가 매입주식수
1	1980년 1월	10,300	97.09	8,000	125.00
2	1980년 2월	10,500	95.24	9,400	106.38
...	...	...		...	
169	1994년 1월	75,000	13.33	56,100	17.83
180	1994년 12월	129,000	7.75	105,100	9.51
201	1996년 9월	67,300	14.86	54,000	18.52
215	1997년 11월	51,400	19.46	37,900	26.39
216	1997년 12월	49,900	20.04	35,100	28.49
217	1998년 1월	93,800	10.66	38,100	26.25
218	1998년 2월	102,000	9.80	73,600	13.59
252	2000년 12월	189,000	5.29	152,000	6.58
255	2001년 3월	221,500	4.51	176,500	5.67
297	2004년 9월	488,000	2.05	428,500	2.33
308	2005년 8월	582,000	1.72	533,000	1.88
322	2006년 10월	669,000	1.49	603,000	1.66
329	2007년 5월	593,000	1.69	525,000	1.90
345	2008년 9월	571,000	1.75	500,000	2.00
346	2008년 10월	560,000	1.79	403,000	2.48
347	2008년 11월	545,000	1.83	411,000	2.43
354	2009년 6월	609,000	1.64	544,000	1.84
361	2010년 1월	850,000	1.18	780,000	1.28
373	2011년 1월	1,014,000	0.99	908,000	1.10
403	2013년 7월	1,352,000	0.74	1,209,000	0.83
416	2014년 8월	1,328,000	0.75	1,221,000	0.82
423	2015년 3월	1,510,000	0.66	1,367,000	0.73
453	2017년 9월	2,684,000	0.37	2,275,000	0.44
454	2017년 10월	2,772,000	0.36	2,607,000	0.38
2017-10-31 종가		2,754,000		2,754,000	

투자현황 정리	매월 최고가에 투자한 A	매월 최저가에 투자한 B
① 매입한 주식 수 합계	11,239.68	13,176.80
② 평가금액(2017.10월말종가)	30,954,078,720	36,288,907,200
③ 투자원금	454,000,000	454,000,000
④ 투자수익	30,500,078,720	35,834,907,200
⑤ 평균매입단가	40,392.62	34,454.50
⑥ 총 투자수익률	6718.08%	7893.15%
⑦ 년 평균수익률	177.57%	208.63%
⑧ A와B의 연평균 수익률 차이	31.06%	투자자 B가 우세

앞의 표는 삼성전자 주식가격을 1980년 1월부터 2017년 10월 말일까지 총 37년 10개월 즉, 454개월 매월별 최고가와 최저가를 각 월별로 100만 원씩 매입하는 것을 집계한 것이다. 이 책에 전체 데이터를 월별로 다 실으면 표만 약 14쪽에 달하기에 데이터를 중간에 표시하지 않은 것뿐이다. 또한 2011년 1월부터 주식 가격이 100만 원을 넘었기 때문에 실제 소수점 주식 거래는 안 되지만 투자 이해를 돕기 위해 소수점 두 자리까지 표시된 주식을 매입한 것으로 표시했다.

삼성전자 주식에 투자하는 A와 B, 두 사람이 있다. A와 B, 두 사람이 매월 100만 원씩 적금식으로 삼성전자 주식을 사서 모으는데 서로 주식을 사는 날은 다르다. 그리고 A는 하는 일마다 머피의 법칙이 적용되어서 매월 1일~말일 중 가장 비싼 가격으로 삼성전자 주식을 사게 되고, B는 매우 똑똑해서 매월 중 제일 낮은 가격에 삼성전자 주식을 샀다고 하자. 그러면 표와 같은 A와 B의 투자 수익을 비교할 수 있다.

① A의 주식 투자 내역을 살펴보자. A는 매월 제일 비싼 가격으로 주식을 사는 것이므로 1980년 1월에 제일 비싼 가격은 1만 300원이므로 100만 원 어치 주식 97.09주(100만 원÷1만 300원=97.09)를 매입했다. 다음달 1980년 2월 역시 제일 비싼 가격은 1만 500원이므로 95.24주를 매입했고, 계속 같은 방법으로 2017년 10월 말까지 454개월 동안 매월 100만 원씩 투자해서 모아놓은 주식을 합치니 1만 1,239.68주가 되었다.

마찬가지로 B의 주식 투자 내역을 살펴보자. B는 매월 제일 싼 가격으로 주식을 사는 것이므로 1980년 1월 제일 싼 가격은 8,000원이다. 그리고 100만 원어치 주식 125주(100만 원÷8,000원=125주)를 매입했다. 그 다음달 1980년 2월에 제일 싼 가격은 9,400원이므로 106.38주를 매입했고 계속 같은 방법으로 2017년 10월 말까지 454개월 동안 매월 100만 원씩 투자해서 모아놓은 주식을 합치니 1만 3,176.80주가 되었다.

② 2017년 10월 31일 삼성전자의 종가(마감 가격)는 275만 4,000원으로 마감되었다. 그러므로 A는 1980년 1월부터 매월 사 모은 주식 1만 1,239.68주가 있으니 주식 총 금액은 309억 5,407만 8,720원(1만 1,239.68주× 275만 4,000원)이나 된다. B 역시 1980년 1월부터 매월 사 모은 주식 1만 3,176.80주가 있으니 주식 총 금액은 362억 8,890만 7,200원(1만 3,176.80주×275만 4,000원)이 된다.

③ A와 B는 매월 100만 원씩 454개월을 투자했으므로 투자 원금 총액은 각각 동일하게 4억 5,400만 원이다.

④ A는 투자 원금 4억 5,400만 원으로 309억 5,407만 8,720원의 재산을 만들었으니 투자 수익은 305억 7만 8,720원(309억 5,407만 8,720원 - 4억 5,400만 원)에 달하고, B 역시 A와 같은 투자 원금으로 362억 8,890만 7,200원의 재산을 만들었으니 투자 수익은 358억 3,490만 7,200원(362억 8,890만 7,200원 - 4억 5,400만 원)에 달한다. 실로 어마어마한 투자 수익이다.

⑤ 그럼 어떻게 이러한 투자 수익이 나올 수 있을까? 그건 삼성전자라고 하는 우량주식 가격이 꾸준히 올라간 역할이 크지만, 투자자 역시 주식 가격이 현재 싼지 비싼지를 고민하지 않고 매월 적금식으로 분할 매수함으로써 평균 매입 가격 하락 효과를 본 덕분이다. 분할 매수 덕분에 A의 삼성전자 매입 단가는 4만 392.62원(투자 원금 4억 5,400만 원÷1만 1,239.68주)이며, B의 매입 단가는 3만 4,454.50원(투자 원금 4억 5,400만 원÷1만

3,176.80주)이 될 수 있는 것이다.

⑥ A와 B는 매월 적립식으로 장기간(37년 10개월) 투자한 덕분에 A는 6,718.08%, B는 7,893.15%라는 놀라운 수익률을 만들 수 있는 것이다.

⑦ 총 수익률을 연평균 수익률로 환산하면 A는 177.57%(6,718.08%÷454개월×12)에 달하며, B는 208.63%(7,893.15%÷454개월×12)이다.

⑧ 매월 최고가에 주식을 산 A와 매월 최저가에 주식을 산 B의 연평균 수익률 차이는 31.06%로 B가 당연히 우세한 것으로 나타났다. 하지만 이는 삼성전자라고 하는 개별 주식에 투자한 성과이며, 개별 주식은 변동성(등락폭)이 심하다 보니 장기 투자임에도 불구하고 A와 B의 연평균 수익률 차이가 크게 차이가 나는 것으로 분석된다. 하지만 개별 주식이 아닌 전체 주식(KOSPI 또는 KOSPI200)에 투자하는 펀드의 경우, 매월 최고가에 투자한 것이나 최저가에 투자한 것의 연평균 수익률 차이가 없다. 이는 잠시 후 주가 지수에 투자한 데이터를 가지고 설명 하겠다.

삼성전자를 1980년부터 37년 10개월 동안 장기 투자한 것으로 가정했으니 위와 같은 수익률 나온 것 아니냐라고 반문할 수 있을 것이다. 그래서 각 년도별1990년부터, 2000년부터, 2010년부터, 그리고 5년간 투자, 3년간 투자, 1년간 투자로 잘라서 투자한 것을 다음과 같이 집계해보았다.

[삼성전자에 매월 적립식으로 투자할 경우 투자 수익률 분석]

삼성전자주식에 매월 투자 기간	투자 방법	총 수익률	연평균 수익률	연평균 수익률 GAP	평균매입단가(원)
1980년 1월부터 2017년 10월 말까지(37년 10개월 투자)	매월 최고가에 매입	6718.08%	177.57%	31.06%	40,392.62
	매월 최저가에 매입	7893.15%	208.63%		34,454.50
1990년 1월부터 2017년 10월 말까지(27년 10개월 투자)	매월 최고가에 매입	1901.09%	68.30%	14.61%	137,625.21
	매월 최저가에 매입	2307.67%	82.91%		114,384.63
2000년 1월부터 2017년 10월 말까지(17년 10개월 투자)	매월 최고가에 매입	354.22%	19.86%	4.98%	606,312.66
	매월 최저가에 매입	442.96%	24.84%		507,215.10
2010년 1월부터 2017년 10월 말까지(7년 10개월 투자)	매월 최고가에 매입	116.82%	14.91%	3.24%	1,270,196.75
	매월 최저가에 매입	142.23%	18.16%		1,136,920.01
2012년 11월부터 2017년 10월 말까지(5년 투자)	매월 최고가에 매입	81.03%	16.21%	3.89%	1,521,267.85
	매월 최저가에 매입	100.47%	20.09%		1,373,748.57
2014년 11월부터 2017년 10월 말까지(3년 투자)	매월 최고가에 매입	74.11%	24.70%	6.24%	1,581,724.82
	매월 최저가에 매입	92.83%	30.94%		1,428,171.92
2016년 11월부터 2017년 10월 말까지(1년 투자)	매월 최고가에 매입	23.78%	23.78%	13.03%	2,224,862.19
	매월 최저가에 매입	36.81%	36.81%		2,013,037.25

표에서 보듯이 A매월 비싸게 사는 투자자가 1980년 1월에 투자를 시작한 경우와 1990년 1월에 투자한 경우의 총 투자 수익률 차이가 4,816.99 퍼센트1980년부터 투자 시작 총 수익률 6,718.08% - 1990년부터 투자 시작 총 수익률 1901.09%나 난다. 그 이유는 삼성전자 주식이 1980년대 5년 동안은 주식 가격이 거의 1만 원 미만, 1985년부터 5년 동안은 5만 원 미만 대에서 움직이다가 1994년 이후부터 10만 원을 넘어섰기 때문에 투자 기간 10년 의 차이가 수익률에 매우 큰 영향을 미친 것이다.

투자자 A가 1990년 1월부터 334개월 동안 매월 100만 원씩 사들인 삼성전자 투자 수익금을 구하면 A의 27년 10개월334개월 동안 투자 총 수익률은 1901.09퍼센트이므로 투자 이익은 63억 4,964만 600원매월 투자 원금 100만 원×334개월×총 투자 수익률 1,901.09%=투자 이익 63억 4,964만 600원이 되고, 투자 원리금은 총 66억 8,364만 600원투자 원금 100만 원×334개월+투자 수익 63억 4,964만 600원이 된다.

결국 매월 100만 원씩 1980년 1월부터 투자한 사람과 1990년 1월부터 투자한 사람의 투자 원금은 1억 2,000만 원밖에 차이가 안 나지만, 10년간 투자 수익 금액은 241억 5,043만 8,120원이나 차이가 난다1980년 부터 투자 수익 305억 7만 8,720원 - 1990년부터 투자 수익 63억 4,964만 600원.

이는 10년이라는 시간이 만들어놓은 엄청난 화폐 가치로, '시간의 화폐가치'를 증명하는 사례라고 할 수 있다. 다시 한 번 재물에 투자하지 말고 시간에 투자하라고 강조한다. 어쨌거나 중요한 것은 투자자 A가 만약 매월 100만 원씩 적립식으로 투자하지 않고 일시에 1,000만 원이나 1억 원을 한 번에 투자했다면 앞에서와 같은 투자 성과를 얻을 수 있을까?

아마 6,000퍼센트의 수익률은커녕 60퍼센트의 수익률도 얻지 못하고 중간에 팔았을 것이다. 이는 앞에서도 계속 설명한 개인 주식 투자자는 투자 심리에 말려들어 오를 때에는 한없이 오를 거 같은 기대감, 떨어질 때에는 투자 원금이 계속 손실을 보고 있는 것에 대한 공포감이 작용하기에 투자 성공보다 투자 실패가 많은 것이다.

그럼 앞 예시와 같이 삼성전자 주식에 적금식으로 투자한 사람이 있을까?

Real Story

K사장1941년생은 경북 울진의 한 산골마을에서 가난한 농부 집안의 5남매 중 둘째로 태어났다. 교육받을 여건이 도저히 안 되었던 K씨는 당시 국민학교초등학교만 졸업하고 부모님을 도와 농사일을 했었다. 하지만 세월이 지날수록 살림 형편이 나아지는 게 없자 돈을 벌겠다며 15세에 도시로 무조건 뛰쳐나간 곳이 대구의 조그만 봉제 공장이었다. 봉제 공장에서 일하다가 사장의 지시로 물건을 배달하기 위해 서울 땅을 처음 밟은 것이 18세였다고 한다.

서울 남대문시장을 구경하던 순간 서울에서 일하는 것이 아무래도 돈을 더 벌 수 있을 거라고 생각했던 것이다. 그는 대구로 다시 내려가 봉제 공장을 그만두고 남대문시장 포목점의 점원으로 일하며 숙식은 포목점에서 해결했다. 이후 군 제대 후 동대문시장의 포목점에서 일하게 되었는데, 1970년대 말 어느 날 동대문시장에 많은 수행원들을 거느린 사람이 동대문시장 이곳저곳을 상인들과 악수하면서 돌아다니고 있었던 것이다.

주변 사람에게 그가 누군지를 물어보니 삼성그룹 고 이병철 회장이었다고 한다. 그에게는 고 이병철 회장이 우상이 되어버렸고 그와 같이 되고자 하는 욕망은 많았으나 현실적으로 할 수 있는 것이 없었다. 그러던 중 시간이 많이 흘러 1985년경 주식을 알게 되었고, 당시 어떻게 투자하는지도 모르는 상황에 명동에 있는 증권회사에 가서 증권회사 직원의 도움으로 삼성전자 주식만 매월 사서 모았다고 한다매월 들어오는 돈의 5~30% 정도.

회사가 부도나면 휴지가 된다는 사실을 알면서도 본인이 존경하는 우상이 경영하는 회사이니 믿고 투자하겠다는 신념 하나로 근 25년 동안 매월 주식을 모아오면서 청계천 인근에 조그마한 건물이 나오면 모 았던 주식을 일부 팔아 건물을 샀다. 매월 적은 푼돈을 모아 25년 동안 삼성전자 주식을 사서 모았더니 한때는 주식 보유 금액이 50억 원을 넘 었을 때도 있었다고 한다. 지금도 삼성전자 주식을 매월 소득 금액의 30퍼센트씩 사고 있으며 삼성전자 주식 포함 청계천 일대에 사두었던 부동산 가치를 합치니 족히 250억 원이 넘는 자산을 일구었다.

그나마 삼성전자는 대표 우량주였기에 지금까지 지속 성장해왔지만 주식시장에서는 대표 우량주라고 추천 받았음에도 불구하고 부도나 파 산으로 상장 폐지되어 휴지 조각으로 사라지는 회사가 매우 많다. 특히 1997년 IMF 외환위기로 대우그룹 등 우량한 기업이라고 했던 거대 기 업이나 절대 망하지 않을 거라는 은행까지 사라진 사례가 많다.

Real Story IMF 외환위기로 지금은 외국계 은행에 매각되었지만 과 거 국내 굴지의 J은행에 근무했을 때의 일이다. 당시 필자 와 같이 근무하던 상사는 매월 월급의 20퍼센트를 J은행 주식을 사서 꾸준히 모아왔다. 그는 부하직원들에게도 적금보다 수익이 좋은 주식 을 매월 사서 모으라고 권유했다. 약 15년 넘게 J은행 주식을 매월 모으 면서 상당한 평가 이익을 보고 있었지만 IMF 외환위기 이후 주가는 거 침없이 빠지고 말았다.

하지만 은행은 절대 망하지 않는다는 신념이 있었고 또한 그곳에서 근무하고 있었기에 은행에서 자본금을 증자할 때마다 신주청약과 우 리사주청약에도 적극 참여하는 투자를 해왔으나 결국 J은행은 매우 낮은 가격에 유상 소각과 감자라는 어려운 결정을 하면서 주식은 거의 휴지 조각이 되고 말았다.

앞의 두 사례는 적립식 투자를 통해 '평균 매입 가격 하락' 효과를 이용해서 가격 위험을 줄이고 수익을 올리기 위한 투자였음에도 불구하고 극과 극을 보여준다. 이는 아무리 적립식 투자라 하더라도 투자 대상으로 선택하는 개별 주식에 따라 운이 좋으면 대박이고, 운이 나쁘면 쪽박이 되는 것이다. 즉, 주식 투자에서 가장 큰 위험은 개별 주식에 대한 위험이다. 개별 주식의 위험이 가장 크기에, 계란을 한 바구니에 담지 말라는 말이 있듯이 여러 종목에 분산 투자하라고 하는 것이다. 그래서 앞에서도 설명한 펀드간접 투자가 그 해답이 되는 것이다. 만일 우리나라 주식시장에 상장된 주식 전부를 펀드에 담아서 적립식으로 투자한다면 어떻게 될까?

적립식 분산 투자 사례 3 종합주가지수(KOSPI)에 적립식으로 투자

다음 표는 앞에서 보여준 삼성전자 주식 투자 방법과 똑같이 KOSPI에 1980년 1월부터 2017년 10월 말일까지 총 37년 10개월 즉, 454개월 매월별 최고지수와 최저지수에 각 월별로 100만 원씩 투자한 것을 집계한 것이다. 앞 삼성전자에서와 같이 투자하는 A와 B, 두 사람이 있다. 두 사람이 매월 100만 원씩 적금식으로 KOSPI를 사서 모으는데, 서로 주식을 사는 날은 다르며 A는 매월 비싸게, B는 매월 제일 싼 가격으로 투자했다. A와 B의 투자 수익을 비교해 보자.

종합주가지수(KOSPI) 1980년 1월부터 2017년 10월까지(454개월) 투자
투자 금액 매월 100만 원

개월수	적립투자 년 월	최고가 지 수	최고가 매입주식수	최저가 지 수	최저가 매입주식수
1	1980년 1월	106.88	9,356	100.00	10,000
2	1980년 2월	106.08	9,427	103.46	9,666
	⋮	⋮	⋮	⋮	
217	1998년 1월	587.99	1,701	372.37	2,686
241	2000년 1월	1,066.18	938	875.82	1,142
286	2003년 10월	793.35	1,260	688.62	1,452
335	2007년 11월	2,085.45	480	1,745.26	573
336	2007년 12월	1,972.37	507	1,808.86	553
346	2008년 10월	1,458.68	686	892.16	1,121
347	2008년 11월	1,217.82	821	914.02	1,094
348	2008년 12월	1,201.14	833	997.00	1,003
349	2009년 1월	1,228.56	814	1,085.72	921
350	2009년 2월	1,227.73	815	1,036.67	965
360	2009년 12월	1,695.33	590	1,541.09	649
371	2010년 11월	1,976.46	506	1,875.34	533
378	2011년 6월	2,152.95	464	2,008.84	498
386	2012년 2월	2,047.43	488	1,947.46	513
403	2013년 7월	1,920.60	521	1,809.72	553
413	2014년 5월	2,022.59	494	1,934.72	517
431	2015년 11월	2,056.12	486	1,942.85	515
444	2016년 12월	2,053.46	487	1,960.65	510
445	2017년 1월	2,091.02	478	2,015.68	496
452	2017년 8월	2,434.47	411	2,310.20	433
453	2017년 9월	2,429.12	412	2,314.31	432
454	2017년 10월	2,528.32	396	2,421.10	413
2017-10-31 종가		2,523.43		2,523.43	

투자현황 정리	매월 최고가에 투자한 A	매월 최저가에 투자한 B
① 매입한 주식 수 합계	1,009,132	1,099,823
② 평가금액(2017.10월말종가)	2,546,473,963	2,775,326,353
③ 투자원금	454,000,000	454,000,000
④ 투자수익	2,092,473,963	2,321,326,353
⑤ 평균매입단가	449.89	412.79
⑥ 총 투자수익률	460.90%	511.31%
⑦ 년 평균 수익률	12.18%	13.51%
⑧ A와 B의 연평균 수익률 차이	연 1.33%	투자자 B가 우세

① A의 주식 투자 내역을 살펴보자. A는 매월 제일 비싼 지수로 주식을 사는 것이므로 1980년 1월에 제일 비싼 가격은 106.88원이므로 100만 원어치 주식 9,356주(100만 원÷106.88원=9,356주)를 매입했다. 1980년 2월 역시 제일 비싼 가격은 106.08원이므로 9,427주를 매입했고 계속 같은 방법으로 2017년 10월 말까지 454개월 동안 매월 100만 원씩 투자해서 모아놓은 주식을 합치니 100만 9,132주가 되었다.

마찬가지로 B의 주식 투자 내역을 살펴보자. B는 매월 제일 싼 지수 가격으로 주식을 사는 것이므로 1980년 1월에 제일 싼 가격은 100원이므로 100만 원어치 주식 1만 주(100만 원÷100원=1만 주)를 매입했다(참고로 1980년 1월에 우리나라 주가지수 100으로 시작함).

다음달 1980년 2월에 제일 싼 가격은 103.46원이므로 9,666주를 매입했고 계속 같은 방법으로 2017년 10월 말까지 454개월 동안 매월 100만 원씩 투자해 모아놓은 주식을 합치니 109만 9,823주가 되었다.

② 2017년 10월 31일 KOSPI 종가(마감 가격)는 2523.43으로 마감되었다. 그러므로 A는 1980년 1월부터 매월 사 모은 주식 100만 9,132주가 있으니 주식 총 금액은 25억 4,647만 3,963원(100만 9,132주×2,523.43)이 된다. B 역시 1980년 1월부터 매월 사 모은 주식 109만 9,823주가 있으니 주식 총 금액은 27억 7,532만 6,353원(109만 9,823주×2,523.43)이 된다.

③ A와 B는 매월 100만 원씩 454개월간 투자했으므로 투자 원금 총액은 각각 동일하게 4억 5,400만 원이다.

④ A는 투자 원금 4억 5,400만 원으로 25억 4,647만 3,963원의 재산을 만들었으니 투자 수익은 20억 9,247만 3,963원(25억 4,647만 3,963원 - 4억 5,400만 원)에 달하고, B 역시 A와 같은 투자 원금으로 27억 7,532

만 6,353원의 재산을 모았으니 투자 수익은 23억 2,132만 6,353원(27억 7,532만 6,353원-4억 5,400만 원)에 달한다. 앞의 삼성전자 주식에 투자한 것에 비하면 매우 적지만 그래도 상당한 투자 수익이다.

⑤ KOSPI 투자자 역시 주식 가격이 현재 싼지 비싼지를 고민하지 않고, 매월 적금식으로 분할 매수함으로써 평균 매입 가격 하락 효과를 본 덕분에 상당한 투자 수익을 얻을 수 있었다. 분할 매수 덕분에 A의 KOSPI 매입지수 단가는 449.89원(투자 원금 4억 5,400만 원÷100만 9,132주)이며, B의 매입지수 단가는 412.79원(투자 원금 4억 5,400만 원÷109만 9,823주)이 될 수 있는 것이다.

⑥ A와 B는 매월 적립식으로 장기간(37년 10개월) 투자한 덕분에 A는 460.90%, B는 511.31%라는 수익률을 만들 수 있다.

⑦ 총 수익률을 연평균 수익률로 환산하면 A는 연 12.18%(460.90%÷454개월×12)에 달하며, B는 13.51%(511.31%÷454개월×12)이다.

⑧ 매월 최고가 지수에 주식을 산 A와 매월 최저가 지수에 주식을 산 B의 연평균 수익률 차이는 1.33%로 B가 당연히 우세한 것으로 나타났다. 앞의 삼성전자 주가와 비교하면 많이 비교가 될 것이다. 하지만 KOSPI지수에 투자하는 거래를 잘못한 것이 아니다. 삼성전자 개별주식 위험이 KOSPI지수에는 없기 때문에 수익률 차이가 큰 것이다. 개별주식은 부도·감자·상장폐지 등의 위험이 있으나, KOSPI지수에는 그러한 위험이 작기 때문에 수익률 차이가 나는 것이다.

여기서도 KOSPI를 1980년부터 37년 10개월 동안 너무 장기 투자한 것으로 가정했으니 위와 같은 수익률이 나온 것이 아니냐고 반문할 수

있을 것이다. 마찬가지로 앞 삼성전자 주식투자 시뮬레이션처럼 각 년

도별1990년부터, 2000년부터, 2010년부터, 그리고 5년간 투자, 3년간 투자, 1년간 투자로

잘라서 투자한 것을 집계해보았다.

한국 종합주가지수(KOSPI)에 매월 적립식으로 투자할 경우 투자 수익률 분석

KOSPI 지수에 매월 투자	투자 방법	총 수익률	연평균 수익률	연평균 수익률 GAP	평균 매입단가
1980년1월부터 2017년 10월 말까지 (37년 10개월 투자)	매월 최고지수에 매입	460.90%	12.18%	1.33%	449.89
	매월 최저지수에 매입	511.31%	13.51%		412.79
1990년1월부터 2017년 10월말까지 (27년10개월 투자)	매월 최고지수에 매입	153.17%	5.50%	1.23%	996.71
	매월 최저지수에 매입	187.53%	6.74%		877.64
2000년1월부터 2017년 10월말까지 (17년10개월 투자)	매월 최고지수에 매입	100.17%	5.62%	1.31%	1,260.67
	매월 최저지수에 매입	123.50%	6.93%		1,129.06
2010년1월부터 2017년 10월말까지 (7년 10개월 투자)	매월 최고지수에 매입	24.67%	3.15%	1.01%	2,024.11
	매월 최저지수에 매입	32.58%	4.16%		1,903.33
2012년11월부터 2017년 10월말까지 (5년투자)	매월 최고지수에 매입	21.94%	4.39%	1.24%	2,069.46
	매월 최저지수에 매입	28.11%	5.62%		1,969.69
2014년11월부터 2017년 10월말까지 (3년투자)	매월 최고지수에 매입	19.82%	6.61%	2.02%	2,105.99
	매월 최저지수에 매입	25.89%	8.63%		2,004.52
2016년11월부터 2017년 10월말까지 (1년투자)	매월 최고지수에 매입	11.63%	11.63%	5.01%	2,260.62
	매월 최저지수에 매입	16.64%	16.64%		2,163.51

이 표에서는 각 투자기간 별 '연평균 수익률 GAP'과 '평균매입단가'를 눈여겨보기 바란다. 먼저 '연평균 수익률 GAP'을 보면 2016년 11월부터 2017년 10월까지 1년 동안 매월 최고지수에 투자한 A와 매월 최저지수에 투자한 B의 연평균 수익률 GAP은 5.01%에 달한다. 아울러 3년 투자 시 2.02%, 5년 투자 시 1.24%, 7년 10개월 투자 시 1.01%, 17년 10개월 투자 시 1.31% 등 장기 투자할수록 A와 B의 투자수익률 차이가 많이 나지 않는 것을 알 수 있다.

또 한 가지 '평균 매입단가'를 보면 매월 최고지수에 투자한 A의 1년 단기투자 평균매입단가지수는 2260.62에서, 3년 투자 시 2105.99, 5년 투자 시 2069.46, 7년 10개월 투자 시 2024.11처럼 장기 투자로 흐를수록 평균매입단가가 작아지는 것을 알 수 있다.

그러면 여기서 한 가지 힌트를 얻을 수 있을 것이다. 증권전문가가 자산 관리하는 펀드라 해도 주식시장의 방향상승과 하락에 반응하므로, 1,000만 원 또는 1억 원 등 목돈을 한꺼번에 투자할 때에는 주식시장의 고점과 저점을 파악하는 투자 타이밍이 중요하다.

하지만 푼돈을 목돈으로 만들기 위해 적립식으로 펀드에 장기투자할 때에는 지금 주가가 싼 건지 비싼 건지, 향후 주식시장이 좋을지 나쁠지, 훗날 국내외 경제가 좋아질지 나빠질지, 이후 미국과 중국 간 경제 주도권이 어떻게 변할지 등 그런 **쓸**데없는 **고민**을 할 필요 없이 **적**립식펀드에 하루라도 빨리 **투자**하라는 것이다. 위 적립식 펀드의 투자 사례에서 시간의 화폐 가치를 파악했을 것이다. 1년, 3년, 5년, 10년 등 오랜 기간 투자할수록 늘어나는 수익에서 시간의 가치가 산출되는 것이다.

2006~2007년에 유행했던 중국 주식에 투자하는 펀드연 평균 50% 수익가 2008년 글로벌 금융위기로 수익률이 마이너스 70퍼센트까지 곤두박질쳐서 대한민국이 떠들썩했다. 증권 창구에서 1시간 넘게 기다려 중국펀드, 브릭스펀드에 가입했는데, 가입한 지 불과 1년도 안 되어 유행 따라 가입한 펀드가 깡통펀드가 된다는 말이 현실이 되었던 것이다. 하지만 중국 주식 주가하락으로 평가 손실이 많이 났음에도 불구하고 꾸준히 적립식으로 투자를 매월 계속한 투자자들은 원금 손실은커녕 2010년경 10~30퍼센트의 이익을 보고 빠져나왔다.

지금까지 살펴본 바와 같이 적립식 주식형펀드는 장기투자 시 마술처럼 수익률이 나와서 저축과 투자가 겸비된 금융 상품이므로, 푼돈을 목돈으로 모으기에 매우 훌륭한 재테크 수단이라 할 수 있다. 지금 주가를 묻지도 말고 따지지도 말고 매월 꼬박꼬박 적금식으로 펀드에 투자하면 상당한 투자 수익을 얻을 수 있다. 이것이 바로 적립식펀드의 우수성임을 보여주기 위해 이렇게 복잡하고 어려운 증명을 한 것이다. 다시 한 번 푼돈을 목돈으로 만드는 최고의 재테크 수단은 적립식펀드임을 강조한다. 그것도 채권형펀드나 혼합형펀드가 아니고 반드시 주식형펀드로 투자할 것을 권한다.

그럼 모든 적립식 주식형펀드에 투자하면 무조건 이익을 보나? 아무런 주식형펀드에 적립식으로 투자해서 무조건 이익을 본다면 자본 시장의 제로섬게임은 존재하지 못할 것이다.

종목분산투자는 펀드매니저에게, 펀드 분산투자는 펀드 쪼개기로

주식형펀드도 주식에 투자하는 위험 자산임에는 변함이 없다. 단지 펀드 안에 많은 종목을 담고, 적립식투자로 평균매입단가를 낮춰 위험을 줄이고 수익을 극대화시키는 투자 방법일 뿐이다.

따라서 주식형펀드의 유형에 따라 수익률 역시 차이가 많이 발생하기에 단기적으로 손실이 날 수도 있다. 즉, 글로벌 자본시장 상황에 따라 국내펀드와 해외펀드의 수익률이 다르고, 앞에서 말한 주식형펀드의 종류 중 인덱스펀드와 액티브펀드의 일종인 가치주펀드, 배당주펀드, 성장주 펀드, 중소형주펀드 등 다양한 종류의 펀드 간 수익률은 천차만별이다. 특히 액티브펀드는 펀드를 운용하는 펀드매니저의 주관이 작용하기에 펀드매니저 역량과 자산운용사내 펀드매니저의 이직률 및 위험관리 시스템에 따라 수익률이 많이 달라진다.

그래서 펀드도 다시 분산 투자하는 지혜가 필요하다. 예를 들어 한 달에 50만 원을 적립식펀드에 투자한다고 할 때 한 종류의 펀드에만 적립식으로 매월 입금하지 말고, 종류가 다른 다섯 개의 펀드를 만들어 각각 10만 원씩 투자해보자. 이후 목표 수익률이 달성되면 수익을 달성한 펀드는 해지해서 목돈을 만들고 해지한 펀드는 또다시 가입하는 방법을 반복하는 것이다.

2장의 적금통장 쪼개기 방법에서 적금통장을 기간별로 나눠 여러 개를 만들어 입금하다가 만기가 되면 해지해서 목돈으로 만들고, 해지한 적금을 다시 가입하는 방법과 동일한 방법이다. 대한민국에서 운용되는 펀드의 개수는 상장된 주식 종목 수보다 많다고 했다. 주식 종목보다 많은 펀드를 언제 연구해서 가입할 것인가? 주식에 직접 투자하는 것보다 쉽고 안전하게 수익을 올리려고 펀드에 투자하는 것 아닌가?

그래서 펀드의 여러 종류를 알려 하지 말고 푼돈으로 목돈을 만들 목적의 적립식 투자는 아래 세 가지만 염두에 두고 주식형펀드에 투자할 것을 권한다.

① 환매수수료 없는 주식형펀드
② 무조건 인덱스펀드만 투자
③ 국내펀드와 해외펀드에 분산해서 투자 해외펀드는 두 개 이상 국가에 분산

매월 50만 원씩 적금할 때 투자방법(예시)

투자 대상	은 행 정기적금	한 국 주식형펀드	미 국 주식형펀드	중 국 주식형펀드	베트남 주식형펀드	금 (Gold)
목표기간	1년	3년 이상				
매월 투자금액	10만원	10만원	10만원	5만원	5만원	10만원
목표 수익률	2%	10%	10%	10%	10%	10%

① 앞 표와 같이 은행 적금을 비롯해 여러 개 펀드로 쪼개서 50만 원
을 가입한다.

② 은행 정기적금만 예금 만기일자라는 것을 정해야 하고, 다른 펀
드나 금 투자 통장은 만기라는 의미가 없다. 단지 금융기관에서
형식상 만기를 임의 지정토록 하고 있으며, 이렇게 지정한 만기
가 되었다고 펀드를 해지할 필요는 없다. 임의 지정한 만기를 재
연장하면 계속 적립식으로 입금할 수 있다. 정기적금은 약정이자율을
지급, 다른 펀드나 금은 전부 투자수익금 지급으로 만기 의미가 없음

③ 한국이나 해외 주식형펀드는 전부 인덱스펀드한국은 KOSPI, 또는
KOSPI200로 가입한다.

④ 위와 같이 가입하고 1년 내지 2년 정도 지나면 펀드 중 평가이익
이 난 펀드가 있고 평가손실이 난 펀드도 있을 것이다. 1년 은행
정기적금이 만기가 되는 날 만기적금을 해지해서 목돈을 만들어
따로 통장에 보관하고, 다시 1년 만기 10만 원짜리 정기적금에
가입하면서 다른 펀드 상태를 점검해본다.

⑤ 1년 반 정도 되었는데 한국 주식형펀드에 투자해서 10퍼센트 목

표 수익률을 달성하면 펀드를 해지해 목돈을 따로 챙겨두고, 다시 10만 원씩 납입하는 한국 주식형펀드에 가입한다. 미국이나 중국 등 해외 주식형이 마이너스 수익률이더라도 계속 불입한다.

⑥ 3년이 되었음에도 펀드 수익률이 마이너스라고 해지하는 어리석은 일을 하지 말고, 펀드 만기 연장을 해서라도 계속 적립할 것을 권한다. 마이너스가 더욱 심하게 난 펀드가 있다면 금융기관 직원한테 펀드보고서를 받아서 상담을 해보되, 두려워하지 말고 계속 적립 투자할 것을 권한다. 펀드 손실이 장기화될 때 회복 속도가 빠른 것이 인덱스펀드다. 인덱스펀드는 펀드매니저가 변경되어도 펀드 관리에 큰 무리가 없다. 그러나 액티브펀드는 펀드매니저 이직이나 펀드 내 대형자산 부실 시 회복하는 데 시간이 많이 걸리거나 회복을 못하는 펀드도 있다. 그래서 인덱스펀드에 투자할 것을 권한다.

펀드가 마음에 들지 않는다면 ETF에 투자하라

지금까지 펀드의 장점으로, 적은 투자 금액으로도 증권운용전문가들을 고용하고, 그들이 수익 날 주식을 수십에서 수백 종목 발굴해서 펀드에 담아 많은 종목을 분산투자로 관리해준다고 했다. 하지만 펀드의 단점으로는 해지하고자 하는 시점의 시세를 반영하지 못하고, 별도로 마감 시세를 반영하거나 해외펀드의 경우 며칠 뒤 시세가 반영되는 단점이 있고, 입금 3개월 이내 해지할 때 환매수수료를 떼는 펀드가 있는 등 펀드수수료로 인한 불편한 진실이 있다. 물론 펀드 해지를 요청했을 때보다 운이 좋아 좀 더 높은 시세로 마감되면 장점이 될 수 있지만, 어쨌거나 내가 원하는 가격에 해지하지 못하는 부분은 불편하다.

펀드의 이러한 단점을 보완한 것으로 ETF가 있다. ETF_{Exchange} _{Traded Funds, 상장지수펀드}란 특정 주가지수와 연동되는 수익률을 얻을 수 있도록 설계된 펀드로서 거래소에서 '주식처럼 거래되는 펀드'를 말한다.

즉, KOSPI200과 같은 특정 주가지수의 수익률을 따라가는 지수연동형펀드를 만든 뒤 이를 증권거래소를 통해서 매매하는 금융 상품인데 매매 방법도 일반 주식같이 증권사에 직접 주문하거나 HTS 또는 전화로 매매가 가능하다. 2007년 필자가 쓴《대한민국 재테크 생활백서》에 ETF를 소개할 때만 해도 12종목밖에 없었으나 10년이 지난 2017년 10월말 현재 국내 ETF 217개_{주식 144, 채권 21, 레버리지·인버스 35, 액티브 7 등} 및 해외 ETF 90개_{주식 55, 원자재 11, 레버리지·인버스 20 등}로 총 307개 종목이 상장되어 있으니 투자의 폭은 매우 넓어졌지만 개인 투자자들은 무엇을 골라야 할지 판단하기 더욱 어려워졌다.

따라서 적립식 투자를 위한 ETF를 추천한다면 간단하게 아래 표의 ETF를 추천하며 이 책에서 ETF를 자세히 기술하기에는 지면상 어려움이 있다는 점을 양해 바란다.

종목명	투자 국가	기초지수명	자산 운용 회사	투자시 참고
KODEX인버스	한국	코스피 200 선물지수	삼성	하락예상에 투자
KODEX 코스닥150선물인버스	한국	코스닥 150 선물지수		
KODEX레버리지	한국	코스피 200		폭등예상에 투자(2배 변동)
KODEX코스닥150레버리지	한국	코스닥 150		
KODEX 200	한국	코스피 200		
TIGER 코스닥150	한국	코스닥 150	미래 에셋	상승예상에 투자
TIGER글로벌4차산업혁신기술 (합성H)	글로벌	MorningStarExponential TechnologiesIndex(PR)		
TIGER 차이나CSI300	중국	CSI 300 Index		
TIGER헬스케어	한국	KRX 헬스케어		
TIGER 중국소비테마	중국	FnGuide 중국내수테마 지수		
TIGER인도니프티50레버리지(합성)	인도	Nifty 50 Index		
TIGER 유로스탁스50(합성 H)	유로	EURO STOXX 50 Index		
KODEX 일본TOPIX100	일본	TOPIX100	삼성	
KODEX 골드선물(H)	미국 (골드)	S&P GSCI Gold Index(TR)		
KINDEX 베트남VN30(합성)	베트남	VN30 Index(PR)	한국 투자 신탁	
KINDEX S&P아시아TOP50	아시아	S&PASIA50 PriceReturnIndex		
KINDEX 중국본토CSI300	중국	CSI 300 Index		
KINDEX러시아MSCI(합성)	러시아	MSCIRussia25% CappedPrice Return Index		
KINDEX 인도네시아MSCI(합성)	인도 네시아	MSCI Indonesia Index		
ARIRANG 미국S&P500(H)	미국	S&P 500	한화	

앞의 ETF 추천 종목이 절대적은 아니지만 적립식 장기 투자 시 상대적 수익이 높을 수 있고, 특히 적립식투자는 변동성가격의 오르고 내림 현상이 클수록 투자 효과가 크기에 시장가격에 두 배 정도 변동하는 레버리지 ETF를 권한다.

몰라도 되지만 알면 유익한 TIP

ETF의 장점은?

① ETF는 개별주식처럼 증권시장에서 실시간으로 거래되기 때문에 언제든지 원하는 가격으로 매매가 가능하다는 점이 일반 주식형펀드에 비해 장점으로 꼽히고 있다.

② 현재 KOSPI 시장에는 반도체, 금융, 자동차, 바이오 등 업종별로 투자가 가능한 '섹터ETF'와 해외주가를 추종하는 ETF가 상장되어 있어서 ETF에 대한 투자 선택의 폭도 넓어졌다. 따라서 매월 일정 금액으로 주식을 사서 모으는 적립식 주식투자로도 ETF는 큰 무리가 없는 금융상품이다.

③ 과거에는 주가지수를 반영하는 수익률 이상은 기대할 수 없었고, 지수가 내려가면 수익을 내는 ETF가 없었으나, 이제는 레버리지ETF(지수 변동의 2배 효과)와 인버스ETF(지수 하락 시 이익)가 있어서 다양한 ETF 투자가 가능하다

④ 매매수수료는 일반 주식거래 수수료와 동일하며, ETF도 간접투자 상품이기에 평균 0.5% 정도의 운용보수가 있다. 따라서 간접투자 상품을 운용함에 있어서 수수료는 별도의 판매 수수료가 없으므로 저렴한 비용으로 펀드에 가입할 수 있다.

ETF의 단점은?

① 자본시장과 금융투자업에 관한 법률에 따라 ETF도 상장폐지 위험이 있다. 2016년 4월에도 KINDEX 코스닥스타, KINDEX 성장대형 F15, KINDEX 선진국하이일드(합성H)가 상장 폐지되었다. 그러나 ETF가 상장 폐지된다고 해서 일반기업들 부도로 인한 상장폐지처럼 되는 것은 아니며, 펀드의 순자산가치(NAV)에 준하여 현금으로 해지 상환금을 받을 수 있다. 단, 장기 분할 매수(적립식) 방식으로 투자한 경우 평균 매수가와 순자산가치 간의 차이가 벌어질 수 있으며, 평균매수가와 NAV 간의 차이가 곧 손실이나 이익으로 돌아오기 때문에 장기분할 매수 방식으로 투자하는 본래의 목적이 중간에 사라지게 됨을 주의해야 한다.

ETF와 비슷한 ETN도 있던데?

ETN(Exchange Traded Note, 상장지수채권 또는 상장지수증권이라 부름)은 ETF와 마찬가지로 거래소에 상장되어 실시간 매매가 되는 파생결합증권이다. ETF와는 다르게 ETN에는 만기가 있고 기초자산 수익률과의 차이(ETF의 추적오차율)가 없으며, ETF는 자산운용사가 발행하고 운용은 증권사가 하는 반면 ETN은 증권사가 발행하고 운용한다는 차이가 있다. 여기서 ETN은 ETF와 달리 증권사의 신용위험이 따른다. 즉 ETN은 발행회사인 증권회사가 파산하면 ETN 투자자자는 돈을 돌려받지 못하는 위험이 따른다.

은행 정기적금 투자이익은 왜 적은가?

적립식펀드의 연평균 투자 수익률이 은행 정기적금의 연이율과 별반 차이가 없는 것 같은데, 굳이 원금을 손해볼 위험이 있는 펀드보다 은행 정기적금이 좋은 것 아닌가? 앞에서 적립식펀드의 연평균 수익률은 총 투자기간에 대한 수익률을 1년 수익률로 환산한 것이다. 반면 적금이자는 매번 입금한 것을 입금한 날부터 이자를 지급하는 날까지의 기간에 대하여 일수 계산해서 이율을 곱하는 방식이다.

다음 표의 예시를 살펴보자. 연 5퍼센트의 이자를 받는 은행 적금에 연초에 매월 100만 원씩 입금했을 때 이자 계산 방식이다.

매월 50만 원씩 적금할 때 투자방법(예시)

입금 월	입금액	금리	예치기간	이자계산식	이자
1월 입금	100만원	5.00%	12개월	100만원×5%×12개월÷12 =	50,000
2월 입금	100만원	5.00%	11개월	100만원×5%×11개월÷12 =	45,833
3월 입금	100만원	5.00%	10개월	100만원×5%×10개월÷12 =	41,667
4월 입금	100만원	5.00%	9개월	100만원×5%×9개월÷12 =	37,500
5월 입금	100만원	5.00%	8개월	100만원×5%×8개월÷12 =	33,333
6월 입금	100만원	5.00%	7개월	100만원×5%×7개월÷12 =	29,167
7월 입금	100만원	5.00%	6개월	100만원×5%×6개월÷12 =	25,000
8월 입금	100만원	5.00%	5개월	100만원×5%×5개월÷12 =	20,833
9월 입금	100만원	5.00%	4개월	100만원×5%×4개월÷12 =	16,667
10월입금	100만원	5.00%	3개월	100만원×5%×3개월÷12 =	12,500
11월입금	100만원	5.00%	2개월	100만원×5%×2개월÷12 =	8,333
12월입금	100만원	5.00%	1개월	100만원×5%×1개월÷12 =	4,167
합 계	1,200만원	2.71%			325,000

① 1년 뒤 만기가 되어 적금 이자 계산 방식을 살펴보면 맨 처음에 입금한 1월 입금 건은 예치했던 기간이 12개월에 달하므로 12개월 치 이자를 다 받아 5만 원의 이자를 받는다100만 원×5%×12개월÷12=5만 원

② 2월 입금 건은 예치했던 기간이 11개월에 달하므로 11개월치 이자 4만 5,833원을 받고, 3월 입금건은 10개월 치 4만 1,667원을 받는다.

③ 맨 마지막 12월 입금 건은 예치했던 기간이 1개월밖에 안 되므로 1개월 치 이자 4,167원이 생기는 것이다.

④ 이렇게 계산되어 모은 이자를 합치면 총 32만 5,000원이 되며, 이를 연평균 이자율로 계산하면 2.71%가 된다32만 5,000원÷납입 총 원금 1,200만원=2.71%

이처럼 원금이 보장되고 약정이율 지급 방식의 적금이나 예금은 돈을 예치한 기간만큼 일수 계산된다. 반면 펀드에서는 돈을 입금했던 예치기간과 상관없이 납입한 총 원금 대비 해지 때 받는 납입 원금과 수익금이 총 얼마인지를 단순 계산해서 수익률을 계산한다수익금÷투자 원금=수익률.

앞에서 1980년 1월부터 매월 100만 원씩 454개월 동안 최고가 종합주가지수에 투자한 A는 투자 수익금만 20억 9,247만 3,963원에 달하고, 이를 연평균 수익률로 계산하면 12.18퍼센트였다.

만일 12.18퍼센트 이자율로 안전한 정기적금에 매월 100만 원씩 454개월 동안 투자했다면 이자가 얼마일까? 세금 공제하기 전 이자는

10억 4,834만 2,750원이다.

은행 적금 이자에 대하여는 세금을 납부해야 한다. 단순하게 세금 계산했을 때 이자가 5억 원이 넘으니 종합소득 최고세율 44퍼센트주민세 10%를 포함한 세금 4억 2,893만 810원를 떼고 나면 남는 이자는 6억 1,941만 1,940원이 된다금융소득 종합과세의 정확한 계산을 위해서는 많은 자료가 필요하나 여기서는 단순 세율만 적용함.

한편 한국 주식에 투자하는 펀드의 수익에 대한 세금은 매우 적어서펀드에 편입된 주식의 배당소득과 채권 이자소득만 세금 납부, 종합소득세에 대한 세금 부담이 거의 없다. 따라서 세금까지 감안하면 1980년 1월부터 454개월 동안 적립식펀드에 투자한 것이 적금에 투자한 것보다 14억 7,306만 2,023원투자자 A의 펀드투자이익 20억 9,247만 3,963원 - 적금은 세금 납부 후 이자 6억 1,941만 1,940 원이나 더 많은 투자 수익을 얻는 것이다.

자, 이제 잠시 앞으로 돌아가자. 2장에서 푼돈을 목돈으로 만들어주는 두 가지 전략에 있는 '①저축으로 목돈 만들기' 중 목표기간의 ③2년 이상, 5년=적립식 주식형펀드에 50퍼센트 가입을 권하는 이유가 여기에 있기 때문이다. 여러분은 장기간 투자하는 돈을 이자가 적지만 원금 보장되는 은행 적금에 투자할 것인가? 아니면 원금 보장은 안 되지만 위험을 최소화시키면서 수익을 많이 올릴 수 있는 주식형펀드에 투자할 것인가?

[은행 정기적금 이자 계산식]

정기적금 이자 = 월납금액 × {(계약월수 × (계약월수 +1))÷2} × 연이율 ÷12

① 앞 KOSPI 지수에 매월 최고점으로 적립식 투자한 A의 연평균 수익률 12.18%로 동일 기간(1980년 1월부터 2017년 10월 말까지 454개월 동안) 매월 100만 원씩 적금했을 경우 이자는?

100만 원 × {(454개월 × (454개월 +1))÷2} × 연이율 12.18% ÷12 = 10억 4,834만 2,750원

② 1980년도에는 고금리 시대라 이자가 높았을 거다. 그래서 연 20% 이자율로 계산한 이자 금액은?

100만 원 × {(454개월 × (454개월 +1))÷2} × 연이율 20% ÷ 12 = 17억 2,141만 6,666원의 이자를 받음

최고점 투자자 A의 수익보다 3억 7,105만 7,297원 적음(A의 펀드이자 20억 9,247만 3,963원-적금이자 17억 2,141만 6,666원)

②-① 적금이자에는 세금이 붙으므로 세금은?

(이자 17억 2,141만 6,666원 × 세율 40% - 누진금 2,940만 원) × 110%(주민세 가산) = 7억 2,508만 3,320원

②-② 세금 빼고 난 적금이자는?

세금 전 이자 17억 2,141만 6,666원 - 세금 7억 2,508만 3,320원 = 9억 9,633만 3,346원

최고점 투자자 A의 투자수익보다 10억 9,614만 617원 적음((A의 펀드이자 20억 9,247만 3,963원 - 세금 뺀 이자 9억 9,633만 3,346원)

자! 이렇게까지 설명했는데도 푼돈을 목돈으로 만들 때 적립식펀드에 투자하지 않고 적금으로 투자할 것인가?

① 푼돈으로 목돈 만들기 방법으로는 정기적금에 가입하는 것보다 한국주식형, 해외주식형, 금(gold) 등 여러 개 펀드에 적립식으로 가입할 것을 권장한다. 적립식펀드는 투자기간을 따로 정해놓지 않는다. 따라서 수익이 많이 나오고 목돈이 웬만큼 모였다고 판단되면 펀드를 해지해서 목돈 투자전략으로 바꾸는 것이 훌륭한 돈 관리 방법이다.

② 푼돈으로 목돈 만들기 방법에서 목표 금액보다는 목표기간을 나눠 통장을 쪼개어 가입하는 게 좋다고 했다. 펀드도 마찬가지이다. 적립식펀드도 통장을 관리할 수 있을 만큼 쪼개어 관리하면서 긴급자금 필요 시마다 적당히 펀드를 해지하는 것이 좋으며, 펀드투자의 분산차원에서도 바람직하다.

③ 누구나 워런 버핏처럼 갑부가 될 수 있다. 단, 투자의 두려움과 욕심과 조급증을 버려야 한다. 버핏은 약 50년 이상 주식투자를 하면서 연평균 100% 이상의 수익을 올린 적이 단 한 번도 없다. 단지 1년 평균 20~30% 정도 수익을 올리면서 단 한 번도 손실을 보는 투자는 하지 않았다. 이는 투자기간 중간에 평가손실이 났다고 주식을 처분하는 것이 아니라 장기적 관점에서 보고 투자하기에 성공할 수 있었다.

주식형펀드 역시 지식으로 하는 투자가 아니라 인내와 끈기로 하는 투자이다.

[SUMMARY of Chapter 1~3]

지금까지 이 책에서 전달하고자 하는 내용을 잠시 정리하고 넘어가자.

① 이 책을 통해 재테크 하고자 하는 가장 큰 목표는 노후에 돈이 마르지 않는 '화수분 지갑'을 만드는 것이다. '화수분 지갑'의 돈은 여섯 종류의 연금이 공급해줄 것이니 연금 6층탑을 만드는 것이 목표다.

② 우리나라는 현재 일할 수 있는 젊은이가 늘어나는 속도보다 고령화 속도가 더 빠르기에 돈 없이 오래 사는 위험을 줄이기 위해 한 살이라도 젊을 때 '화수분 지갑'을 만들어나가야 한다. 1장에서 시간의 화폐 가치를 말하면서 "별로 신경 쓰지 않고 선택한 재테크 방법이 한참 지나서 잘못되었음을 깨닫게 되었을 때 다시 원점으로 돌아가 시작할 수 없다"고 했다. 이에 대한 설명이 앞에서 분석한 적립식펀드 투자분석 사례_{삼성전자투자, KOSPI 투자, 은행정기적금투자}이다. 오랜 기간 투자했을 때 삼성전자에 투자한 경우와 은행 정기적금에 투자한 걸 비교해보자. 최초에 선택한 자산이 가져다주는 수익률의 엄청난 차이를 느꼈을 것이다. 하지만 삼성전자 등 개별 주식은 수익이 많지만 위험하니 KOSPI에 투자할 것을 권하면서 KOSPI 투자와 은행적금도 투자 비교하면서 펀드의 우월성에 대해 알아보았다. 펀드가 싫으면 ETF에 적립식 투자하는 대안도 제시했다.

③ '화수분 지갑'을 만드는 데 있어서 벌어들이는 돈의 양보다 들어온 돈을 얼마나 잘 관리해야 하는지 여러 사례를 통해 알아봤다. 돈 관리 핵심 중의 하나는 소비 절제 또는 절약이었음을 세계 갑부들의 절약 생활을 통해 살펴보았고, 생활의 일시적 불편함은 돈으로 보상되는 사례도 있었다.

④ 돈 관리의 중요성 중 또 하나는 돈의 이동이었다. 자본주의사회에서는 결국 돈을 벌어야 하므로 서로 다른 사람 주머니돈을 내 주머니로 옮기는 일을 하고 있다. 뉴턴, 아인슈타인, 노벨경제학 수상자 등 세계 천재들의 주식투자 실패 사례를 설명하면서 개인들 주식투자는 지식이 아님을 설명했다. 아울러 나에게 들어오는 주식투자 정보는 내 주머니를 털려고 하는 것이니 조심하라고 했다.

⑤ 그래도 돈을 모으려면 주식투자는 반드시 필요한 것이므로, 주식의 기술적 분석이나 유료 주식정보 제공 사이트에 사기당하지 말고 회사의 기본적 분석을 통해 주식을 선정하는 워런 버핏의 가치주투자 방법이 정석 투자임도 살펴보았다. 하지만 전업 투자가가 아니면 매우 어려우니 증권운용전문가에게 맡기는 간접투자펀드 방식을 설명했으며 푼돈을 목돈으로 만드는 가장 훌륭한 방법이 적립식펀드ETF 포함임을 설명했다.

⑥ 푼돈으로 목돈을 모으는 가장 좋은 재테크 수단이 적립식펀드라

해도, 모든 재테크의 기본은 자기 집부터 마련하고 재테크를 하라고 강조했다. 심지어 대출받아 목돈 만들기 방법을 설명하면서 여러 상황청담동 주택 구입 사례처럼 대출받아 구입한 집은 월세를 주고, 집주인은 전세가 저렴한 곳으로 이사하는 등을 고려해서 대출 원금과 이자를 갚아나가라고 했다. 여기서 집값이 떨어질 것은 걱정하지 말라고도 했다. 집값이 떨어져도 내 집은 훗날 연금 5층에 해당하는 주택연금에 해당되어 화수분 지갑에 돈을 채워줄 거라고 설명했다. 아울러 내 집이 하나 있으면 이사를 통해 집을 늘려가거나 더 유망한 지역으로 이사해서 부동산 가치를 늘리는 재테크 성공사례도 설명했다. 기존에 3~4억 하던 아파트를 팔고 가락시영 재건축 아파트를 매입해서 12억 원 아파트로 변신한 집테크 성공 사례

⑦ 대출은 집을 사기 위한 대출 말고는 전세자금대출이나, 수익이 안 나오는 땅 매입을 위한 대출이나, 주식투자를 위한 대출은 받지 말라고 강조했다. 대출은 오직 내 집 마련을 위한 대출만 받자고 했다.

⑧ 목돈 맛을 들여서 돈이 돈을 벌게 하는 심리를 설명했다100만 원 투자, 1,000만 원 투자, 1억 원 투자 비교. 그리고 목돈을 거머쥐고 있다가 항상 주어지는 기회를 위해 학습하면서 준비하고 있자고 했다. 내 집이 든든하게 마련된 상황이면 기초가 든든한 재테크 닻을 내렸기에 주변 투자 유혹에 흔들림이 없을 것이고, 목돈이 생기면 차곡차곡 준비하고 있다가 기회가 올 때 놓치지 말고 재테

크 돛을 올려야 한다고 했다. IMF 외환위기·2008년 글로벌 금융
위기 때 부자가 된 사람이 많았다. 그들은 모두 기초자산이 든든
했기에 주변의 환경 변화를 이용할 줄 알았고, 많은 학습 덕분에
변화와 투자를 두려워하지 않아 부자에 성공했다. 또한 여러 가
지 학습은 맥락적 사고를 향상시키고 창의적 발상이 나온다고 했
다. 창의적 발상 하나로 우리 주변에서 대박 난 사례를 다시 한
번 살펴보자.

⑨ 지금까지 정리한 내용을 통해 여러분이 결정할 사항이 있다. 앞
에서 돈이 마르지 않는 화수분 지갑에 돈을 공급하기 위해 연금
6층탑을 말했다.

> 연금 1층은 공적연금국민연금·공무원연금·군인연금·사학연금
> 연금 2층은 퇴직연금자영업자는 노란우산공제 및 개인형퇴직연금(IRP)
> 연금 3층은 연금저축신탁·펀드·보험, 개인형퇴직연금IRP
> 연금 4층은 연금보험종신보험 연금전환
> 연금 5층은 주택연금똑똑한 집 한 채
> 연금 6층인 농지연금까지 만드는 단계

서른 즈음 이제 갓 직장에 입사한 사람이라면 55세까지 약 25
년간 자발적으로 가입한 연금과 회사에서 가입해주는 퇴직연금
에 여러분의 돈이 입금될 것이다. 그럼 매우 장기간 돈을 입금
할 여러분의 연금에 어떤 자산을 운용해야 할까? 안전하게 은행

적금이나 예금으로 장기간 운용하면 주식보다 수익이 매우 낮은 것을 살펴보았다. 그래서 연금의 운용자산은 수익률이 매우 좋은 주식에 장기간 투자해야 하지만 개별주식은 원금 손실 위험이 크다고 했다. 그 원금손실 위험은 줄이고 수익을 높이는 방법이 적립식 주식형펀드에 투자하는 것이라고 했다.

연금 1층인 공적연금에서 운용하는 자산은 우리가 어떻게 운용 지시할 수 없다. 그냥 내 돈을 알아서 잘해주길 기원할 뿐이다. 하지만 지금까지 학습한 내용을 가지고 여러분은 연금 2, 3, 4층의 재테크 방법에 대하여 재정의해야 한다. 연금은 먼 미래 노후를 위한 것이니 안전하게 자산 운용해야 한다는 생각 자체를 변화시켜야 한다.

웬만한 일반 회사원이라면 연금 2층 퇴직연금은 가입되어 있을 것이다. 회사에서 가입한 대부분의 퇴직연금 자산운용은 안전하게 정기예금으로 운용하고 있는 경우가 많다. 여기서 본인이 가입한 퇴직연금이 DB 형태이면 가입자가 자산운용을 지시할 수 없으나, DC 형태로 가입되어 있다면 그 퇴직연금의 자산운용 지시는 전적으로 가입자가 정해야 한다.지면 관계상 퇴직연금의 DB와 DC, 개인형퇴직연금 설명은 생략함을 양해 바란다

따라서,
(1) DC형 퇴직연금 가입자라면 퇴직연금 운용자산의 주식형펀드 편입 비중을 높이는 게 좋다.
(2) 회사를 중간에 퇴사하거나 이직하더라도 55세까지는 퇴직연금

을 해지하지 말고 IRP 상태에서 매월 적립식으로 꾸준히 납입할 것을 권장한다. 만 55세부터 연금으로 수령 가능함. 50세까지는 주식편입 비중을 높이고, 50세 이후부터는 주식 편입 비중을 줄여나간다

(3) 연금 2층, 3층이 있는 사람은 기존에 운영되는 자산을 검토해서 주식형펀드국내 및 해외주식의 편입 비중을 높일 것을 권하며, 연금 2층, 3층이 없는 사람은 단돈 1만 원씩이라도 매월 납입하는 IRP, 변액연금보험 등에 가입할 것을 권장한다. 참고로 자영업자가 주로 가입하는 노란우산공제는 가입자가 편입자산 운용지시를 할 수 없다약정이율 지급방식.

(4) 연금 4층에 해당하는 종신보험에 가입이 안 되어 있다면 종신보험에 가입하되 두 가지로 병행해서 가입할 것을 권장한다. 일반 종신보험과 변액종신보험을 50 대 50으로 보험사를 달리해서 가입하며, 변액종신보험의 운용자산 역시 주식 편입 비중을 높게 할 것을 권장한다. 가입한 종신보험을 60세까지 보험금 수령 없이 큰 사고 없이 무사히 지켜왔다면 감사한 마음으로 연금 전환을 신청해서 노후 생활비로 쓰면 된다.

(5) 연금 4층에 해당하는 종신보험은 보험회사마다 연금 전환 여부가 다르다. 종신보험은 피보험자의 사망이나 중증장애 시 부양가족의 생계를 위해 가입하는 보험이었기에 피보험자가 60세까지 평온하게 아무 일 없이 잘 지내왔다면 자녀들은 대부분 성년이 되었을 것이며, 가족에 대한 부양의무도 줄었기에 연금 전환해서 생활하는 것도 화수분 지갑에 돈을 공급하는 방법이다. 단, 연금 전환 시 종신보험 상황에 따라 불입한 원금 미만일 수도 있

으며, 기존 종신보험에 연결된 수술 특약도 사라지기에 보험회사
와 매 건마다 상담하고 진행해야 한다.

이제 4장에서는 연금의 5층탑인 주택연금과 6층탑인 농지연금을 어
떻게 만들어갈 건지 알아보자.

부동산은 영어로 'realty' 또는 'real estate'라고 한다. 이에 대한 어원이 여러 가지가 있다. 그중 하나가 라틴어로 estate의 어원이 'status(신분)'이므로 이를 직역하면 '진정한 신분'이 된다. 또 real과 estate는 각각 왕족과 땅을 의미하기 때문에 '왕족의 토지'라고도 한다. 중세에는 전쟁에서 승리한 훌륭한 지휘자에게 토지를 하사했다고 한다. 정확한 어원이 어떻든 부동산은 나쁜 의미보다 고귀한 신분의 상징이었음을 알 수 있다.

근고지영(根固枝榮)이란 말이 있다. 뿌리가 튼튼해야 가지가 무성하다는 말이다. 재테크의 뿌리는 부동산이다. 내 집이라고 하는 부동산부터 소유해서 단단하게 뿌리를 내리면 중간중간 많은 유혹에 흔들림 없이 안정된 신분을 만들어나갈 것이다.

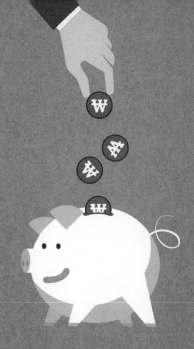

CHAPTER

4

제4법칙_

결국 부동산이
화수분지갑을
채워준다

주택연금을 받기 위한 부동산 투자방법

부동산도 자본시장의 재화財貨 중 하나다

많은 사람이 재테크 1순위 하면 부동산을 꼽는다. 주변에 주식 투자해서 돈 벌었다는 사람은 찾기 어렵지만, 부동산 투자로 돈 벌었다는 사람은 자주 본다. 특히 ○○ 지역 아파트 분양받았더니 몇 억이 올랐다더라 하는 소식을 자주 접한다.

그러다 보니 많은 사람이 부동산에 투자만 하면 돈 버는 것으로 많은 오해를 하고 있다. 하지만 부동산 역시 사람과 사람 간에 돈이 오가게 하는 매개체 역할을 하는 자본시장의 재화이기에 가격의 오르내림이 있고, 잘못 매입한 부동산으로 고통당하는 사람도 많다.

사실 부동산 투자가 주식 투자보다 더 어렵다. 부동산 투자는 각종 부동산 관련 법률 지식 등이 있어야 사기를 안 당하고 투자에 성공할 수 있다. 그런데도 부동산 투자에 성공하는 사람이 많은 이유는 심리전 게임을 하지 않고, 투자금액이 크다보니 신중하게 투자하기 때문이다.

앞에서 개인들 주식투자는 기업에 투자하는 것이 아니고 기업명이 적혀있는 주식이라는 종이쪽지를 사서 컴퓨터에서 오르내리는 시세를 바라보고 있으므로 심리전에서 패하는 원인이라고 했다. 하지만 부동산 투자는 부동산을 사놓고 매일 시세를 확인하지 않는다. 매일 부동산중개사무소에 전화해서 내 땅값 얼마인지, 내 집 값 얼마인지 물어보면 미친 사람 취급당할 것이다.

이 책이 부동산 투자만을 위한 전문서적이 아니기에 깊이 있는 내용보다는 부동산 투자 시 주의할 점 위주로 기술하고, 부동산 투자를 처음하는 초보자 위주로 아파트, 상가, 토지임야 위주 투자 방법에 대하여 간략하게 설명하겠다. 즉, 앞 장에서 설명했듯이 죽을 때까지 돈이 마르지 않는 '화수분 지갑'을 만들기 위한 연금 6층탑 중 연금의 5층탑인 주택연금과 6층탑인 농지연금을 받기 위한 방법에 대한 설명이며, 조금이나마 수익성 부동산상가, 오피스텔 취득 시 주의사항을 기술하였다. 주식투자보다 부동산 투자가 더 어려울 수 있다, 특히 토지는 각종 법률문제와 부동산 개발에 따른 자연환경문제까지 연결되어 있기 때문이다.

앞에서 시간의 화폐 가치를 말하면서 "별로 신경 쓰지 않고 선택한 재테크 방법이 한참 지나서 잘못되었음을 깨닫게 되었을 때 다시 원점으로 돌아가 시작할 수 없다"고 했다. 이는 부동산 투자에 있어서 더욱 증명되고 있으며, 특히 주택의 경우 잘못 선택한 주택과 잘 선택 주택의 차이는 10년, 20년이 지나면 가격 면에서 하늘과 땅 차이가 나고 있음을 많은 곳에서 보여 주고 있다.

실제 사례를 든다면 1990년 초에 개발된 1기 신도시 분당과 일산을 비교해 보면 알 수 있다. 비슷한 시기에 같은 크기의 아파트를 비슷한 가격으로 입주했지만, 지금 분당 아파트는 일산아파트 가격의 두 배 이상이다. 그동안 분당 아파트에 살던 사람이 은퇴 후 분당 아파트 팔고 일산으로 이사 가면 아파트 판 돈 50퍼센트로 똑같은 평수의 아파트에서 생활하면서, 나머지 50퍼센트 현금으로 더 나은 노후 생활을 할 수 있다.

이는 상가투자에서도 마찬가지이다. 신도시 건설하면서 분양했던 상가를 비싸게 매입했지만, 지금은 상권이 다른 곳으로 이동되어 상가 가격 하락은 둘째 치고 상가 임대가 안 되어서 관리비와 세금만 내는 상가주인도 많이 있다. 이러한 현상은 주로 신도시에서 많이 생기는 현상이다. 부동산도 자본시장에서 돈의 이동에 매개체 역할을 하는 상품임을 잊지 말고, 부동산 투자 위험에는 어떤 것이 있는지를 파악하고, 그 위험을 줄이거나 이용할 줄 아는 지혜가 필요하다.

연금의 5층탑 주택연금 만들기

주택연금을 받기 위해서는 당연히 내 명의로 된 집이 있어야 한다. 그것도 부부 중 어느 한 명이 60세가 되기 전에 똘똘한 집 한 채는 가지고 있어야 연금을 많이 받을 수 있다. 그래서 제일 먼저 해야 할 재테크는 내 집부터 마련하는 것이다. 처음에는 조그마한 집부터 시작하겠지만 세월이 흐르면서 점차 집의 가치를 키워나가는 집테크를 실시해야 한다.

집테크를 하는 데에는 아파트가 수월하다. 단독주택, 상가주택, 다세대 주택 등 많이 있지만, 부동산 투자 초보자는 아파트 가지고 집테크를 하는 것이 위험이 적다. 조그마한 아파트로 시작했더라도 똘똘한 아파트로 잘 키워나가면서 노후에 주택을 담보로 주택연금 받을 준비를 만들어 나가보자.

주택연금은 부부 중 한 명이 만 60세가 넘으면 집을 담보로 평생 연금을 받을 수 있다. 따라서 60세가 되기 전 부지런히 발품 팔고 이사도 여러 번 해 가면서 최초에 구입했던 주택을 점점 비싼 주택으로 키워가는 집테크를 해나가자. 대출받아 구입한 아파트 가격이 3억 원이었다면 시간이 흐르면서 대출도 어느 정도 상환하고 아파트 가격도 조금 올랐을 것이다. 그러면 가격이 조금 더 비싸지만 유망한 지역의 아파트로 이전하면서 아파트 가치를 높여 나가는 집테크를 통해 노후에 더 많은 주택연금을 받을 수 있도록 만들어보자.

1장에서 샐러리맨은 이사를 자주해서 주택을 변화시켜야 부자가 될 수 있다고 하면서, 필자가 근무하는 직장 직원 두 명에게 집테크 컨설팅해준 사례 두 건을 말했다. 그들은 마포구 도화동과 관악구 봉천동에 거주하던 3~4억 원대 아파트를 팔고, 가락시영 재건축아파트로 갈아타면서 4년 만에 각각 12억 원대 아파트를 보유한 40대가 된 것이다. 이제 그들에게는 60세 이후 남들보다 화려한 노후 생활이 준비되어 있다.

똘똘한 집 한 채가 편안하고 부유한 노후를 만들어줄 것이다. 지금까지 대부분 은퇴자의 주택보유 목적은 안정된 주거와 상속이었다. 최소한 집 한 채만큼은 자녀들에게 상속해주고 싶은 것이 부모들의 마음이다. 하지만 이제 그럴 상황은 아니다. 부부가 함께 오래 살면서 돈 없이 처절하게 오래 살기는 죽기보다 더 어려운 것이다.

만일 60세까지 키워온 똑똑한 집이 12억 원까지 자랐다면, 이제 그 집은 팔고 9억 원 이하의 집으로 줄여서 9억 원 집으로는 주택연금 받고, 나머지 3억 원은 노후 비상금으로 보유할 수 있을 것이다2017년 현재 주택연금가입대상 주택가격이 9억 원 이하이기 때문으로, 앞으로 변경될 가능성이 있음.

주택연금을 신청하면 자기 집에서 편안히 살면서도, 부부 모두 사망할 때까지 종신토록 연금 받을 수 있으며, 부부 모두 사망 시에 연금 지급한 금액보다 주택 가격이 낮으면 상속인자녀에게 부족분을 청구하지 않으며, 연금 지급한 금액보다 주택 가격이 더 높으면 남은 차액만큼은 상속인에게 돌려주는 정부주택금융공사 주관 연금제도다.

[주택연금 개요]

(1) 주택연금 가입대상2017년 11월 현재)
　① 가입연령 : 주택소유자 또는 배우자가 만 60세 이상
　② 주택보유수 : 부부 기준 9억 원 이하 1주택 소유자 또는 보유
　　주택 합산가격 9억 원 이하 다주택자
　※ 9억 원 초과 2주택자는 3년 이내 비거주 1주택을 처분

(2) 대상주택
　시가 9억 원 이하의 주택 및 지방자치단체에 신고된 노인복지
　주택상가 등 복합용도 주택은 전체 면적 중 주택이 차지하는 면적이 1/2 이상인
　경우 가입 가능

※ 확정기간방식은 노인복지주택 제외

(3) 거주요건

주택연금 가입주택을 가입자 또는 배우자가 실제 거주지로 이용하고 있어야 함

※ 해당 주택을 전세 또는 월세로 주고 있는 경우 가입 불가_{단, 부부 중 한 명이 거주하며 보증금 없이 주택 일부만을 월세로 주고 있는 경우 가입 가능}

(4) 주택연금 장점

① 노후 주거와 생활비 문제가 동시에 해결된다. 내가 사는 집에서 월급처럼 현금이 나오는 것이다.

② 주택가격이 내려가도 최초 가입 시 받기로 한 연금은 부부가 죽을 때까지 받을 수 있다. 따라서 주택가격 하락위험도 없고, 돈 없이 오래 살아야 하는 위험도 없다.

③ 총 연금 지급액이 주택가격을 초과해도 초과액을 청구하지 않는다.

④ 부부 모두 사망 시 총 연금수령 금액과 주택가격 비교해서 주택가격이 더 높아서 남는 돈이 있으면 상속자_{자녀}에게 상속이 되며, 주택가격이 낮다고 상속인에게 청구하지 않는다.

⑤ 연금 재원에 해당하는 대출_{역모기지론}금리가 저렴하다.

⑥ 주택가격이 많이 오르면 주택연금 해지 후 시세차익을 얻을 수 있다.

부부중 연소자 연령	주택가격								
	1억원	2억원	3억원	4억원	5억원	6억원	7억원	8억원	9억원
50세	135	270	405	540	675	810	945	1,080	1,215
55세	156	312	468	625	781	937	1,093	1,250	1,406
60세	209	419	629	839	1,049	1,259	1,469	1,679	1,889
65세	252	505	758	1,010	1,263	1,516	1,768	2,021	2,274
70세	308	616	924	1,232	1,540	1,849	2,157	2,465	2,773
75세	381	762	1,143	1,524	1,905	2,286	2,667	3,033	3,033
80세	481	963	1,444	1,926	2,407	2,889	3,362	3,362	3,362

(5) 주택연금 월 지급금 예시

위 표를 설명하자면 부부 중 한 명은 60세 이상이기에 주택연금 가입대상이 되는 것이며, 배우자가 55세 일 경우, 나이가 적은 배우자 55세를 기준으로 연금 계산한다부부 종신 연금이므로. 따라서 위 표에서처럼 주택가격이 9억 원이고 배우자가 55세이면 매월 140만 6,000원을 부부가 사망할 때까지 평생 연금을 받을 수 있다. 위 표는 시장 금리에 따라 변경되므로 자세한 사항은 주택금융공사 사이트를 참조 바란다. www.hf.go.kr

내 집 마련은 아파트 위주로 하자

제일 먼저 해야 하는 재테크가 내 집 마련이라고 강조했다. 집은 서민들에겐 전 재산이나 다름없다. 내 집이라고 하는 기초재산에 닻을 단단히 고정해놓아야, 연금 6층을 만들어가는 동안 흔들림이 없고, 엉뚱한 방향으로 재테크 방향이 나아가지 않을 수 있다. 부모로부터 물려받을 집이 예정되어 있다면 내 집은 있는 것이다. 단, 부모님은 집 말고도 다른 노후 준비가 잘 되어 있는지, 집이 상속될 것인지 안 될 것인지 확인해보고 주택마련 재테크 실행 여부를 살펴봐야 한다. 과거와 달리 앞으로 부모 명의 집은 자녀 상속보다는 부모들이 노후 자금으로 사용할 가능성이 매우 크다. 또한 앞으로는 주택가격의 양극화가 더욱 심해질 것이기에 부모 명의 집이 서울 등 대도시에 있는 것이 아니라면 부모 집 물려받을 생각 말고 대도시 안에 내 집 마련하는 재테크에 적극적으로 나서야 한다.

주택 가격의 양극화가 발생하는 이유는 다음과 같다.
① 직장은 대부분 서울 등 대도시에 자리 잡고 있다.
② 서울 명문 지역강남 등에 살던 사람은 다른 지역으로 이사하기를 절대 꺼린다.
③ 서울 명문 지역 주거환경에 동참하고자 하는 수요층은 항상 대기 중이다대기자들은 주택가격이 떨어지길 기대하는 것이 아니라 내 소득이 조금이라도 올라갈 때까지 기다리는 중.
④ 자녀들 교육시키기 위한 최적의 교육환경과 유명학원은 대도시에 자리 잡고 있다.

⑤ 내 자녀만큼은 초등학교 때부터 서울 명문 지역에서 함께 공부하던 동창들과 성장하기를 부모들은 바라고 있다.

⑥ 대한민국 인구가 줄어들고 있다는 사실은 많은 사람이 알고 있다.

⑦ 대한민국 고령화 속도가 빨리 진행된다는 사실도 알고 있다.

⑧ 치매와 중풍 등 고령 중증환자는 노인 요양병원에서 돌봐주기 때문에 지방에는 빈집이 계속 늘어나고 있다.

⑨ 결국 인구 절벽의 재앙은 지방 소도시의 붕괴와 더불어 더욱 심한 주택가격 양극화를 발생시킨다.

[마을이 사라진다②] 7년 뒤면 초고령 사회·부산·대구도 소멸 위험

30년 내 군 37%·읍면동 40% 소멸 전망

부산 동구·영도구 지난해 소멸위험단계 진입

행정안전부 소속 한국지방행정연구원에 따르면 2017년 8월 말 기준 우리나라 주민등록인구는 5,175만 3,820명이다. 이 중 생산인구는 지난해 3,763만 명을 정점으로 감소하기 시작해 50년 뒤인 2065년에는 2,062만 명 수준으로 45% 가량 급감할 것으로 전망되고 있다. 소비지출이 정점에 이르는 45~49세 연령대 인구의 경우 2018년 436만 2,000명을 정점으로 급감해 2021년에는 409만 5,000명으로 추산된다.

합계출산율(여성 1명이 평생 동안 낳을 수 있는 자녀수)은 2014년 기준 1.24명으로 OECD 국가 중 최하위다. 이런 가운데 우리나라는 올 8월을 기준으로 고령사회로 진입한 것으로 나타났다.

행안부는 2017년 8월 말 기준 65세 이상 주민등록인구가 725만 7,288명으

로 전체 인구(5,175만 3,820명)의 14%를 차지했다고 밝혔다. UN은 인구 고령화 수준에 따라 65세 인구 비중이 7% 이상이면 고령화사회, 14% 이상은 고령사회, 20% 이상인 경우에는 초고령사회로 규정하고 있다. 이 추세라면 오는 2025년에는 초고령사회로 진입이 예상된다.

특히 농어촌 지역은 소멸 직전 단계다. 우리나라 농어촌 인구 비중은 1970년 총인구의 57.4%였지만 이후 지속적으로 감소해 2040년에는 약 8%에 불과할 것으로 UN은 전망했다. 현재 우리나라 면 단위 24곳은 초등학교가 한 곳도 없으며 읍·면 412곳은 보육시설이 전무한 상황이다.

이에 대해 김순은 서울대 행정대학원 교수는 "기초 지자체 중에서 인구 6만 미만의 군지역의 인구 감소율이 다른 지역에 비해 가장 심각할 것"이라고 분석했다. 이런 상황에서 올 7월 기준으로 전남 지역은 광역지역 중 유일하게 인구소멸 위험단계로 진입한 것으로 나타났다. 저출산·고령화로 인해 광역수준에서도 실질적인 인구위험이 도래한 것이다.

이상호 한국고용정보원 부연구위원은 '한국의 지방소멸에 관한 7가지 분석'(2017년 7월 공표된 주민등록 인구통계 반영)을 통해 올 7월 전국적으로 20~39세 여성인구 수는 685만 3,000명으로 65세 이상 고령인구 722만 9,000명보다 37만 6,000명이 적다고 밝혔다. 이 중 전남의 20~39세 여성 인구는 19만 6,000명으로 65세 이상 인구 40만 5,000명의 절반에도 미치지 못해 소멸위험지수 0.48을 기록했다.

이 연구위원은 일본 마스다 하로야의 저서 '지방소멸'의 핵심내용에 착안해 우리나라에 맞은 소멸위험지수를 개발했다. 소멸위험지수는 20~39세 가임 여성 인구수를 65세 이상 노인 인구수로 나눈 지표다. 20~39세 여성은 가임기 여성의 90% 이상을 포함하며 이 비중이 작을수록 장기적으로 인구가 소멸할 가능성이 커진다는 것을 의미한다.

(이하 중략)

우리나라는 이미 비수도권의 모든 도 단위의 광역단체가 소멸주의단계로 진입했다. 시·도의 경우도 인구소멸위험이 빠르게 진행되고 있다. 광역시 중에서는 부산(0.86)과 대구(0.92)가 소멸주의단계로 진입했다. 반면 소멸위험지수가 1.0 이상인 지역은 세종(1.5), 울산(1.4), 인천(1.3), 광주·대전(1.2), 서울(1.14) 등 6개뿐이다. 특히 세종은 전국에서 유일하게 소멸 저위험 지역으로 분류되고 있다. 시·군·구로 쪼개서 살펴보면 인구소멸위험지역(0.5 미만)은 85곳으로 집계됐다. 이 수치는 5년 전인 2012년과 비교해 10곳이 증가한 것이다. 부산 동구(0.47)와 영도구(0.46) 등은 지난해 소멸위험단계로 진입했으며 올해에는 경북도청 소재지인 안동시(0.48)가 새롭게 소멸위험단계로 진입했다. 이런 상황이 지속될 경우 한국고용정보원은 향후 30년 내 전국 84개 군에서 69곳(37%)과 3482개 읍·면·동 중 1383개가(40%) 소멸할 것으로 전망하고 있다.

출처 : News1. 2017.10.1

이와 같은 기사처럼 일부 방송에서도 우리나라가 인구 감소로 집이 남아돌 것이며, 마을도 사라지고 있다고 보도된 적 있다. 그때 몇몇 사람들로부터 부동산 가격이 폭락할 것 아니냐는 질문을 많이 받았다. 맞다. 앞으로 집값의 폭락은 예상되어 있다. 하지만 지방 일부 지역에 한정되는 말이며, 서울 등 대도시는 주택가격의 일시적 하락은 있겠지만 여전히 꾸준한 상승으로 이어질 것이다.

서울은 아직도 주택보급률 100퍼센트가 안 된다. 또한, 서울에는 전세가 많다. 전세가 있다는 것은 누군가 집이 두 채 이상 가지고 있다는 것이다. 집 한 채 가지고 있는 사람이 다른 사람에게 전세로 줄 일은 많지 않기 때문이다.

이 책에서 내 집 마련 재테크 중 아파트를 소재로 정한 것은 이유가 있다. 정부에서 각종 부동산 관련 정책을 펴는 것 중, 주택가격 안정화 정책은 아파트를 위한 것이지 단독주택, 빌라, 다세대, 오피스텔 등을 위한 정책이 아님을 염두에 두어야 한다. 단독주택이나 오피스텔 등의 가격이 많이 오르거나 떨어진다고 정부에서 정책을 시행하지 않는다.

아파트 가격이 많이 오르면 수요 억제정책을 만들어 가격 상승에 제한을 걸고, 아파트 가격이 많이 하락하고 미분양이 쌓이면 건설 경기 활성화를 위해 각종 규제를 풀어 아파트 가격 하락을 방지하고 건설 경기를 살리는 정책을 편다. 따라서 내 집 마련 재테크는 아파트를 중심으로 하는 것이 좋다. 간혹 1, 2층은 상가 3층은 주택으로 구성된 상가주택은 어떻냐고 물어보는데, 개별 단독주택은 지역, 주변 환경, 노후화 정도, 지역 개발 가능성 등 많은 것을 조사하고 투자해야 하므로 주식투자보다 어렵다.

1. 아파트를 사고자 하는 지역을 결정했으면 $3.3m^2$1평당 가격이 가장 비싼 단지의 아파트를 사라

비싼 아파트는 이유가 있다. 같은 동네의 아파트라 해도 인접해 있는 시설, 교통, 조망, 가구 수 등에 따라 가격이 다르다. 비싼 아파트는 그만한 가치가 있으므로 수요가 많은 것이다. 따라서 아파트 가격이 오르면 가정 먼저 가장 크게 오르게 되며, 떨어져도 다른 아파트에 비해 적게 떨어지는 것이다. 일종의 블루칩 주식하고 같은 개념으로 보면 된다.

아파트는 일시에 거금을 투자해서 생활해야 하는 없어서는 안 될 생활 도구이고 투자다. 따라서 남들 아파트는 다 오르는데 왜 우리 아파트만 안 오르냐면서 부녀회에서 항변하고 가격담합을 해도 소용없는 것이다.

모든 가격이란 수요와 공급이 만나는 선에서 이루어진다는 것을 누구나 알고 있는 사실이다. 내가 봐서도 '정말 살고 싶은 집이다'를 느낀다면 남들도 그러한 공감대를 형성하고 있는 것이며, 따라서 가격이 오를 수밖에 없다.

2. 아파트는 부부 공동명의 또는 가족 공동명의로 하는 것이 좋다

첫째 이유는 재산의 보전이다. 대부분 남편이 돈을 벌다 보니, 남편 명의로 아파트를 등기하는 경우가 많다. 하지만 남편들은 밖에서 돈을 버는 만큼 위험도 따른다. 남편은 사업상 손해배상 당하거나, 본의 아니게 다른 사람 보증을 해줘야 하는 일도 생길 수 있다. 따라서 사업상 손해배상, 보증 잘못 등으로 우리 가족이 사는 아파트가 경매처분이 될 수 있다.

하지만 부부 공동명의나 가족 공동명의로 해 놓으면 경매가 진행되어도 남편 지분만 경매가 진행될 것이고, 누구도 아파트지분을 경매로 받으려고 하지 않아 계속 유찰될 것이다. 설사 경매가 계속 유찰되어 경매가격이 낮아서 제3자가 낙찰을 받았다 하더라도 공동소유자인 배우자나 가족이 법원에 '공유자 우선 매수 청구'를 하면 제3자가 낙찰받은 가격에 남편 명의 부동산 지분을 다시 찾아올 수 있으므로 안전하게 가족이 함께 사는 재산을 지킬 수 있다.

둘째 이유는 양도소득세 절세다. 아파트 가격이 많이 올라서 나중에 매도하면 양도소득세를 내야 한다. 그런데 양도소득세는 사람별 과세라 1인이 얻은 양도차익에 대하여 양도세를 낸다. 따라서 양도세를 0원 또는 매우 적은 금액으로 절세할 수 있다.

단, 공동명의로 하면서 주의할 사항이 있다. 증여의 문제다. 소득이 없는 자나 일정 나이 이하의 사람이 부동산 등을 취득하게 되면 세무서에서 자금출처조사를 하게 된다. 이때 자금출처조사에서 취득자금을 소명하지 못하면 증여세가 부과될 수 있다.

따라서 배우자 간에는 10년간 6억 원, 성년인 직계존비속부모와 자녀 간에는 5,000만 원까지 증여세 없이 증여할 수 있으므로, 부동산을 공동소유권으로 함께 등기하고자 하는 가족의 과거 소득을 잘 파악해서 공동명의로 해야 한다. 이 부분은 앞에서 설명한 증여계약서와 확정일자 부분을 다시 한번 읽어보기 바란다.

3. 강남아파트는 왜 비싸고 사람들이 왜 강남으로 이사를 하려고 하는가?

부동산 시장에는 이런 말이 있다. 강북 아파트가 아무리 올라도 강남아파트 따라잡을 수 없다. 처음에 강남아파트가 오른 이유는 학군이었다. 서울대학에 많이 들어가는 고등학교가 좋은 학교였고, 강북에서 유명한 고등학교가 강남으로 이사를 하고, 맹모삼천지교라고 우리나라 어머니의 교육열 역시 세계 최고라 어머니들이 강남으로 이사하면서 강남 8학군을 만들었다는 말도 있다.

또한 강남은 우리나라에서 처음에 계획도시로 건설했기 때문에 도로 등 사회 인프라 구성이 잘되어 있다. 그리고 사회지도층 인사들 상당수도 유명한 강남지역 학교 출신이고, 강남에서 살다 보니, 거주하는 지역 자체가 신분을 나타낸다. 따라서 자연히 강남아파트는 모든 국민의 동경이 된 것이다.

결국 강남에 거주하는 사회지도층들은 많은 돈을 가지고 있는 부자들이고, 세금 역시 많이 내기에 강남 지방자치단체는 다른 지역에 비교해 재정이 좋으며, 강남지역의 발전을 위해 많은 투자를 하니 강남지역은 더 좋아지는 선순환이 계속되는 것이다. 돈이 돈을 벌어들이는 것처럼, 자금이 많다 보니 사회시설 투자도 계속 이어지면서 살기가 더 좋아지는 것이다. 따라서 이제는 학군이 문제가 아니라 강남 그 자체가 고품격의 상품 덩어리라고 할 수 있다.

서울 외곽이나 경기도에 살다가 강남아파트로 이사 가면 주변 사람들이 성공했다면서 축하해준다. 하지만 거꾸로 강남의 고급아파트에 살다가 서울 외곽이나 경기도로 이사를 가면 "너 무슨 일 있니?" 하면서 의아해한다. 이제 강남에 거주하던 사람들은 자존심 문제 때문이라도 서울 외곽으로 이사를 하지 못하는 상황이 돼버렸다. 강남에는 아파트를 더 지을 땅이 없다. 재건축마저도 정부에서 규제하고 있으니 강남아파트는 그 가격이 어디까지 오를지 상상할 수 없다.

앞에서도 말했지만 이제 강남은 학군 때문에 아파트 가격이 오르는 것은 아니다. 이제 강남은 강남만의 인프라가 구축되어 있고, 사회적으로 성공한 많은 사람이 살고 있으며, 그 자녀들 역시 강남에서 유치원부터 고등학교까지 나오게 된다. 강남에서 학교를 나와 동창 관계만 잘 유지해도 먹고 사는 데 지장이 없다고 한다. 예를 들어 강남에서 유치원, 초등학교, 중학교, 고등학교를 졸업한 후 동문 인맥을 유지하면 외제 차 영업사원이나, 보험설계사를 해도 다른 사람들보다 탁월한 영업 성과를 거두어 성공할 수 있다고 한다.

오래 전 세종시 개발로 인해 충남 공주에서 토지를 수용당한 할아버지한테 보상받은 돈으로 뭐 하고 싶냐고 물었더니 "나도 이제 강남에 아파트나 하나 사서 살아보련다"라고 인터뷰하는 TV 방송을 본 적이 있다. 이제 강남아파트는 특정인이 아닌 전 국민이 살고 싶어 하는 아파트가 되어 버린 것이다. 그만큼 강남은 공급보다 수요가 많은 지역이다.

4. 내 집을 처음 장만할 때에는 아파트를 사되, 대출을 많이 받더라도 비싸고 유망지역의 아파트를 사는 게 좋다

이제는 저축해서 내 집 마련하기가 어렵다. 저축으로 돈을 모으는 것보다 아파트 가격 상승률이 너무 높아 아파트를 살 수 없기 때문이다. 따라서 대출 받아 아파트를 사서 대출 원리금을 갚아 나가는 것이 금융기관에 저축해서 모은 돈으로 아파트를 사는 것보다 더 훌륭한 재테크 수단이 된 것이다.

이 내용은 2007년 필자의 저서 《대한민국 재테크 생활백서》에서도 강력하게 주장했던 내용으로, 그때 이후 대출받아 아파트를 마련한 상당수의 사람들이 지금은 아파트 가격이 크게 올라 아파트라고 하는 큰 목돈을 거머쥐게 되었다. 앞에서도 말했지만, 저축은 의지로 돈을 모아야 한다. 돈 쓸 일이 생기면 먼저 쓰고 나서 저축을 하는 게 보편적인 사람들의 생활 습관이다. 하지만 대출받아서 아파트를 사게 되면 대출 원리금만큼은 무슨 일이 있어도 매월 꼬박꼬박 갚아 나가야 하므로 돈 씀씀이를 절약할 수밖에 없다.

따라서 내 집이 없는 사람이라면 기꺼이 대출 받아 아파트부터 마련할 것을 권한다. 대출 받아서 아파트를 샀는데 아파트 가격이 내려가면 어떻게 하느냐고 걱정하는 사람도 있다. 여러 번 반복해서 말하고 있지만 어쨌거나 아파트 한 채는 있어야 노후에 주택연금으로 전환해서 '화수분 지갑'에 꼬박꼬박 돈을 공급해 줄 것이기 때문이다. 또한, 대출을 다 갚고 나면 아파트라고 하는 큰 목돈이 생기기 때문에 두려워하지 말고 투자하라는 것이다. 부동산 가격이 오를지 떨어질지를 고민하지 말고, 대출금 빨리 갚을 방법을 연구하고, 지금 하는 일 외에 추가로 돈 벌 수 있는 일이 무엇이 있는지를 찾아보는 게 현명하다.

그리고 내 집을 살 때 재개발이나 재건축대상의 다세대 주택·연립 주택 등을 사는 것을 반대하는 것은 아니지만, 일단 대출을 받을 수 있는 금액이 너무 적을 수 있고, 재개발 사업이 지연되면서 늘어나는 사업비 부담으로 내 집 마련의 꿈이 무너질 수도 있다. 따라서 대출받아서 내 집을 처음 마련하는 사람은 아파트를 매입할 것을 권장한다. 그것도 유명한 지역의 아파트보다는 유망한 지역의 유망한 아파트를 살펴보아야 한다. 앞으로 자산가치가 계속 오르거나 다른 지역보다 덜 떨어지는 지역이 유망한 지역의 유망한 아파트이다. 공기 좋고 살기 좋다고 소문난 신도시 아파트는 광고를 너무 많이 해서 유명한 지역의 아파트에 속할 뿐이다.

5. 아파트는 500가구 이상 되는 단지를 고르는 게 좋다

대도시 내 역세권·학교·쇼핑시설 등 삼박자까지 갖춘 단지라면 금상첨화다. 이런 아파트는 살기가 좋을 뿐만 아니라 값도 잘 오르고, 전국적 아파트 가격 하락 시 하락폭도 작고, 되팔기도 쉽기 때문이다.

상가 및 오피스텔 투자방법

상가나 오피스텔 투자는 한꺼번에 두 마리 토끼를 잡아야 한다임대수익 & 자본이득

40대에는 앞으로 돈 들어갈 일이 많아지기에 월급 외에 별도 수익이 나올 수 있도록 목돈의 60퍼센트 정도는 임대수입월세 나오는 부동산 투자를 권했다. 월세 나오는 부동산 투자대상에는 소규모 오피스텔, 도시형 생활주택, 집합건물 상가 등이 있으며, 이들 부동산은 소유하고 있는 동안 월세를 통해 현금 창출을 지속해서 가능케 해준다. 그래서 상가오피스텔투자는 하나의 사업이고, 상가를 소유하게 되면 누구나 세무서에 사업자등록을 내야 하고, 임대사업 소득신고를 해야 한다.

상가투자는 임대사업이기 때문에 노후에 편안히 할 수 있는 사업이라 할 수 있다. 정년이 없는 상가투자가 노후의 안정적인 생활을 보장해줄 수 있다. 하지만 간혹 상가 잘못 투자해서 안정적인 노후 대신 스트레스 받는 노후로 변질된 사례가 매우 많다.

부동산도 자본시장에서 사람과 사람 간에 돈이 오가게 하는 매개체라는 것을 여기서 또 한 번 강조한다. 건물 짓는 사람이 건물을 지었으면 건물을 누군가에게 팔아야 한다. 그래야 건물 공사비도 지급하고 건물 짓는 사람도 이익을 챙겨 갈 것이다. 그 비용은 결국 건물상가을 사는 사람이 부담하고 있다.

상가투자는 경기에 가장 민감하게 반응한다. 오히려 주식보다 더 민감하게 반응하는 것이 상가다. 경기가 침체된 상태에서는 소비가 위축되다 보니 장사하는 임차인들 수익이 줄면서, 덩달아 상가 월세도 수금이 잘 안되고, 월세 올려달라고 건물주들은 말도 잘 못 꺼내고 있다. 특히 소규모 근린상가는 오히려 임차인이 나갈까 봐 건물주들이 임차인의 눈치를 보는 지역도 많이 있다.

1기 신도시 중 최초 분양된 상가의 상당수는 공실이 많아 건물주들의 스트레스가 매우 많다. 신도시 만든 이후 주변에 새로운 상가를 계속 만들어 상가 분양을 하다 보니 상권은 분산이 되고, 기존 상권은 쇠퇴하는 현상이 계속 발생하고 있다. 부동산 투자 실패의 많은 사례가 상가에서 나오고 있다.

상가 가치자본이득는 임대수익이 좌우한다. 주변 상권이 좋고 소비인구가 많아 임차인들 장사가 잘되어 임대수익이 높으면 상가 가격은 높아지는 것이다. 따라서 한 마리 토끼임대수익를 잡으면 나머지 토끼자본이득는 쉽게 잡을 수 있지만, 한 마리의 토끼를 놓치면 나머지 토끼도 놓칠 수 있는 게 상가투자다.

[자본이득 (Capital Gain)]

각종 자본적 자산의 평가 변동에서 발생하는 차익, 즉 상가 구매 가격이 1억 원인데 2억 원에 판다면 1억 원의 자본이득이 발생하는 것이다.

상가를 매입하기 전에 상권 입지분석을 해야 한다

상가는 토지 투자처럼 사놓고 묻어 두는 식의 투자가 아니다. 토지가 정적인 투자라면 상가는 동적인 투자이다. 즉, 주변 상권이 움직이지 않으면 유동인구가 줄어들고, 유동인구가 줄면 장사가 안 되며, 장사가 안 되면 임대 수익도 높아질 수 없는 연쇄적인 고리로 연결된 것이다. 따라서 상가에 투자하기 전에 먼저 상권 입지분석을 해야 한다. 상권이란 간단히 말해 '장사하는 장소'이며, 장사를 성립시키는 지역적인 조건을 가진 공간을 말한다.

상권을 크기별(실제 거래 종류별)로 분류

상세권	대형 유통 점포가 많은 지역, 즉 특정 상업집단(시장, 상점가, 체인스토어 등)의 상업세력이 미치는 범위
거래권	도매업의 거래 상대방이 되는 고객의 소재지 범위
판매권	소매점의 판매대상 지역

* 출처: 이상윤, 〈부동산개발 전문가 과정(Ⅰ): 상권입지분석편〉, 한경아카데미, 2005, p270

상가를 사고자 할 때는 위 세 가지 상권의 특성을 이해한 후 입지분석에 들어가야 한다. 임대수익이 높고 좋은 상가 있다고 주변의 말만 듣고 상가를 사면 안 되며, 사고자 하는 상가 형태와 주변 상권이 어떻게 구성되어 있는가를 검토해 보아야 한다.

즉, 내가 사고자 하는 상가가 대형 유통점포가 많은 지역상세권과 어울리는지, 도매·소매 업종의 상권과 어울리는지를 보고 현재의 상권과 서로 구색에 맞는 상가인지를 분석해야 한다. 구색에 맞는 상가이어야 안정적인 임대수익을 얻을 수 있는 것이다.

상권의 범위는 고정적인 것이 아니다.

① 업종의 종류에 따라 가변적이고,

② 사업장의 규모가 클수록, 시설이 고급일수록 상권의 범위는 넓어지며,

③ 경영자의 경영 자세 및 영업·판촉 전략에 따라 상권의 크기는 변하게 되며,

④ 다음의 물리적 요소에 따라 영향을 받는다.

ⓐ 자연 지형물: 도로·철도·산·하천 등은 상권을 분할시킴

ⓑ 대형시설물: 학교·관공서 등

ⓒ 도로상태: 건널목·도로망의 연계·신호등, 차선 넓이·차량 속도 등

ⓓ 사람들이 모여드는 방향 : 역·도심 등

과거에는 대형상가가 있으면 그 주변 상권도 함께 성장했으나, 최근 들어 대형상가는 주변 상권의 소비인구를 빨아들이는 빨대 효과가 있기에 상가투자 시 매우 주의해야 한다. 따라서 투자 유망한 상가는 유동인구보다 소비인구를 점검해야 한다. 영등포 타임스퀘어가 생겼을

때 처음에는 유동인구가 늘어 주변 상권도 이득을 봤지만, 시간이 지날수록 타임스퀘어 안에서 소비가 이루어지다보니 주변 소비인구를 흡수해 주변 상권이 어려움을 겪고 있다.

잠실에는 매우 유명한 롯데월드타워 123층이 있다. 주변에서는 롯데월드타워로 인한 유동인구만 연간 1억 명 이상 추정해서 주변 상권이 활성화될 것으로 기대했으나, 오히려 롯데월드타워 안에서만 소비가 이루어지면서 일부 주변 상권은 소비인구가 줄었다.

경기도 고양시 덕양구 삼송동에 신세계그룹 스타필드 개장으로 삼송역 일대 상권 역시 쇠퇴하는 현상이 발생했다. 스타필드 공사 할 때만 해도 주변 상권이 들떠 있었고, 삼송동에 신축하는 상가 분양이 잘 되었으나, 막상 스타필드 개장 후 상가 분양받은 사람은 임대가 안 되어 속상해하고 있다.

상권의 과학적 분석 방법

상권의 과학적 분석 방법으로는 '매출액 추정 이론'이라는 것이 있다. 이는 소비자의 행동을 분석해서 상권을 분석한 것이다. 이 외에 비율법, 소비자 설문 등이 있다.

라일리(William J.Reilly)의 법칙	'소매인력의 법칙'이라고도 하며, A · B의 두 도시가 있을 때 그 중간에 위치하는 C 마을로부터 흡수하는 구매력의 비율은 도시의 인구에 비례하며, 거리의 제곱에 반비례한다는 이론
컨버스(P.D. Converse)의 법칙	라일리의 법칙을 발전시켜서 만든 두 도시 간의 상권분기점을 산출하는 '상권분기점 공식'
허프(Huff) 모델	소비자가 동일지역의 여러 점포 중에서 특정 점포를 선택할 확률은 그 점포로부터 얻을 수 있는 효용과 수익에 의해 결정되며, 이 확률은 특정 지역 내의 모든 점포가 제공하는 총 효용의 합계 중에서 특정 지역에서 특정 점포에 의해 제공되는 효용의 크기가 차지하는 비율과 같다는 이론

상가의 임대수익과 자본이득은 자리가 결정한다

상가의 기본 가치는 일단 앞에서 설명한 물리적 요소에 의해서 많은 영향을 받는다. 흔히 '목 좋은 자리'에 있는 상가가 장사도 잘되기 때문에 임대수익도 높고, 상가 가격도 오르기 마련이다. 그럼 목 좋은 상가는 어떻게 찾아야 하나. 좋은 입지를 선정하는 기준에는 5대 법칙이 있다.

첫째, 만류 인력중력의 법칙에는 수직과 수평, 두 가지 법칙이 있다.
① 수직은 물이 고이는 자리, 즉 경사도로 봐서 저지대가 좋다. 언덕이 있으면 언덕 아래가 좋은 자리이며, 언덕 위는 목이 안 좋은 자리이다.
② 수평은 라일리의 법칙소매인력의 법칙이 작용한다. 흡인력은 인구매장 면적에 비례하고 거리 제곱에 반비례한다거리가 멀면 안 간다.

둘째, 자전의 법칙이 있다. 넓은 운동장에서 눈을 감고 앞을 향해 걸어보아라. 마음은 직선 방향으로 가려고 하지만 몸은 곡선을 따라 움직이는데 대부분 오른쪽으로 돌게 된다. 제식 훈련할 때 행진하면서 "좌로 봐!"라는 명령 구호를 들어보았는가? 아마 누구나 다 "우로 봐!"라는 명령 구호에 맞춰 오른쪽을 보면서 걸었을 것이다. 따라서 상가는 동선이 오른쪽으로 흐르는 곳이 좋다. 간판은 좌에서 우로 읽음

셋째, 달의 법칙밀물·썰물이 있다. 많은 사람이 해가 지고 달이 뜨면 흥분한다. 따라서 매출은 낮보다 밤에 더 많이 일어난다. 이는 퇴근 동선을 중시해야 한다.

앞의 세 가지를 법칙을 종합해 보면 '퇴근길에 사람이 많이 다니는

오른쪽 저지대가 좋다'는 결론이다.

넷째, 쾌락 추구의 법칙이 있다. 이는 입지·물리적 접근이 쉬워야 한다. 사람들은 이용에 조금이라도 불편하면 이용을 하지 않는다. 앞에서 말한 것처럼 저지대가 좋은 이유도 사람들은 군이 언덕을 올라가서 소비하려고 하지 않기 때문에 언덕 아래의 상권이 좋은 것이다. 1층은 계단이나 둔턱이 없어야 한다, 2층으로 오를 때 계단의 경사도는 45도가 넘으면 안 된다.

다섯째, 한류·난류 교차지점이 있다. 한류와 난류가 교차하는 지점에는 플랑크톤이 많다. 마찬가지로 대로와 동네 사람들이 자주 다니는 길이 만나는 곳에는 사람고객이 많다. 따라서 대로와 동네 사람들이 자주 다니는 길일명 개구멍길, 옹달샘길 이 만나는 곳의 상가가 목 좋은 자리이다. 앞의 설명을 그림으로 예를 한 번 들어보자.

① 시계성
- A 상가 입지가 더 좋다. - 시계성잘 보인다.
- B 상가는 꺾어져야 보이므로 지나치는 자리가 될 수 있다.

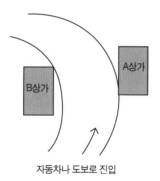

자동차나 도보로 진입

② 쾌락 추구의 본능

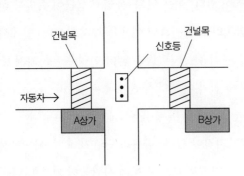

- B 상가가 위치적으로 좋다.

B는 일단 교차로와 건널목을 통과한 뒤라서 안전함을 느껴 자동차를 정차할 수 있다.

A 상가는 교차로를 통과하기 전이라 신호 바뀌기 전에 빨리 통과하려고 하며, 잠시 정차를 하려고 해도 뒤에서 오는 차 역시 교차로를 통과하려고 경적을 울리기 때문에 불안하다.

③ 주택 밀집 지역 앞에 있는 건널목 앞의 상가

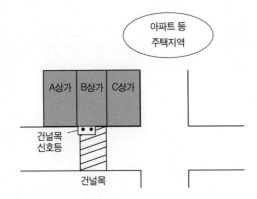

가장 좋은 상가는 C 상가 → A 상가 → B 상가 순이다. 먼저 C 상가는 코너에 붙어있는 이점도 있지만, 주택가로부터 최초_{출근} 동선이자 최후_{퇴근} 동선의 마지막_의 입지이다_{퇴근길에 집에서 가까운 상점에 들러 물건을 사서 들고 가는 데 편하다.}

다음으로 A 상가는 주간에 좋은 위치이다. 마지막으로 B 상가는 건널목의 점멸등 때문에 건널목 바로 앞 상가는 인식이 잘 안 된다_{사람들이 상점을 보기보다는 신호등을 보고 기다린다.} 그리고 점멸등이 없는 건널목이라면 주로 커다란 가로수가 있는 경우가 많아 좋지 않다.

④ 차량 이용과 도보 이용 시의 목 좋은 상가

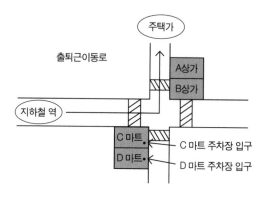

〈자동차 이용이 많은 경우 목 좋은 상가 순서〉
A 상가 → D 마트 → B 상가 → C 마트 순으로 좋다.

A 상가는 퇴근 동선의 마지막이라 항상 좋은 자리다.
D 마트는 차로 움직일 때 코너를 조금 지나 주차하는 것이 편리하다.
B 상가는 건널목 2개가 겹치면서 복잡하게 된다.

C마트는 코너를 돌자마자 주차를 해야 하므로 불편하다.

〈도보 이용이 많은 경우 목 좋은 상가 순서〉

A 상가 → B 상가 → D 마트 → C 마트 순으로 좋다.

(도보 이용이라 하더라도 마트는 주로 자가용 이용)

앞의 사례가 상가 입지 분석의 전부는 물론 아니다. 내가 실소비자라면 어디를 먼저 이용할 것인가를 위 그림과 같이 생각해보고 다른 사람들의 상가 이용도는 어떤지 사전에 많은 조사를 해봐야 한다. 특히 아침, 점심, 저녁과 밤 시간대별로 얼마나 많은 사람이 다니는지, 어떤 상가를 주로 이용하는지 파악을 하고 상가를 사는 것이 좋다.

분양상가 수익보장의 불편한 진실

분양하는 상가를 매입할 때 광고에 표시된 확정 수익보장 각서 등을 보고 매입하는 것은 매우 위험하다. 신문이나 길가에서 나눠주는 전단을 보면 '최고의 상권에 실투자금 5천만 원 투자하면 5년간 연 10퍼센트 확정 수익 보장보증서 발급'이나 '5년간 연 10퍼센트 수익 선지급'이라는 문구의 광고를 자주 볼 수 있다.

이러한 수익보장 문구는 물건을 팔기 위한 광고일 뿐이다. '임대수익 보장'이란 상가 완공 후 세입자를 구하지 못해도 일정 기간 상가 개발회사가 책임지고 임대수익금을 지급하는 방식이다. 하지만 이와 같은 임대수익 보장만 믿고 상가를 분양받지 말고 철저한 입지 분석을 한 후에 분양받는 것이 좋다. 분양하는 모든 상가가 문제가 있는 것은 아니지만, 이 세상에 공짜가 어디 있고 안전하게 수익을 보장해주는 경우가 있는지를 생각해보자.

임대수익을 상가 시행사가 대신 확정지급 보장하는 것은 그만큼 모든 비용이 분양가에 포함된 경우도 있다. 결국 내 돈으로 임대수익금을 지급하고 내가 다시 받아오는 것 일 수도 있다. 그리고 수익을 보장해주는 주체가 누구인지도 확인해 보아야 한다. 시행사가 금융기관에 정기예금 등에 가입한 후 정기예금을 담보로 한 후 금융기관에서 임대수익 지급보증서를 발급해줄 때에는 안전하지만, 시행사가 단독으로 임대수익보장각서를 작성해 주는 경우 시행사가 부도나거나 폐업할 때에는 법적인 보호를 받을 수 없음에 주의해야 한다.

따라서 '수익보장'이란 문구보다는 철저한 입지분석을 한 후, 주변 상가들의 임대수익을 직접 조사해 보고, 내가 만약 장사한다면 어떤 종류의 장사가 잘될 것인가를 생각해보고 매입하는 것이 좋다.

그리고 소규모 빌딩의 분양상가는 아주 탁월한 상권이 형성되지 않는 한 시간이 흐르면 흐를수록 임대수익률과 상가의 가격이 떨어질 수 있음에 주의해야 한다. 그 이유는 '구분 등기된 분양상가집합건물'는 일단 건물의 주인이 많으며, 건물 주인들은 서로 알지도 못하고 모임도 없다. 하지만 건물에 입주한 세입자들은 매일 장사하면서 함께 모임도 가지면서 친목을 쌓는다. 세입자들이 서로 모이면 세를 얼마 주고 장사하는지에 대한 정보가 훤하다. 한 세입자가 자기만 비싸게 월세를 주고 있다는 것을 알면 다음 임대차계약 때 임대료를 올려 받기 힘들 뿐만 아니라, 다른 임대인이 임대료를 내려주면 재계약 때 나도 덩달아 내려줘야 하는 경우도 있다.

따라서 '구분등기 된 분양상가집합건물'를 사고자 할 때는 주변의 상권이 어느 정도 발달했는지, 임대료가 어느 정도인지 조사해봐야 한다. 그래서 '구분등기 된 분양상가집합건물'는 분양 매입이나 일반 매입보다는 경매나 공매로 매입할 것을 권한다. 상가 경매·공매는 임차인 권리분석 등 주택보다 쉽고 위험이 적다.

상가 분양의 불편한 진실

상가 분양 상술에 현혹되지 말고 아주 천천히 곰처럼 진득하게 관찰하자. 아파트와 주상복합을 분양받으려면 주택종합청약저축이나 청약예금에 가입하고 일정 기간이 지나야 청약자격이 주어진다. 하지만 상가나 오피스텔아파텔 등은 청약통장과 상관없이 선착순 분양이다 보니, 상가와 오피스텔 판촉전은 그 도를 넘어서고 있다.

분양대행업체의 지나친 영업 활동은 자칫 분양받는 상가나 오피스텔 매입자의 피해로 전가 될 수 있으므로 주의해야 한다. 분양하는 직원들의 급여는 100퍼센트 실적에 따른다. 특히 판매가 어려운 층이나 북향 등을 팔게 되면 더 많은 성과급을 받는다. 그러다 보니 상가오피스텔의 좋고 나쁘고를 떠나 무조건 좋은 점만을 강조하기 때문에 막상 분양 계약하고 나서 후회하는 일이 많아지는 것이다.

분양률을 높이기 위한 마케팅 방법

모든 상가 분양이 다 그런 것은 아니지만, 일부 분양이 어려운 신축 상가오피스텔 분양팀이 사용하는 방법이다. 분양계약을 높이기 위한 판매자의 마케팅 방법이니 소비자의 입장에서는 상술에 현혹되지 말고

냉철한 판단을 가지고 내 돈 관리를 해야 한다.

첫째, 오피스텔의 전망 좋은 고층 남향, 상가의 1층 등 일반인들에게 많은 관심이 있는 관심 물량은 시행사나 분양회사가 가지고 있다가 높은 가격에 재분양하는 방법이다일명 '뚜껑 닫기' 작업이라고 함.

그리고 투자자들이 잘 사지 않는 북향, 서향 등을 먼저 팔고 나면 '회사보유분 특별분양'이라는 플래카드를 내걸고 이미 계약된 물건을 어렵게 구해서 중개해주는 것처럼 하면서 프리미엄까지 얹혀서 분양하는 경우가 있으므로 주의해야 한다. 물론 프리미엄을 얹혀서 매입하더라도 입지적으로 훌륭한 상권이고 나중에 상가 가치가 올라갈 것 같다면 투자할 만하지만, 그렇지 않으면 자칫 장사도 안되는 상가를 프리미엄까지 덤으로 주고 사서 손해를 볼 수 있음에 주의해야 한다.

오래전 신문에 신도시 인접 단지 내 상가 공개입찰 분양의 경우 내정가보다 세 배 가까운 금액에 낙찰되는 등 상가의 고가 낙찰 기사를 자주 접할 수 있었다. 그러나 이는 실수요자인 일반인 참여보다 작전세력의 '보이지 않는 손'이 단지 내 상가 1개를 고가에 낙찰받아 프리미엄을 받고 되팔며, 다른 상가의 가격까지 올려서 이익을 취한다는 것이 시행사 내부자의 정보였다. 서울 K구와 J구의 일부 재개발 단지 내 상가들은 조합과 시행사가 협력해서 이런 불공정 영업을 한 것으로 알려졌다.

둘째, 40~60대의 아르바이트를 동원, 분양받으러 온 고객으로 가장해서 많은 사람이 상가오피스텔 투자에 관심이 있는 것처럼 꾸미는 예도 있다일명 '뻐꾸기' 작업이라고 함. 이런 작업은 최초 분양 후 보통 일주일 정도 지나면 시작을 하는데, 앞에서 말한 것처럼 잘 안 팔리는 오피스텔의 북향이나, 서향, 저층 파는 작업을 위해서 동원된다. 주거용 오피스텔은 일단 주거를 목적으로 지어지기 때문에 방향이 매우 중요하다.

일반 아파트는 대부분 동향이나 남향만을 짓는데, 주상복합과 오피스텔아파텔은 한 동에 동향, 남향, 북향, 서향을 전부 짓는다. 사실 북향과 서향은 빛이 잘 들어오지 않아서 온종일 조명을 밝혀야 한다. 따라서 사람이 주거용으로 생활하기 불편하고 전·월세도 싸다. 그러다 보니 손님을 가장한 도우미를 동원한 후 분양하는 사람들끼리 서로 짜고 치는 연극을 할 수밖에 없다.

뻐꾸기 작업은 보통 다음과 같은 연극으로 진행된다. 선착순 분양하는 주거용 오피스텔에서 남향과 동향의 로열층은 시행사나 분양대행사가 제3자 명의로 계약서를 작성해서 분양이 다 된 것처럼 서류를 만들어 놓는다. 선착순 모집 분양하는 첫날, 사람들이 많이 몰리면 남향과 동향의 로열층 중 한 5퍼센트만 선착순 분양을 하고 10분 정도 지나면 모델하우스에 설치된 호수별 상황판에 남향과 동향 로열층은 분양이 완료되었음을 알리는 노란 딱지를 붙여놓는다. 이제 마이크로 '몇 호', '몇 호'라고 외치면서 분양계약이 완료되었다는 안내 방송을 한다.

그리고 분양상담사들에게 메시지를 보내 북향과 서향을 팔도록 지시한다. 사람들이 북적거릴 때 나쁜 향을 빨리 처분해야 하기 때문이다. 분양 시작 후 며칠을 보내고 나면 모델하우스를 구경하는 사람들이 점차 줄어든다. 이때부터 안 팔린 북향과 서향을 팔기 위한 본격적인 행동이 시작된다. 상담하러 온 고객한테 내놓는 층별 호수별 배치도에는 X 표시를 해서 대부분 분양된 것처럼 보이게 하고 미분양 된 북향과 서향의 나쁜 곳만 형광펜으로 칠해놓는다.

상담 과정 중 고객이 약간 꺼리는 모습을 보이면 다른 분양상담사가

와서 "지금 그 호수는 저쪽에 앉아 계시는 아주머니_{고객을 가장한 도우미}가 계약하려고 하는 것 같은데 다른 호수를 말씀드려"라고 말한다. 그러면 지금껏 상담해주던 분양상담사가 "계약서를 작성했냐? 누구나 먼저 계약금 내고 계약서 작성하는 것이 우선순위 아니냐?" 하고 대꾸한다.

상담하러 온 고객에게는 "이 지역의 오피스텔은 월세 수요가 많고, 인기가 있으므로 월세 목적으로 하나씩 사둡니다. 은행에다 1억 넣어봤자 세금 빼고 얼마나 받습니까? 그리고 오피스텔은 사무실 개념이기에 북향이나 남향 등 향에 따라 임대료가 차이가 없습니다. 그나마 남아 있는 물건도 다섯 개 밖에 없는데 그 중 가장 좋은 층이므로 지금 결정 안 하시면 저쪽에 있는 아주머니한테 넘길 수밖에 없습니다"라고 말한다. 그러면 상담받던 고객은 정말 좋은 물건이라 생각하면서 계약서를 작성하고 계약금을 지급한다.

만일 고객이 계약하지 않을 것 같으면 "간혹 분양받은 사람 중 프리미엄을 요구하고 팔거나, 프리미엄 없이 다시 팔아달라고 하는 고객분들이 있으므로 좋은 층 나오면 연락드릴 테니 연락처 하나만 주십시오"라고 말한다. 그리고 연락처를 남기면 어김없이 하루이틀 있다가 전화가 온다. 그러면서 두 개의 물건을 구했다고 말한다.

동향의 로열층은 프리미엄을 1,000만 원 요구하고, 북향은 지난번 권유했던 것보다 좀 더 높은 층을 권유하면서 층이 높으므로 전망이 좋다고 말한다_{사실 동향과 북향 모두 계약되어 있었던 것은 아니며, 아직 팔리지 않은 물건 중에서 동향은 그나마 좀 더 비싸게 팔면서 분양상담사의 성과 보수를 챙기는 것이고, 북향 역시 분양되지 않고 남아 있던 물건일 뿐이다.} 그러면 대부분의 사람은 정말 북향이라도 잡아야겠다는 생각에 계약금 들고 달려가기 마련이다. 이렇게 해서 북향, 서향, 저층을 모두 팔고 나면 모델하우스에 다음과 같은 플래카드가 내걸린다. '회사보유분 특별분양!'

얼마나 많은 사람의 발걸음을 사로잡을 것인가? 그것이 상가투자의 가장 큰 핵심 전략이다. 상가는 유동인구보다 소비인구가 더 중요하다.
대형쇼핑몰은 주변 소비인구를 빨아들이기에 상가투자 시 주의해야 한다.
상가는 소비인구가 많은 곳, 오피스텔은 유동인구 많은 곳이 유망지역이다.
주간인구지수라는 것이 있다. 상주인구지수대비 주간인구지수가 높은 지역에 있는 오피스텔은 임대수익률이 높고 가격도 오른다.

농지연금을 받기 위한 부동산 투자방법

연금 6층탑 농지연금 만들기

자, 이제 연금 6층탑을 쌓을 농지연금 만들 단계까지 왔다. 연금 1층 공적연금부터 시작해서 연금 6층 농지연금까지 만들어 놓으면 여러분의 지갑은 평생 돈이 마르지 않는 '화수분 지갑'으로 변해 있을 것이다.

요즘 남자들의 은퇴 후 로망은 한적한 시골에서 농사지으며 사는 전원생활이라고 한다. 남자의 로망을 위해 목돈이 모이면 1,000㎡약 302평 이상되는 임야 중 1,000만 원 이하의 가격으로 살 수 있는 것을 찾아 두 필지만 사놓자. 큰돈 들여 많은 땅을 사놓을 필요는 없다. 어차피 젊을 때는 내 집 마련도 해야 하고 가정도 꾸리다 보면 돈 필요할 일이 많다. 그러니 수익도 나오지 않는 땅에다 큰돈 묻어 두면 안 된다. 농업인 조건을 맞춰야 하는 땅만큼만 매입했다가, 노후에 농지연금 받을 준비를 위함이다.

단, 한 살이라도 젊을 때 빨리 사놓자. 앞 증권 투자 방법의 적립식 투자 편에서 2017년 10월 말까지 삼성전자주식을 매월 100만 원씩 1980년 1월부터 사들인 사람과 1990년 1월부터 사들인 사람의 투자원금은 1억 2,000만 원 밖에 차이가 안 나지만, 10년간의 투자 수익 금액은 241억 원이나 많은 차이가 났다. 이는 10년이라는 시간이 만들어 놓은 엄청난 화폐 가치였음을 증명해줬다.

토지도 마찬가지이다. 토지는 공시지가가 매년 적게는 1퍼센트 정도 많게는 5퍼센트 이상 오른다. 매년 이렇게 오름으로서 연 복리효과가 발생한다. 1970년 인천 영종도의 운남동에 있는 토지를 3.3㎡ 1평당 500원에 약 33만 4,000㎡약 10만 평를 5,000만 원에 매입했는데, 2006년 운남동 국토개발로 3.3㎡ 1평당 평균 80만 원 정도에 수용을 당해 약 800억 원에 달하는 토지 보상비를 받은 사례를 앞에서 말했다. 시간의 화폐 가치를 측정할 수 있는 것이 땅이다. 남자의 로망을 위해 저렴하게 사놓은 땅이 먼 훗날 로또가 될 수도 있고, 로또가 안 되면 화수분 지갑에 매월 용돈을 꼬박꼬박 챙겨주는 농지연금이라는 효자로 자라 있을 것이다.

주말농장? 이왕 할 거면 내 땅에서 크게 하자

주말농장이 인기다. 주말에 골프 대신 가족들과 함께 텃밭에서 이런저런 채소를 키우며 오붓한 시간을 보내는 가족들이 많다. 남의 땅 빌려서 주말농장 즐기는 대신 아예 1,000만 원 이하의 싼 가격에 내 명의로 땅을 사서 농지를 만들고, 가족들과 주말농장처럼 농사지으며 즐기면 어떨까?

젊었을 때부터 농지 하나 잘 관리하고 있으면 '농지연금'이라는 효자로 자라서 노후에 평생 돈이 마르지 않도록 화수분 지갑에 용돈을 공급해 줄 것이다.

은퇴 후 남자의 로망이 한적한 시골에서 농사지으며 사는 전원생활이라고 했다. 지금 60세라고 해도 괜찮다. 지금이라도 싼 가격에 땅 사서 5년 이상 농사 지은 후 농업인 등록하면 농지연금 받을 수 있다. 왜냐하면 농지연금은 만 65세 이상 농업인이 소유한 농지를 담보로 노후 생활 안정자금을 매월 연금형식으로 받는 제도이기 때문이다. 앞에서 살펴본 주택연금과 유사한 제도이다. 그래서 주택연금과 농지연금을 함께 받으면 매월 쏠쏠한 현금이 지갑에 쌓여 있을 것이다.

농지연금의 기본 개요

농지연금의 기본 개요부터 알아보자. 아래 내용은 농지연금포탈 사이트에서 발췌한 것으로 연금 지급액 등 내용이 수시 변경되니 농지연금포탈 사이트www.fplove.or.kr에서 농지 연금 지급액 등을 수시로 확인해보기 바란다.

1. 농지연금 신청자격
1) 연령
농지연금 신청연도 말일 기준으로 농지소유자 본인이 만65세 이상이며 농지소유자 본인의 신청일을 기준으로 농업인일 것
　- 연령은 민법상 연령을 말하며 주민등록상 생년월일을 기준으로 계산하여 적용함
　- 농업인이란 '농지법 제2조 제2호에 따른 농업인'을 말함

농지법 제2조 제2호	농지법 시행령
제2조(정의) 2호. '농업인'이란 농업에 종사하는 개인으로서 대통령령으로 정하는 자를 말한다.	제3조(농업인의 범위) 법 제2조 제2호에서 "대통령령으로 정하는 자"란 다음 각 호의 어느 하나에 해당하는 자를 말한다. 1. 1천 제곱미터 이상의 농지에서 농작물 또는 다년생식물을 경작 또는 재배하거나 1년 중 90일 이상 농업에 종사하는 자 2. 농지에 330㎡ 이상의 고정식 온실·버섯재배사·비닐하우스, 그 밖의 농림축산식품부령으로 정하는 농업생산에 필요한 시설을 설치하여 농작물 또는 다년생식물을 경작 또는 재배하는 자 3. 대가축 2두, 중가축 10두, 소가축 100두, 가금 1천수 또는 꿀벌 10군 이상을 사육하거나 1년 중 120일 이상 축산업에 종사하는 자 4. 농업경영을 통한 농산물의 연간 판매액이 120만 원 이상인 자

2) 영농 경력

신청인의 영농 경력이 5년 이상일 것

- 농지연금 신청일 기준으로부터 과거 5년 이상 영농 경력 조건을 갖추어야 함
- 영농 경력은 신청일 직전 계속 연속적일 필요는 없으며 전체 영농 기간 중 합산 5년 이상이면 됨

3) 대상 농지

지목이 전, 답, 과수원으로써 실제 영농에 이용 중인 농지

- 가입 신청자가 소유하고 있는 농지
- 저당권 등 제한물권이 설정되지 아니한 농지
- 압류·가압류·가처분 등의 목적물이 아닌 농지
- 제외 농지: 불법건축물이 설치되어 있는 토지, 본인 및 배우자 이외의 자가 공동소유하고 있는 농지, 개발 지역 및 개발계획이 지정

및 시행 고시되어 개발계획이 확정된 지역의 농지

2. 연금 지급 방식

1) 종신형: 가입자_{배우자} 사망 시까지 매월 일정한 금액을 지급하는 방식

2) 기간형: 가입자가 선택한 일정 기간 동안 매월 일정한 금액을 지급하는 방식

※ 기간형으로 선택 시 매월 받는 월지급금은 종신형보다 많이 받을 수 있다.

농지연금의 장점

① 부부 종신 지급

농지연금을 받던 농업인이 사망할 경우 배우자가 승계하면 배우자 사망 시까지 계속해서 농지연금을 받을 수 있다. 단 연금 신청 당시 배우자가 65세 이상인 경우에 한함

② 계속해서 영농소득을 수익하거나 임대소득 수익 가능

연금을 받으면서 담보농지를 직접 경작하거나 임대할 수 있어 연금 이외의 추가소득을 얻을 수 있다.

③ 재정지원으로 안정성 확보

정부 예산을 재원으로 하며 정부에서 직접 시행하기 때문에 안정적으로 연금을 받을 수 있다.

④ 연금채무 부족액 미청구

농업인배우자 포함 사망 시에는 그동안 받은 연금 금액을 담보농지 처분으로 상환하게 되는데, 부족하다고 상속인에게 청구하지 않으며, 남은 금액이 있으면 상속인에게 돌려줌.

⑤ 연금지급을 위한 대출금리가 저렴하다.개인 신용도와 상관없이 연 2퍼센트 일률 적용 - 2017년 11월 현재

참고로 2017년 11월 현재 조건표에 따른 연금 지급액은 농지가격 1억 원공시지가 기준 65세 농업인의 경우 종신형전후후박형 – 최초 10년 동안 많이 받고, 11년 차부터 적게 수령 최초 10년 동안 매월 42만 9,000원씩 수령, 이후 11년부터 매월 30만 원씩 종신토록 연금 받음

몰라도 되지만 알면 유익한 TIP

〈농지연금과 주택연금의 비교〉

구 분	농지연금	주택연금
가입연령	농지소유자가 만 65세 이상	부부 중 한 명이 만 60세 이상
가입조건	영농경력 5년 이상 농업인	부부 기준 9억 원 이하 1주택 소유자 또는 합산 가격 9억 원 이하 다주택자
담보물	농지(지목: 전, 답, 과수원)	주택
연금지급방식	종신형, 기간형	종신형, 종신혼합형, 확정혼합형 등
담보물평가	개별공시지가, 감정평가	인터넷 시세, 감정평가

토지투자의 매력

부동산 투자는 흔히들 투자 불패라고 믿는다. 하지만 상담하다 보면 부동산 투자로 실패한 경험담도 많이 듣는다. 그런데 주변에서 돈을 번 사람들 말을 들어보면 왜 부동산만 이야기할까? 그것은 투자의 기본인 장기투자의 덕을 톡톡히 볼 수 있는 것이 부동산특히 땅이기 때문일 것이다.

많은 부자들이 주식보다 부동산을 선호하는 이유 중 하나가 매일 주식의 변동성에서 오는 초조한 감정 때문이라고 한다. 주식투자는 심한 경우 하루에 상한가에서 하한가로 곤두박질치기도 하고, 하한가에서 상한가로 급상승하는, 마치 롤러코스터를 보는 듯하니 투자자 입장에서는 마음을 조아릴 수밖에 없다.

반면 땅은 가격이 오르는지 떨어지는지를 느끼지도 못할 뿐만 아니라 땅을 가지고 있다고 해서 부동산중개사무소에 매일 전화를 걸어 시세 확인도 하지 않는다. 이는 결국 부동산투자를 장기투자로 이끌게 되고 심리전에 휘말릴 필요도 없기 때문에 일단 투자해놓으면 편안한 마음을 유지할 수 있게 된다.

가치우량주식이나 주식형펀드도 장기투자하면 부동산보다 더 큰 이득을 볼 수 있음에도 불구하고 부동산 투자에서 장기투자의 이득이 더 크게 나타나는 것은 결국 중간 중간 시세확인을 하지 않기에 심리전에서 승리하기 때문이다.

특히 토지투자가 장기투자로 자연스럽게 이어지는 이유는 거래금액 자체가 크다 보니 주식처럼 쉽게 사고팔고 하지 못하고, 토지를 사고 팔 때마다 각종 거래세와 양도세 부담이 있기 때문이다. 따라서 대부분 한번 사면 수 년에서 수십 년을 묵혀두며 오래된 와인처럼 그 값 어치는 훗날 평가되는 것이다. 그래서 땅에 투자하는 것을 두고 '세월 에 돈을 묻는 것'이라고 한다.

옛말에 '자식 놈이 속일지언정 땅은 속이지 않는다'라는 말이 있다. 농사짓던 논밭 다 팔아 자식 공부시켜봐야 성공하면 부모를 몰라보는 게 자식이라고 했다. 반면 나이가 들어서까지 땅을 가지고 있으면 자 식들 발걸음으로 문지방이 닳는다. 똘똘한 땅 역시 편안한 노후를 보 낼 만큼 넉넉한 돈으로 보상될 것이다.

모든 생물은 땅에서 태어나 땅으로 돌아간다. 세월은 우리를 다시 땅으로 돌아가게 하지만 땅은 후손들한테 넉넉함을 남겨준다. 조상 대 대로 이어져온 종중 선산도 세월이 흘러 개발되면 어렵게 사는 후손들 에게 큰 보탬을 준다.

땅이 부자를 만들어준다

가격은 수요와 공급이 일치하는 시점에서 형성된다. 그리고 토지의 공급은 한정적일 수밖에 없다. 토지 공급을 늘리기 위해서는 산을 개 간하거나 호수나 바다를 메워 간척지를 만들 수밖에 없다. 그러나 토 지를 소유하고자 하는 수요는 꾸준하기 때문에 땅값이 떨어지기 어려 운 것이다.

Real Story L사장은 남양주시 별내면에서 부친이 크게 하던 농장을 상속받아 20여 년 동안 포도와 먹골배 농사를 계속 지어 왔다. 부친의 농장을 상속받은 다른 형제들은 농장을 오래전에 팔고 이런저런 사업을 하다가 전 재산을 잃었으나, L사장은 20년 동안 농장가업을 이어온 덕분에 별내면이 택지지구로 개발되면서 2005년 12월 토지수용 보상금으로 약 100억 원을 받았다.

토지 투자, 위험을 알면 실패도 없다

모든 투자에는 위험이 따른다. 부자가 되려면 위험을 피하지 말고 관리하라고 앞에서 말했다. 땅이라고 해서 사 놓기만 하면 아무런 위험 없이 큰돈이 되는 것은 아니다. 수십 년 전 토지 규제가 별로 없었을 때에는 부동산 중개인 말만 믿고 아무 땅이나 매입했어도 큰돈을 벌 수 있었다.

그러나 이제는 토지공개념을 기본으로 한 국토 관련 정책과 토지투기의 억제를 위해 각종 규제가 많아졌다. 따라서 이제 잘못된 토지 투자는 큰 손실을 볼 수 있음을 명심해야 한다. 땅에 투자할 때 어떤 위험이 있는지를 알아보자.

1) 토지 수용의 위험

우리나라에는 '공익사업을 위한 토지 등의 취득 및 보상에 관한 법률'이라는 것이 있다. 이는 중앙정부나 지방자치단체에서 공공의 이익을 목적으로 택지 개발을 할 때 국토의 효율적 개발을 위해 개인 지주들로부터 토지를 사들여 개발을 주도하는 것이다.

즉, 개인 지주들의 농지나 임야 등의 땅을 중앙정부나 지방자치단체가 매입해서 경지정리 작업을 한 후 택지를 민간 사업자에게 다시 분양하거나 중앙정부, 지방자치단체가 직접 주택 등을 건설해서 분양하는 것이다. 이때 물론 중앙정부나 지방자치단체는 지주들로부터 수용하는 토지를 평가해 적정가격을 보상하는데 위험은 여기에서 발생한다.

'공익사업을 위한 토지 등의 취득 및 보상에 관한 법률 시행규칙 22조취득하는 토지의 평가에 취득하는 토지를 평가함에 있어서는 평가대상 토지와 유사한 이용가치를 지닌다고 인정되는 하나 이상의 표준지의 공시지가를 기준으로 한다'라는 규칙에 따라 수용당하는 토지의 보상가격은 평균적으로 공시지가의 100~200퍼센트 범위 내에서 이루어지고 있다.

하지만 토지가 실제 거래될 때에는 공시지가의 5~10배 이상에서 거래되는 것이 현실이며 심한 경우 공시지가의 20배 이상에서 토지 거래가 이루어지기도 한다. 따라서 공시지가의 10배를 주고 토지를 매입한 지 얼마 지나지 않아 수용당하게 되면 보상을 많이 받아봐야 공시지가의 2배 정도를 받게 되니 투자 손실이 매우 커질 수 있다.

2006년 5월 김포신도시 개발과 관련해 지주들의 토지 수용이 있었는데 당시 상담한 사례가 있다. 2002년 말 투자자는 강남의 모 찜질방에서 주변 사람의 말만 믿고 농지 1,000여 평을 평당 80만 원씩당시 공시지가의 약 12배 정도 약 8억 원에 매입했는데 수용당하면서 보상가는 평당 60만 원 정도밖에 안 되어 약 2억 원 정도를 손해 보게 되었다며 어떻게 해야 할지를 상담해왔다.

하지만 토지 수용의 경우 행정소송을 한다고 해서 보상가격이 크게 늘어나는 것도 아니다. 이미 개인 간 매매할 때 공시지가 대비해서 너무 비싸게 주고 산 것 자체가 문제인 것이다. 따라서 개발예정지라고 해서 부동산 투자에 100퍼센트 성공하는 것은 아님을 알아야 한다. 땅이 수용당하면서 큰 이익을 보는 사람은 10년 이상 장기적으로 토지를 가지고 있었던 사람이다.

그럼 주로 어느 땅이 수용으로 인한 개발이 이루어질까? 사실 '공익 사업을 위한 토지 등의 취득 및 보상에 관한 법률'에 따라 대한민국 전 국토가 수용 대상이 될 수 있다. 하지만 정부가 수용을 하려면 지주에게 보상해줘야 하므로 국토개발의 필요성이 있는 지역이면서 땅값이 싼 지역이 대상이 될 것이다. 이는 주로 개발제한구역그린벨트이나 농업진흥구역 내 농림지역, 군사시설 보호구역 등이 될 가능성이 높다. 왜냐하면 위 세 가지 지역은 그동안 각종 법적인 제재로 인해 개발이 안 되었기에 주변 땅값보다 상대적으로 싸고 공시지가도 높지 않기 때문이다.

따라서 토지 수용 여부에 대하여 이미 공표가 된 것은 관할 관공서에서 알 수 있지만 공표가 안 된 것은 알기가 어려우므로 주로 현지 거주민 등을 통해 개발계획과 수용 여부를 확인해야 한다.

일부 부동산 전문가들 중에는 컨설팅 과정에서 그린벨트 지역의 땅을 추천하는 경우가 종종 있다. 그린벨트 지역의 투자는 매우 큰 수익을 얻을 수도 있지만 수용으로 인해 엄청난 투자 손실도 볼 수 있음에 주의해야 한다.

2) 공공의 목적으로 토지용도를 공익보전임지 또는 공원용지 등으로 변경될 가능성

어느 날 멀쩡한 땅이 갑자기 공원용지로 지정되거나 공익보전임지 등으로 지정되는 사례를 종종 접할 수 있다. 이는 지역 주민들과 지방자치단체의 입김이 강해지면서 나타나는 현상이다. 특히 아파트 단지와 접해 있는 임야 등은 공익보전임지 등의 지정이 잦아지고 있다.

공원용지나 공익보전임지는 개발이 어렵기 때문에 부동산 가격의 하락을 가져온다.

택지 개발이 이루어진 지역에 바로 붙어 있는 임야나 아파트에 둘러싸인 임야 등은 내 땅이라 하더라도 개발이 어려울 경우가 많다. 즉, 주민들이 단체로 민원을 제기하면 건축허가를 얻기가 쉽지 않기 때문이다.

일례로 경기도 신도시 인근 모 아파트 단지와 붙어 있는 임야를 평당 20만 원에 3,000평을 매입한 후 가든 음식점을 하려고 건축허가를 냈으나 이미 이전 소유주가 음식점을 내려다 주민들의 반대와 민원에 밀려 건축 불허가 된 사실을 알게 되었다. 그리고 그 임야는 주민들의 쾌적한 환경을 요구하는 민원 때문에 공익보전임지로 지정하는 방안을 검토 중이라는 청천 날벼락 같은 소리를 들었으나 이미 부동산 소유권을 넘겨받아 어찌할 방법이 없는 것이었다.

몰라도 되지만 알면 유익한 TIP

[공익보전임지]

산림법 상의 분류로서 공공의 이익증진을 위해 녹지를 보전할 필요가 있는 임야에 대해 지정된 곳 - 토지 주인의 자체 개발이 어려움

---

3) 등기부등본을 100% 맹신하는 위험

부동산을 거래할 때 반드시 확인해야 하는 서류가 있다. 바로 등기부등본정식명칭 - 등기사항전부증명서이다. 부동산의 소유주가 누구인지 확인할 수 있기 때문에 부동산 거래에 반드시 필요한 서류다.

그런데 등기부등본의 내용은 '공시력'은 인정하지만 '공신력'은 인정하지 않고 있다. 무슨 의미인가 하면 부동산 등기부등본의 소유자 표시는 '△△△지번의 부동산은 ○○○의 소유'라고 소유권이 표시되어 있다는 사실만을 알려주고 있는 것이지, 대한민국 정부가 이를 '○○○의 소유'라고 보증해주지는 않는다.

즉, 부동산 등기부등본은 등기소라는 국가기관이 각종 권리관계를 정리하여 국민에게 알려줄 뿐이며 등기부등본에 기입된 권리관계를 법률상 보장해주는 것은 아니다. 따라서 잘못 기입된 부동산 등기부를 믿고 거래해서 손해를 보았다면 거래 상대방과의 손해배상 청구를 통해 해결할 수밖에 없으며, 등기부등본을 믿고 거래했다고 해서 국가기관인 등기소를 상대로 배상받을 수는 없다.

부동산 등기를 위조하여 다른 제3자에게 매매했을 경우, 위조 사실을 모르고 부동산을 매입한 제3자는 본 부동산의 진정한 소유자가 소유권을 주장할 경우 이를 빼앗기게 되고 손해배상 청구는 위조해서 매매한 당사자를 통해서 할 수밖에 없다.

하지만 부동산 등기부등본이 공신력은 없는 대신 다른 힘이 있는데 '등기의 추정력'이다. 어떤 등기가 존재하면 그 등기의 유무효와 관계없이 등기가 형식적으로 존재한다는 사실로부터 등기된 대로의 권리관계가 존재하리라는 '추정'을 일으키는데 이를 부인하는 자가 그 사실에 대한 반대 증거를 제출하여야 한다.

어쨌거나 공신력 없는 부동산 등기부등본을 믿을 수 없다고 부동산 거래를 안 할 수는 없다. 단지 거래를 할 때 주의해서 사기 당하지 않도록 해야 할 것이다. 그럼 어떻게 해야 부동산 사기꾼들로부터 피해를 예방할 수 있을까?

① 부동산의 원 소유주가 20~30년 이상 보유하고 있다가 근래 법원의 판결에 의하여 소유권이 다른 사람에게 이전된 지 얼마 지나지 않아 매도 물건으로 나온 부동산은 일단 의심할 필요가 있다. 특히 법원 판결에 의해 소유권을 새로 이전 받은 사람의 나이가 너무 많아 거동이 불편하다면서 대리인이 인감증명서를 가지고 나와 계약하겠다는 부동산은 의심하자

등기소 직원의 눈을 속여 등기를 위조한 경우가 많으며 사기꾼들은 계약금과 중도금만 받고 사라지는 경우가 많다. 즉, 원 소유주가 부동산을 장기간 보유하면서 등기부의 '갑구'와 '을구'에 다른 기재사항이 없었던 부동산은 '민법 245조점유로 인한 부동산 소유권의 취득기간 ① 20년간 소유의 의사로 평온, 공연하게 부동산을 점유하는 자는 등기함으로써 그 소유권을 취득한다. ② 부동산의 소유자로 등기한 자가 10년간 소유의 의사로 평온, 공연하게 선의이며 과실 없이 그 부동산을 점유한 때에는 소유권을 취득한다'는 법 조항을 악용해 사기꾼들의 타깃이 되는 부동산이기 때문이다.

② 일반적인 부동산 거래에서는 현재의 전산화된 등기부등본으로 소유자가 누구인지를 확인하고 거래할 수 있다. 그러나 위 ①과 같이

법원의 판결로 소유권이 이전된 지 얼마 되지 않아 매도 물건으로 나온 경우에는 부동산을 거래하기 전에 폐쇄등기부등본현재 전산화가 이루어지기 전 등기부등본을 확인해서 과거의 등기 이력을 검토하는 것이 좋다.

아울러 법원 판결에 의하여 소유권이 이전된 부동산을 거래할 때는 등기부에 기록된 법원의 사건번호로 대법원 홈페이지www.scourt.go.kr에서 조회해 실제 법원 판결이 있었는지를 확인하는 것도 피해를 줄이는 방법이다.

③ 당사자끼리 거래하지 말고 반드시 법정 등록된 부동산공인중개인을 통하거나 기타 전문가를 통해 계약하는 것이 바람직하다. 중개수수료를 절약하려다 오히려 더 큰 재산을 잃는 낭패를 볼 수도 있기 때문이다.

4) 등기부에 나타나지 않는 분묘기지권·법정지상권 ·유치권·특수지역권 위험

토지를 살 때에는 반드시 현장을 방문해서 등기부에는 없으나 눈에 보이는 다른 권리가 있는지를 찾아야 한다. 토지 매입 후 훗날 뜻하지 않은 손실을 주는 것이 주로 분묘기지권과 법정지상권, 유치권 등이다. 따라서 이러한 위험은 부동산 매매계약서에 분명히 명시하여 분쟁이 발생하지 않도록 해야 한다.

① 분묘기지권이란 타인의 토지 위에 분묘墓地를 소유하기 위하여 그 토지를 사용할 수 있는 지상권에 유사한 일종의 물권을 말한다. 분

묘기지권은 다음의 세 가지가 있다. ① 타인의 토지 내에 그 소유자의 승낙을 얻어 분묘를 설치한 경우 ②자기 소유의 토지에 분묘를 설치하였는데 후에 그 분묘기지에 대한 소유권을 보유하거나 분묘를 이전한다는 특별한 약정이 없이 토지를 처분한 경우 ③ 타인 소유의 토지에 승낙 없이 분묘를 설치한 후 20년간 평온, 공연하게 분묘의 기지를 점유한 경우이다.

따라서 제3자 앞으로 분묘기지권이 성립되어 있는 경우 본인 토지라 하더라도 분묘를 옮기거나 손댈 수 없기 때문에 토지 사용이나 재산권 행사에 큰 제약이 될 수 있다.참고로 이 책에서는 토지에 분묘기지권이 있어서 경매나 공매에서 유찰이 많이 되고 가격이 싼 임야에 투자해서 농지로 이용하는 방법을 아는 것이 핵심이다

② 법정지상권이란 당사자의 설정계약에 의하지 않고 법률 규정에 의하여 당연히 인정되는 지상권을 말한다. 토지와 건물을 별개의 부동산으로 취급하는 결과, 토지와 그 토지 위의 건물이 각각 다른 자에게 귀속하면서도 그 건물을 위한 토지의 사용, 수익권이 존재하지 않는 경우가 있게 된다.

이러한 경우에 그 토지 위의 건물을 위한, 토지에 대한 잠재적인 용익관계를 현실적인 권리로 인정함으로써 토지와 건물과의 결합관계를 유지하고자 하는데 그 목적이 있는 관습법이라 할 수 있다. 따라서 토지를 매매대상 거래로 했다가 나중에 현장에 가보니 다른 사람 명의의 건물이 있다거나 등기되지 아니한 미등기 건물이라 하더라도 일단 다른 사람 명의의 건물이 있으면 토지 이용에 제한을 줄 수 있으므로 토

지 거래 시 반드시 먼저 현장을 확인한 후 거래해야 한다.

본 위험을 예방하는 방법은 해당 지번의 '토지등기부등본'뿐만 아니라 '건물등기부등본', '건축물관리대장', '가설건축물관리대장'이 존재하는지 여부를 반드시 확인하고, 이에 대한 처리 방법을 부동산 매매계약서 상에 명시하는 것이 안전하다. 그리고 임야를 매입할 경우에는 반드시 식재된 수목도 함께 매매대상물임을 명시하는 것이 좋다.

③ 유치권이란 '민법 제320조유치권의 내용 타인의 물건 또는 유가증권을 점유한 자는 그 물건이나 유가증권에 관하여 생긴 채권이 변제기에 있는 경우에는 변제를 받을 때까지 그 물건 또는 유가증권을 유치할 권리가 있다'라고 정의하는 권리이다.

따라서 유치권이 존재하는 부동산을 매입하게 된다면 뜻하지 않은 비용을 지불할 수가 있다. 그런데 부동산에서 발생하는 유치권은 거의 99퍼센트가 공사대금과 관련한 유치권이라고 볼 수 있다. 따라서 매매대상 부동산의 현장을 방문했을 경우 공사 중인 흔적터파기, 성토작업 등이 있다면 일단 유치권 여부를 의심하고 접근하는 것이 좋으며, 역시 부동산매매계약서 상에 유치권의 처리 여부를 명시하는 것이 좋다.

④ 특수지역권이란 '민법 제302조특수지역권 어느 지역의 주민이 집합체의 관계로 각자가 타인의 토지에서 초목, 야생물 및 토사의 채취, 방목 기타의 수익을 하는 권리가 있는 경우에는 관습에 의하는 외에 본 장민법 제5장 지역권의 규정을 준용한다'라고 정의하고 있다. 부동산 매매 거래에서 특수지역권으로 인한 분쟁은 현재 자주 발생하지 않고 있지

만 주의해야 할 권리이며, 오히려 특수지역권보다 지역권특히 통행 지역권
으로 인한 분쟁이 자주 발생하므로 주의를 요해야 할 것이다.

5) 땅이 사라졌다

분명 과거에 땅을 살 때는 현장에 가서 확인하고 매입했는데, 세월
이 지난 후 어느 날 가보니 땅이 보이지 않는다? 분명 있었던 땅이 마술
같이 사라진 것이다. 대체 무슨 일이 벌어진 것일까?

우리나라 하천 유역은 국토의 대부분이 산지인 까닭에 평지보다 산
지가 차지하는 면적이 크다. 산지에 내린 비는 1~3일 사이에 바다로
흘러가고 연간 강수 총량의 50~70퍼센트가 하천에서 바다로 운반된
다. 이와 같이 운반력이 강한 하천의 흐름으로 다량의 모래와 자갈이
산지에서 하류부나 하구 쪽으로 운반된다.

이러한 우리나라의 국토지형 특성이 땅을 사라지게 만드는 것이다.
즉 집중호우로 인하여 홍수가 발생하면 물의 흐름 속도가 빨라지고, 산
지에서부터 휩쓸려 내려온 다량의 모래와 자갈이 하천의 한쪽을 퇴적
시키고, 한쪽은 범람하면서 강의 물줄기가 바뀌게 되어 내가 가지고 있
는 땅은 사라지고 하천이 되는 것이다. 이렇게 하천으로 변한 땅을 부
동산용어로 포락지浦落地라고 한다.

하천으로 변해 포락지가 되면 땅을 사용할 수 없기 때문에 자산가치
는 사라지고 만다. 그럼 이런 위험은 어느 땅에 도사리고 있을까? 당연
히 하천 바로 옆에 붙어 있으면서 제방이 높게 형성되지 않아 홍수로
인해 범람이 잦은 지역일 것이다. 또한 하천뿐만 아니라 바닷가 주변
도 수면이 높아지면서 포락지가 많이 발생한다. 특히 동강, 한탄강, 섬

진강, 서해안, 남해안 등 주변은 포락지가 많은 지역으로 유명하다.

실제로 한탄강, 섬진강 등의 하천이나 남해안 일대의 바다 속에는 과거에 지목이 전田이나 답畓이었던 상태에서 물속에 잠기어 주소가 남아 있는 개인 땅들이 많이 있다.

따라서 경치가 좋은 땅은 향후 땅값이 많이 오를 가능성이 있지만 경치가 너무 좋다고 하천이나 바다에 너무 붙어 있는 땅을 산다면 어느 날 물속에 잠기는 땅이 될 수 있음을 주의해야 할 것이다.

6) 토지 이용 규제 위험

지금까지 여러 가지 토지 투자의 위험을 살펴보았다. 앞에서 살펴본 위험은 표시도 없고 현장 답사 등을 통해 확인해야 하는 난이도 높은 위험이다. 하지만 이러한 위험 말고도 부동산에는 각종 개발규제에 대한 위험이 있다. 내 땅이라고 해서 내 마음대로 100층 건물을 세울 수 없다.

토지는 특히 공공의 이익을 우선해야 하기에 모든 토지에는 이용에 대한 규제가 붙어 있으며, 이러한 규제내용은 모든 토지에 표시해놓았다. 각 토지에 대한 개별 규제 사항을 표시해놓은 것이 '토지이용계획확인원'이다. 따라서 토지에 투자하고자 하는 사람은 먼저 토지이용계획확인원에 대한 규제 내용 정도는 파악하고 투자할 것을 권장한다.

부자가 되고자 한다면 투자를 해야 하며, 투자에는 반드시 위험이 따르기 때문에 위험을 관리할 줄 알아야 부자가 될 수 있다고 계속 강조해왔다. 어떠한 토지 위험이 도사리고 있는지를 파악하고 사전에 대비하면서 여러 방면의 학습을 통한 맥락적 사고를 통해 위험을 제거할 줄 안다면 위험을 활용해 싼 가격에 좋은 토지를 구할 수 있다.

　토지 투자에 있어서 중요한 또 한 가지는 내 자금으로 최소한 10년 이상 장기투자 한다는 생각으로 토지를 매입해야 하며, 단기 이익을 바라보고 대출을 받아서 하는 투자는 실패할 가능성이 높다. 그럼 왜 토지를 최소한 10년 이상 투자해야 한다고 할까? 토지에는 각종 규제정책과 개발정책이 붙어 있는데 규제정책이 풀리거나 개발정책을 추진해나가는 데는 매우 많은 시간이 걸리기 때문이다. 토지의 규제정책과 개발정책을 읽을 수 있어야 토지 투자에서 성공할 수 있다.

　다음 그림은 해당 토지에 대한 규제와 개발할 수 있는 허용 범위를 나타내는 토지이용계획확인원본 그림은 독자 이해를 돕기 위한 과거 양식이며, 최근에는 전산으로 규제에 해당되는 내용만 프린트되어 발급됨이라는 것이다. '국토의 계획 및 이용에 관한 법률'에는 토지에 적용되는 용도지역·용도지구·용도구역과 개별법에 따른 지역 및 지구 등이 있는데 토지이용계획확인원에 그 표시가 있다.

　따라서 투자하고자 하는 토지가 어떤 규제가 걸려 있고 어떤 특징을 가지고 있는지 알아보기 위해서는 토지이용계획확인원을 발급받아 용도와 규제사항을 알아야 한다. 토지이용규제정보서비스luris.molit.go.kr/web/index.jsp에서 조회 토지의 용도와 구체적 제재에 대하여는 '국토의 계획 및 이용에 관한 법률'에 정해 있다.

　따라서 사고자 하는 토지의 토지이용계획확인원을 발급받은 다음, 인터넷 사이트 법제처www.moleg.go.kr/main.html의 통합검색란 중 현행법령에서 '국토의 계획 및 이용에 관한 법률'을 입력하면 법령이 조회가 된다. 조회를 한 다음 '3단 비교'를 누르면 법령, 시행령, 시행규칙이 모두 조회되므로 어떤 규제에 해당하는지 알아보고 투자에 임하는 것이 좋다.

토지이용계획확인(신청)서							처리기간
※ 굵은 선안에만 기재하기 바랍니다.							1일

신청인	성 명		주 소 우				(전화:)

대상지	토지소재지			지 번	지 목	면 적(㎡)
	시·군·구	읍·면	리·동			

확인내용	1	도시관리계획	용도지역	(제1종전용·제2종전용·제1종일반·제2종일반·제3종일반·준)주거지역 (중심·일반·근린·유통)상업지역 (전용·일반·준)공업지역 (보전·생산·자연)녹지지역 (보전·생산·계획)관리지역 농림지역 자연환경보전지역
			용도지구	(자연·수변·시가지)경관지구 (중심지·역사문화·일반)미관지구 고도지구(m이상 이하 또는 층 이상 이하) 방화지구·방재지구 (문화자원·중요시설물·생태계)보존지구 (학교·공용·항만·공항)시설보호지구 (자연·집단)취락지구 (주거·산업·유통·관광휴양·복합)개발진흥지구 특정용도제한지구 아파트지구, 위락지구, 리모델링지구 기타( )
			용도구역	개발제한구역, 시가화조정구역, 수산자원보호구역
			도시계획시설	도로·공원·기타( )
			지구단위계획구역	(제1종, 제2종)지구단위계획구역 건폐율( ), 용적률( ), 층수( ), 건축물용도( ) (자세한 사항 별도 확인 : 과)
			기 타	개발밀도관리구역, 기반시설부담구역, 개발행위허가제한지역, 도시개발구역, 재개발구역, 도시계획입안사항
	2	군사시설		군사시설보호구역·해군기지구역·군용항공기지구역(비행안전구역,기지보호구역) 해당없음
	3	농 지		농업(진흥·보호)구역 해당없음
	4	산 림		보전임지(생산·공익) 해당없음
	5	자연공원		공원구역·공원보호구역 해당없음
	6	수 도		상수원보호구역·수질보전특별대책지역·수변구역 해당없음
	7	하 천		하천구역·하천예정지·연안구역·댐건설예정지역 해당없음
	8	문 화 재		문화재·문화재보호구역 해당없음
	9	전원개발		전원개발사업구역(발전소·변전소)·전원개발사업예정구역 해당없음
	10	토지거래		허가구역 해당없음
	11	개발사업		택지개발예정지구, (국가·지방·농공)산업단지 해당없음
	12	기 타		

국토의 계획 및 이용에관한법률 제132조 제1항의 규정에 이하여 귀하의 신청토지에 대한 현재의 토지이용계획사항을 위와 같이 확인합니다.

년 월 일
시장·군수·구청장 印

수수료
지방자치단체의 조례로 정함

땅 값은 어떻게 차이가 날까?

땅값은 기본적으로 용도지역에 따라 차이가 있다. 용도지역이란 도시계획구역 안에서 토지의 효율적인 이용과 공공복리 및 도시기능의 증진을 도모하기 위하여 도시계획으로 지정하는 지역이다. 즉, 토지의 이용과 건축물의 용도, 건폐율, 용적률, 높이 등을 제한해서 한정된 토지를 효율적으로 이용하기 위해 도시관리계획으로 결정이 된다.

따라서 어떤 종류의 건물을 얼마나 높이 올릴 수 있는 지를 지역마다 정해놓고 정해진 규칙에 따라 건축허가가 나오기 때문에 지을 수 있는 건물의 종류에 따라 땅값 차이가 나는 것이다.

토지이용계획확인원을 한번 보자. 도시관리계획에는 '용도지역·용도지구·용도구역·도시계획시설·지구단위계획·기타'가 있으며, 용도지역에는 다시 '주거지역·상업지역·공업지역·녹지지역·관리지역·농림지역·자연환경보전지역'이 있다. 그리고 주거지역에는 도시계획조례가 정하는 바에 따라 보통 '1종전용·2종전용·1종일반·2종일반·3종일반·준주거'지역으로 나누어진다.

그렇다면 위 주거지역 중 어느 지역 땅값이 가장 비쌀까? 땅은 한정되어 있으니 땅을 최대한 활용해서 넓고높은 건폐율 높은 건물높은 용적률을 지을 수 있는 땅이 비쌀 수밖에 없다. 따라서 용도지역 상 주거지역이라 하더라도 땅값은 '제1종 전용주거지역'이 가장 싸고, '제2종 일반주거지역 → 제3종 일반주거지역 → 준주거지역' 순으로 가격이 비싸게 거래된다.

또한 주거지역보다 상업지역 땅값이 더 비싸며 이하 '공업지역·관리지역·녹지지역' 등은 '주거지역·상업지역'과 별도로 구별해야 한다.

결론은 똑같은 지역 내의 땅이라 하더라도 가장 넓고 높게 건물을 지을 수 있는 상업지역의 땅값이 가장 비싼 것이다.

[주거지역 내 건축행위]   2017년 11월 현재

도시	전용주거지역				일반주거지역						준주거지역	
	제1종		제2종		제1종		제2종		제3종		주거위주, 일부 상업 및 업무	
	단독주택 중심		공동주택 중심		저층주택 중심		중층주택 중심		중고층 주택 중심			
	건	용	건	용	건	용	건	용	건	용	건	용
서울	50	100	40	120	60	150	60	200	50	250	60	400
부산	50	100	40	120	60	150	60	200	50	300	60	500
대구	50	100	40	120	60	200	60	220	50	250	60	400
인천	50	80	50	120	60	200	60	250	50	300	60	500
광주	40	80	40	120	60	150	60	220	50	250	60	400
대전	50	100	40	120	60	150	60	200	50	250	60	400
세종	50	100	50	150	60	200	60	250	50	300	70	400

건=건폐율(%), 용=용적률(%)

건폐율	건물 1층 바닥의 넓이 개념
	땅(대지)의 면적이 100㎡이고, 건폐율 최고한도가 50%이라면 건물의 1층 면적은 50㎡까지 지을 수밖에 없다.
용적률	건물의 높이개념
	대지면적에 대한 건축물의 연면적(각층 바닥면적의 합계)비율을 말한다. 100㎡의 대지 위에 4층집을 짓는다고 할 때 용적률의 최고한도가 200%로 규정되어 있으면, 1층부터 4층까지의 바닥 면적을 더한 것이 대지면적 100㎡×200%=200㎡ 이하여야 한다(지하층은 지하로 몇 개 층이 되던지 제외).

※ 건폐율 50%, 용적률 100% 이하로 규정되어 있는 1종 전용주거지역에서 100㎡의 대지 위에 건물을 짓는다면 바닥 면적이 50㎡인 2층 단독주택을 지을 수 있다는 의미이다.
(1층 50㎡+2층 50㎡=100㎡)

용도지역이 변경되면 땅에서 황금이 쏟아져 나온다

1종 전용주거지역의 단독주택을 보유하고 있었는데 어느 날 갑자기 3종 일반주거지역이나 준주거지역·상업지역으로 변경되면 땅값은 예측할 수 없을 정도로 오르게 된다. 마찬가지로 가격이 매우 싼 녹지지역이나 관리지역, 농림지역 등의 땅을 가지고 있었는데 도시관리계획에 따라 주거지역이나 공업지역, 상업지역으로 용도지역이 변경되면 땅값 상승은 예측할 수 없다물론 정부에서 그냥 변경해주지 않고, 수용하거나 기부 체납이 있겠지만.

위의 용도지역에 따른 건축 가능 면적과 건축할 수 있는 건물의 용도주택만 건축할 수 있는지, 근린생활시설도 건축할 수 있는지를 알아보려면 토지이용계획확인원을 인터넷에서 조회해 해당 관청의 건축과에 문의해보는 것이 좋다. 그리고 용도지역 변경은 나 혼자 민원을 제기한다고 변경되는 것이 아니며, 각 지방자치단체의 도시기본계획에 의해 변경이 가능하다.

그럼 여기서 투자에 감이 있는 사람이라면 눈치 챘을 것이다. 가격이 비교적 낮게 거래되면서 향후 용도지역 변경이 가능하게 되어 크게 오를 수 있는 땅은 어디일까?

관리지역 중 계획관리지역은 향후 도시지역으로 편입이 예상되는 지역, 또는 자연환경을 고려하여 제한적인 이용·개발을 하려는 지역을 말한다. 따라서 개발 잠재력이 클 것으로 예상되는 지역을 고른 후 해당 지역의 계획관리지역 땅을 매입하면 언젠가는 도시관리계획에 따라 도시지역으로 용도지역이 변경될 가능성이 높다.

하지만 계획관리지역 역시 위와 같은 기대감으로 이미 땅값이 상승한 지역이 많다. 따라서 한발 앞서서 장기투자를 염두에 두고 길목 지키기 투자를 하는 사람들은 녹지지역 중 자연녹지지역을 찾아서 투자하고 있다.

결국 용도지역 중 관리지역이 준주거지역으로, 또는 녹지지역이 관리지역처럼 변경되면 매일 상한가를 기록하는 땅 투자로 성공하는 것이다. 하지만 용도지역의 변경이 무조건 좋은 것이 아니라 토지의 지목이나 상황에 따라 위험이 따를 수 있다. 계획관리지역의 땅이라도 도시계획이 추진되는 과정에서 산지임야는 녹지나 공원으로 지정될 수 있음에 주의해야 한다. 따라서 도시계획이 추진될 것이라는 소문이 나면 하루 빨리 산지전용허가를 받아 건물을 짓거나 창고용지나 잡종지 등으로 변경하는 작업 등을 고려해야 한다.

황금이 쏟아질 만한 관리지역을 어떻게 찾나

황금이 쏟아질 수 있는 땅은 계획관리지역으로 용도지역이 변경되는 땅인데 관리지역 중 준농림지역이 주로 계획관리지역으로 선정되는 경우가 많다. 먼저 준농림지역을 파악하려면 농지법에 따른 농업진흥지역 농지구 절대농지와 비농업진흥지역 농지구 상대농지를 구별할 줄 알아야 하고 산지관리법에 따른 보전산지와 준보전산지를 구별할 줄 알아야 한다.

농업진흥구역의 농지는 대규모 기계화 영농을 위하여 농지 경지정리 작업이 된 상태라 땅 모양이 대부분 네모반듯하게 되어 있다. 하지만 비농업진흥지역 농지는 기계화를 통한 대규모 영농이 불가능하거나 기계화 영농을 위하여 경지작업을 하더라도 그 비용이 더 많이 들기에 농사짓기에 적합하지 않은 땅이라 할 수 있다. 그래서 비농업진흥지역 농지는 대부분 모양이 반듯하지 못하고 못생긴 땅인 것이다.

마찬가지로 산지 역시 공익상 보전가치가 있는 임야는 산지관리법에 따라 보전산지로 묶어놓는 것이 효율적이지만 산지로서 가치가 떨어지는 임야는 보전보다 개발에 무게를 두고 있다.

아울러 농림지역 농지와 임야는 관할 행정부처인 농림부의 힘이 강하게 작용하기 때문에 농사 목적이 아니고는 토지 개발에 어려움이 많다. 따라서 토지를 산다면 저평가된 준농림지를 사서 장기간 보유하는 길목지키기 투자가 필요하다. 농림지역과 준농림지역의 구별방법은 땅을 직접 보고 하는 것이 아니라 토지이용계획확인원에 모두 표시되어 있다.

그리고 도시 인근에 접한 농림지역의 땅은 나중에 도시 확장을 위해 개발한다 하더라도 민간 개발이 아닌 정부 주도의 계획개발을 하면서 수용 후 개발될 가능성이 높다. 그 이유는 택지의 민간 개발을 위해 관할 부처에서 이를 허용할 경우 특정 기업 특혜의혹에 휘말릴 수 있으며 농림지역의 땅은 준농림지역보다 저렴하기 때문에 정부 주도의 수용 후 개발이 이루어진다.

몰라도 되지만 알면 유익한 TIP

[자연녹지지역]

도시 녹지 공간의 확보, 도시 확산의 방지, 장래 도시용지 등의 공급을 위하여 보전할 필요가 있는 지역으로서 불가피한 경우에 한하여 제한적인 개발이 허용된다.

몰라도 되지만 알면 매우 유익한 TIP

[농림지역과 준농림지역 비교]

구분	적용법	용도구분	세분화	토지이용	용도지역
농지	농지법	농업진흥지역	농업진흥구역	농업진흥을 도모하여야 하는 지역으로서 농지가 집단화되어 농업을 목적으로 이용하는 것이 필요한 지역	농림지역
			농업보호구역	농업진흥구역의 용수원 확보와 수질 보전 등을 위해 농업환경을 보전해야 할 필요성이 있는 지역	
		비농업진흥지역		농지 전용 대상으로 개발이 가능한 지역	준농림지역
임야	산지관리법	보전산지	임업용산지	집약적인 임업 생산 기능의 증진	농림지역
			공익산지	산림의 공익 기능과 임업 생산 기능의 증진	
		준보전산지		산지 전용 대상으로 개발이 가능한 지역	준농림지역

※ 표에서 색칠한 '준보전산지'가 핵심 투자 대상이며, 잠시 후 설명할 1,000만 원 이하 부동산을 매입해서 농지로 성형수술시킨 후 농지연금을 받아 화수분 지갑에 매월 용돈을 공급하는 효자로 만드는 것임

※ 농지는 당장 농업인으로 등록해서 농사지을 수 있는 사람만 투자를 권함

땅도 성형수술하면 팔자가 바뀐다

남자건 여자건 인물 하나 반듯하면 남들보다 우월적 위치에 있고 자신감 있는 것이 사회현실이다. 이는 생물학적 관점에서만 그런 것이 아니라 무생물인 그릇도 예뻐야 잘 팔리고, 가전제품이나 자가용도 디자인에 따라 매출에 지대한 영향을 미친다. 이러한 현상은 부동산도 똑같이 작용한다. 땅값을 산정하는 감정평가이론에도 네모반듯한 땅이 세모난 땅보다 비싸며 움푹 팬 땅보다 평평한 땅이 비싸다.

또한 땅의 활용 가치에 따라 가격은 천차만별이다. 밭과 대지가 나란히 붙어 있는 땅이라 해도 밭은 농사밖에 지을 수 없기 때문에 집을 지을 수 있는 대지보다 가격이 저렴하다. 도로가 붙어 있는 땅이라 해도 도로보다 낮은 땅은 도로와 같은 높이의 땅보다 쌀 수밖에 없다. 따라서 못난이 땅을 성형수술해주면 똘똘한 땅으로 바뀌어 땅값이 많이 오른다.

[토지 성형수술 방법 및 수술비용(대체산림자원 조성비, 농지전용부담금)]

1. 등록전환 - 지번에서 '산' 글자 없애기 　(이 책에서 투자를 권하는 핵심 토지 - 토임(土林)이라고도 함)
규모가 작은 임야는 시·군의 지적과에 신청하여 임야대장 및 임야도 관리를 토지대장 및 지적도 관리로 변경한다.
2. 지목변경
보통 토지의 가격은 용도지역에 따라 다르지만 같은 용도지역 내에서는 지목이 임야 → 답 → 전 → 잡종지 → 대지의 순으로 가격이 비싸지므로 가격이 제일 싼 임야를 사서 지목을 대지로 변경하면 가격은 몇 배로 상승한다. ※ 대체산림자원조성비(2017년) - 준보전산지 4,250원/㎡, 보전산지 5,520원/㎡, 산지전용제한지역 8500원/㎡ ※ 농지전용부담금 - 전용하고자하는 면적(㎡) × 개별공시지가 × 30% (단, ㎡당 최대상한선 5만 원)
3. 형질변경(지목변경과 함께 이루어지는 경우가 많다)
1. 성토 - 도로보다 낮은 땅(특히 논)은 흙으로 쌓아 도로 높이로 땅을 높이면 가격이 올라간다. 2. 절토 - 도로보다 높은 땅(특히 임야)은 땅을 깎아 도로 높이로 땅을 낮추면 가격이 올라간다. 3. 맹지 - 맹지 앞에 구거가 있으면 구거에 다리를 놓아 길을 만들어줌으로써 가격이 올라간다.
4. 필지분할(토지의 지번을 나누는 일)
토지에서 묘지가 있는 부분과 없는 부분을 측량해서 필지를 분할한다. (필지 분할을 통해 토지 일부에 걸쳐 있는 분묘기지권을 제거해서 토지 가격을 올림) - 농지는 필지 분할이 안 되므로 지목이 임야인 상태에서 필지 분할해야 한다.

등록전환

'공간정보의 구축 및 관리 등에 관한 법률'에 따라 임야대장 및 임야도에 등록된 토지를 토지대장 및 지적도에 옮겨 등록하는 것을 말한다. 토지소유자는 등록을 전환할 토지가 있으면 그 사유가 발생한 날부터 60일 이내에 지적소관청에 등록전환을 신청해야 한다. 등록전환을 신청할 수 있는 토지는 산지관리법, 건축법 등 관계법령에 따른 토지의 형질변경 또는 건축물의 사용승인 등으로 인하여 지목을 변경해야 할 토지이다.

다만, 다음의 어느 하나에 해당하는 경우에는 지목변경 없이 등록전환을 신청할 수 있다. ① 대부분의 토지가 등록전환 되어 나머지 토지를 임야도에 계속 존치하는 것이 불합리한 경우, ② 임야도에 등록된 토지가 사실상 형질변경 되었으나 지목변경을 할 수 없는 경우, ③ 도시관리계획선에 따라 토지를 분할하는 경우.

토지소유자가 등록전환을 신청할 때에는 등록전환 사유를 적은 신청서에 국토해양부령으로 정하는 서류를 첨부하여 지적소관청에 제출해야 한다. 근거법은 측량·수로조사 및 지적에 관한 법률이다.

등록전환 된 토지를 부동산 전문가들 사용 용어로 토임(土林)이라 부르며, 토지대장에 등록된 '임야로 정의내릴 수 있다. 일반적으로 지목이 '임야'이면 주소(지번)에 '00리 산00번지'라고 '산'자가 붙지만 토임에는 00리 00번지처럼 '산'이 없음에도 지목이 임야인 토지를 말한다. 이 토임이 이 책에서 핵심적으로 투자를 권하는 토지이다.

지금까지 토지 투자에 대하여 알아보았다. 한국의 부자들 중 땅으로 부자된 사람도 많다. 땅으로 부자 된 사람들은 갑작스럽게 부자가 되었다고 해서 졸부라는 말을 많이 썼다. 그러나 땅을 산지 며칠 만에, 몇 년 만에 부자가 된 것은 아니다.

조상대대로 농사짓다가 도시가 개발되거나 도로가 뚫려 땅값이 올라 부자가 된 사람도 있으며, 부모님이 수십 년간 농사짓던 땅을 상속으로 받아 부자 된 사람도 있다. 즉, 수십 년의 세월이 흘러서야 땅이 부를 안겨주는 부동산不動産이 아닌 부동산富動産이 된 것이다.

땅을 단순히 부자가 될 목적으로 투자하는 것보다 직장에서 은퇴 후 노후에 취미 삼아 과일농사나 화훼농원을 하고 싶다는 꿈을 가지고 땅을 산다면 분명 노후에 행복한 부자가 될 수 있을 것이다. 부자가 되기 위해 부동산 투자를 한 것이 아니라 부동산을 가지고 있었더니 부자가 된 것이다.

2,000만 원 이하 땅을 사서 농지연금 만들기

지금까지 토지에 대하여 짧게나마 설명했다. 아파트나 상가·오피스텔은 이미 토지의 각종 법률적 규제를 해결해서 만든 하나의 상품이기에 투자하는 데 많은 지식이 필요하지 않다. 그러나 토지는 상품이 아닌 원재료 상태이기에 가공하는 과정에서 많은 법적인 문제를 해결해야 하기에 토지 투자는 다른 부동산이나 주식투자보다 어렵다.

필자는 2장에서 2,000만 원 이하 토지를 사자고 강조했다. 지금부터 그 핵심을 제시하고자 한다. 먼저 투자하고자 하는 토지를 인터넷으로 검색한다. 검색은 공매온비드www.onbid.co.kr 사이트와 경매대법원www.

courtauction.go.kr 사이트를 통해 한다.

① 제1투자 대상은 토임土林이다. 토임이라는 단어는 지목에도 없고 부동산 관련 법률용어도 아닌 그저 부동산 투자자 사이에 통하는 단어일 뿐이다. 지목은 임야지만 호적은 임야대장이 아닌 토지대장에 등재되어 있는 토지로서 임야지만 농지에 준하는 대접을 받기도 한다. 앞에서 토지 성형수술 내용 중 「등록전환 된 토지」를 부동산 투자자들 사이에서 토임이라는 명칭으로 통용하고 있다. 산지관리법으로 관리하기에는 그만한 가치도 없고, 농지법을 적용시키자니 지목이 임야로 되어 있어 농지법 적용도 못하는 어중간한 사이에서 관련 부처에서는 계륵 같은 존재로 취급당하고 있는 것이 토임이다.

지목이 임야지만 산지로서의 가치가 떨어지다 보니 산지 전용이 쉽다는 장점이 있다. 즉 산지관리법상 산지를 다른 용도로 전용하려면 인허가 절차가 까다롭고 비용도 많이 들어가지만 토임은 이미 산지로서의 가치가 떨어져 호적을 임야대장에서 토지대장으로 옮긴 것이라 농지로 전환 시 상황에 따라서는 성형수술비대체산림자원조성비도 면제받을 수 있는 장점이 있기에 우리가 투자하고 하는 제1 목적물이다.

구별 방법은 간단하다. 산지관리법상 정상적인 임야는 지목이 임야이면서 주소에 '○○면 ○○리 산○○번지'처럼 번지 앞에 '산'이 표시되어 있다.

그러나 토임은 지목이 임야이지만 '●●면 ●●리 ○○번지'처럼 번지 앞에 '산' 표시가 없다. 번지 앞에 '산' 표시가 없는 임야를 검색한다. 이 책에서 권하는 2,000만 원 이하의 토지매입대상이 '토임'이다.

② 토임 중 2,000만 원 이하의 가격과 1,000평방미터 이상 되는 임야를 찾는다. 임야에 묘가 있어도 상관없고, 기획부동산이 작업해서 매매했던 부동산도 상관없다. 토지 투자의 위험 중 하나가 분묘기지권이라고 앞에서 설명했다. 따라서 묘지가 있는 임야는 아무도 거들떠보지 않는다.

유찰에 유찰을 거듭하다 재공매경매하는 경우도 있다. 우리는 지금 임야를 사서 건물을 지으려고 하는 것이 아니다. 농사지을 땅을 만드는 것이다. 묘지는 대부분 양지바른 곳에 만드니 농사지으면 농작물도 잘 자란다. 묘지 주인은 묘지까지 들어가는 길도 만들어놓았을 것이다. 묘지 있는 임야는 아무도 거들떠보지 않으니 싸게 낙찰받은 후 묘지 있는 부분만 필지 분할을 하면 묘지 빼고 남은 땅은 온전히 농지로 사용하면 된다.

그리고 필지 분할한 묘지는 묘지 주인에게 되팔거나 토지임료를 받으면 된다. 필지 분할 비용은 측량비용까지 합쳐 많이 들어가지 않는다. 단, 묘가 있는 임야를 사려면 묘 부분 필지분할을 하고도 1,000평방미터 이상 남아야 하니 좀 더 큰 땅을 찾아야 한다묘지 1기당 평균 20평방미터 차지 예상.

기획부동산이 휩쓸고 간 자리의 토지도 다른 사람들은 관심이 없다. 왜냐하면 야트막한 산을 마치 전원주택이나 펜션으로 개발 가능한 것처럼 꾸미기 위해 바둑판 모양으로 필지를 잔뜩 분할해 많은 사람들에게 팔았기 때문이다. 이런 땅은 이해관계인이 많아 개발허가를 받기가 더욱 어려워 개발 불가능한 땅으로 만들어놓았기 때문에 공매나 경매에서 관심 갖는 사람이 별로 없다.

우리의 목적은 전원주택 개발이 아니고 농사지어서 농지연금을 받는 것이다. 기획부동산이 휩쓸고 간 땅도 공매경매에서 싸게 살 수 있다. 착한 기획부동산은 땅을 바둑판처럼 필지 분할하고 길까지 닦아 놓은 곳도 있으니 인터넷 검색을 부지런히 하면 좋은 땅을 싸게 살 수 있다.

기획부동산이 작업한 부동산 지적도(강원도 원주시 관설동 806-00)

[기획부동산]

부동산을 이용해 마치 경제적인 이득을 많이 얻을 수 있을 것처럼 조작해서 투자자들로부터 부당한 이득을 얻는 행위를 하는 중개업자나 업체를 말하며, 부동산 사기 관련 언론 보도에서 사용하는 용어이다. 이들은 잘 팔리지 않고, 자체 개발이 어려운 대형 토지를 싸게 매입해서, 전원주택이나 펜션 같은 것으로 개발 가능한 것처럼 허위광고를 해서 개인들에게 비싸게 되파는 업을 주로 한다. 토지 필지를 바둑판처럼 잘게 분할 등기한 후, 개별 소유권이전등기로 되파는 방법이나 한 필지의 토지를 여러 사람에게 지분 소유권이전등기하는 방법으로 되파는 경우도 있다. 마케팅 방법은 주로 텔레마케팅, 인터넷허위광고, 스마트폰 문자메시지, 지인마케팅을 통한다.

③ 땅에 도로가 없어도 상관없다. 임야를 농지로 전환할 때 도로가 있으면 좋지만 도로가 없어도 농지등록 인허가를 받을 때 필요치 않다. 도로 없는 땅을 맹지라고 하는데 맹지도 농사짓는 데 아무 문제없다. 묘지가 있는 땅이라면 맹지이지만 사람은 다닐 수 있을 것이다. 맹지도 공매나 경매에서 찬밥취급을 당해 가격이 싸다.

④ 토지이용계획확인원을 조회해서 공익용산지, 보전산지, 공원구역, 공원보호구역, 국립공원으로 등록된 임야는 농지전용이 안 되는 경우가 많으니 제외한다지자체 산림관리과 전화 문의, 토임은 농지전용 가능한 게 많이 있음.

위 조건에 맞는 임야를 경매나 공매를 통해 매입한 후 농지로 변경하는 작업을 해준다. 임야를 깎는 성형수술절토까지 해주고 임야인 지목을 농지로 변경하면 공시지가는 더 올라갈 것이다. 1,000만 원을 들여 투자한 땅이 1억 원만 되어도 성공이다.

농지로 변경하면 최소 5년 이상은 농사를 지어야 한다. 남의 땅에서 주말농장 하지 말고 1,000평방미터 이상 되는 내 땅에서 가족과 주말에 농사지으며 힐링해보자.

오래 전 공익광고에 이런 문구가 있었다.

'고정관념을 깨트리고 쓸모없는 고철에 불과한 쇳덩이들을 모아 두들겼더니 아름다운 음악으로 바뀌었다. 그래서 내 고정관념을 깨트리는 것이 중요하다는…'

기획부동산이 휩쓸고 지나간 땅이나 묘지 있는 땅을 사면 절대 안 된다는 고정관념을 깨면, 농지로 사용할 수 있는 방안이 보인다.

남들이 쳐다보지 않는 땅을 싸게 공매받아 약간의 성형수술을 통해 농지연금을 안겨주는 효자 땅으로 만드는 것이 재테크의 진정한 고수다.

2,000만 원 이하 땅 사러 인터넷 항해를 떠나보자

부동산을 싸게 살 수 있는 방법은 경매와 공매가 있다. 경매는 경매 실시 일자에 법원에 가서 직접 현장 경매에 참가해야 하므로 본업이 따로 있는 직장인이나 자영업자는 시간 내기가 어려울 수 있다. 공매는 자산관리공사에서 진행하는 것으로 주로 세금체납으로 압류된 부동산, 동산이나 정부 보유 부동산 등을 온비드www.onbid.co.kr를 통해 인터넷으로 입찰에 응하고 낙찰을 받는 것이다.

따라서 여기서는 자산관리공사 주관 공매에 참여해서 원하는 부동산을 매입하고 앞에서 학습한 내용을 토대로 매입한 부동산이 똘똘한 부동산이 되도록 만들어보자.

[공매 체험하기]

① 온비드www.onbid.co.kr에 접속한다. 회원가입 필수, 입찰을 위해서는 공인인증서도 등록해야 함

부동산 클릭

② 본인의 취향에 맞는 조건을 입력한다.

처분방식=매각 선택	입찰기간은 조회일로부터 1개월 이상 임의 선택	
용도=토지, 임야 선택	소재지=농사짓고자 하는 지역 선택	최저입찰가=1,000만 원

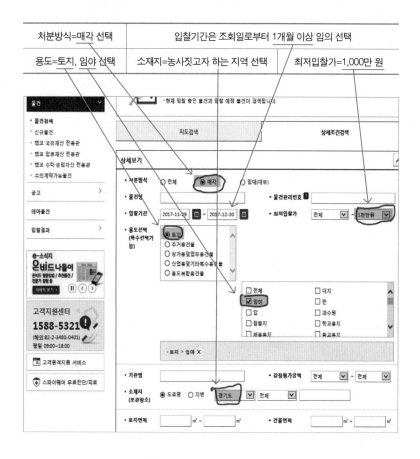

③ 조회된 많은 부동산 중 아래 조건에 맞는 부동산 정밀 조사 시작

① 지목이 임야이지만 토지지번에 '산00-00'처럼 '산'자가 없는 토
   지토임 선택

② 토지 면적이 1,000㎡ 이상 선택

③ 감정가격 대비 최저 입찰가가 많이 낮은 물건 선택유찰이 5회 이

   상 된 것

④ 이제 원하는 토지를 찾았다. 토지 면적이 2,862㎡약 865평이며, 지목이 임야이지만 지번에 '산' 표시가 없는 토임이고 유찰도 7번이나 되어 최초 감정가 대비 45퍼센트에 입찰이 가능하다.최저 입찰가 9,145,000원

여기서 여러분이 감정평가서를 대략이라도 파악할 줄 알면 좋다. 다른 건 몰라도 감정평가서 내에 감정평가사가 현장 방문 후 기록한 '감정평가액의 산출근거 및 결정의견'에 보면 해당 부동산의 입지개황 기록 내용에 이 부동산이 왜 유찰이 7번이 되었는지 감을 잡을 수 있다.

입지개황에 표시된 본 부동산의 내용

- 주변은 순수 자연림 및 묘지 등으로 형성된 지역묘지 때문에 유찰이 많이 된 듯

- 본 건까지 차량의 진·출입이 불가능하며, 인근에 버스정류장 등이 위치하고 있음

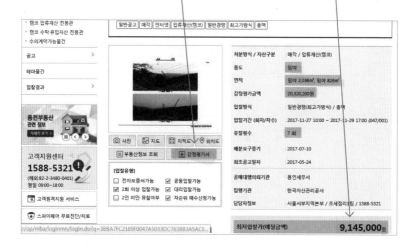

⑤ 다음은 토지이용계획 확인원을 조회해보자. 토지이용계획 확인원은 인터넷으로 조회가 가능하다.토지이용규제정보서비스≪luris.molit.go.kr

앞에서 설명한 공익보전산지, 공원용지, 공원보호구역에 해당이 안되어 농사짓는 데 큰 무리가 없고 농지 전용도 가능할 것 같다.이제부터

해당 시청이나 군청에 농지로 전환이 가능한지 전화로 문의함

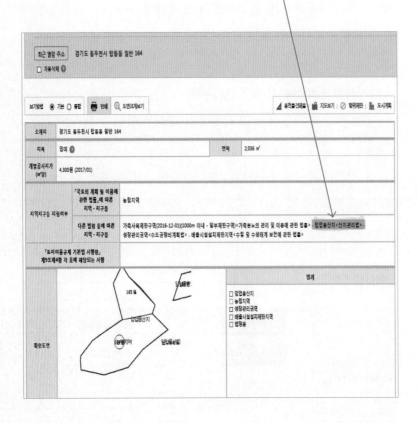

⑥ 위성지도로 해당 토지를 살펴보면서 도로와 얼마나 떨어져 있는지, 완만한 경사인지, 급경사인지, 주변에 민가가 얼마나 떨어져 있는지 확인해보자. 묘지가 있다면 몇 기의 묘지가 있는지를 살펴본다.묘지가 있는 지역과 없는 지역으로 필지 분할 이후 1,000㎡ 이상 농사지을 수 있는 땅이 되는지를 파악

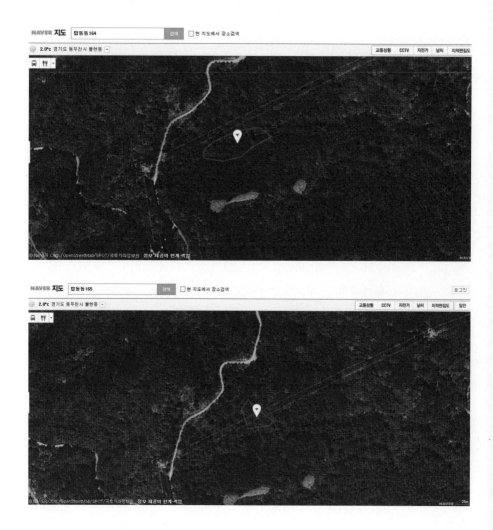

여기까지 부동산을 검토해보면 현장에 가지 않고도 위 토지는 920만 원 정도에 낙찰받아 농지로 전환하면 먼 미래에 화수분지갑에 돈을 공급할 효자가 될 듯하다. 중요한 건 입찰받기 전 현장 답사를 반드시 해보길 권한다. 현장 답사하면서 경사가 어느 정도 되는지, 농사지을 수 있는 땅인지를 알아보는 게 중요하다.

온비드에 들어가서 입찰에 참여하고, 낙찰받은 후 소유권 이전까지 업무 처리 절차는 홈페이지에 자세히 설명되어 있으며, 자산관리공사 담당 직원과 통화하면서 촉탁등기를 의뢰하면 소유권이전등기까지 마칠 수 있다.

※ 참고로 본 사례의 동두천시 탑동동 임야는 이 책을 쓰기 위해 2017년 11월 중순경 조회해서 글에 올린 건데 2017년 12월 21일 610만 원에 낙찰되었다. 누군가는 $2862m^2$ 약 865평 되는 토지를 감정평가금액 2천 32만 200원 대비 30퍼센트인 610만 원에 마련한 것이다. 이 부동산을 성형수술해서 농지로 전환하면 1억 원짜리 부동산이 되는 것은 시간문제일 것이며, 농지로 전환되어 공시지가가 1억 원이 되면 투자수익률은 약 1,539퍼센트가 된다. 이렇게 노력하는 것이 부자들의 재테크 비법이다.

화수분지갑 덕분에 피어나는
노후의 웃음꽃

많은 재산을 보유하고 있다가 죽으면 재산분배 상속문제로 가족 간에 다투는 일들을 많이 지켜봤다. 간혹 가족 간의 다툼이 또 다른 죽음을 불러오기도 하는 사건을 접하기도 한다.

이제 재테크를 재정의해야 한다. 그동안 재테크는 어디에 투자하면 얼마를 벌어 대박을 터뜨릴 수 있다는 식으로, 일시에 거액을 버는 것이라고 우리는 알고 있었다. 하지만 세상에 공짜는 없다. 이는 당신의 주머니를 열어 돈을 옮겨가기 위한 수단일 뿐이다.

따라서 필자는 '재테크는 노후준비를 위한 것'으로 재정의하고자 한다. 노후준비 방법은 개인별 취향과 상황에 따라 다르겠지만, 결국 돈이 필요하다. 돈 없는 노후생활을 오랜 기간 찌들게 하는 것처럼 비참한 일은 없을 것이다. 일시에 대박을 터뜨려 재물을 쌓아놓는 재財테크보다 한평생을 함께한 부부의 지갑에 현금이 마르지 않게 '화수분지갑'

을 만드는 산菱테크를 하는 것이 행복한 가정을 만들어줄 수 있다고 생각한다.

　요즘 황혼이혼이 사회 문제로 대두되고 있다. 노년 부부의 갈등은 오랜 기간 오직 재물을 쌓으려고 발버둥치는 삶속에서 가족을 돌보지 못한 가족 간의 깊은 골이 만들어낸 결과라고 한다. 부부가 함께 화수분지갑을 만들어 나간다면 이 또한 아름다운 노후생활을 만들 수 있지 않을까?

　이 책에서는 돈을 벌어들이는 것보다 돈을 관리하는 것이 얼마나 중요한지 많은 사례들을 통해 살펴보았다. 누구나 갈망하는 로또 당첨도 결국 비극으로 끝나는 사례가 많듯이 일시에 큰돈을 벌겠다는 목표보다 하루하루 절약하는 생활 속에서 영리하게 돈 관리를 해서 노후를 준비하다 보면 부자가 되어 있음을 발견할 것이다.

　또한 살다보면 뜻대로 되지 않는 경우도 많이 있다. 내가 잘못한 것이 없음에도 IMF 외환위기나 글로벌 금융위기 등으로 인해 삶의 기반이 무너지고 가족의 존재 기반마저 사라지는 절망적인 일도 생길 수 있다. 그러나 앞에서도 이야기했지만 삶의 기반이 무너졌다고 해서 모든 걸 포기하고 절망 속에 빠져든다면 그것은 진짜 실패가 되는 것이다.

　절망을 끊으면 새로운 희망이 자란다는 신념을 놓치지 말자. 그리고 시간이라는 재산이 남아 있다는 사실도 반드시 기억하자. 더불어 권토중래의 철학으로 포기하지 않고 재도전해 성공한 사례와, 실패하기 전

몰랐던 돈 관리의 중요성을 깨달아 재기에 성공한 사례도 살펴봤으니 결코 포기하지 말자.

누구나 부자가 되길 꿈꾼다. 하지만 돈을 잃는다는 두려움 때문에 부자가 되지 못하는 것이 사실이다. 필자는 돈을 잃지 않으려면 위험을 분석하는 능력도 키우고, 돈을 영리하게 굴려야 한다고 강의 때마다, 그리고 지난 책에서도 수차례 강조해왔다. 부자가 되기 위해서는 반드시 주식에 투자해 목돈을 마련해야 하는데, 주식의 위험도 모른 채 정보만 듣고 불나방처럼 뛰어 들어가지 말고 적립식으로 분산해야 한다고도 설명했다.

이제 화수분지갑을 만들기 위해 이 책의 핵심을 다시 한 번 정리해보자.

① 매월 월급을 받던지, 장사하면서 돈을 벌던지 일단 들어오는 돈을 모아 목돈으로 만드는 방법은 적립식주식형펀드 투자가 최고임을 증명해보였다.

② 연금 2, 3, 4층에 해당하는 퇴직연금DC형, 개인형퇴직연금IRP, 연금신탁연금보험, 변액종신보험60세 이후 연금 전환은 50세 이전까지 주식형펀드 편입비율을 최대로 높이라고 권장했다.

③단, 적립식주식형펀드 역시 국내주식형·해외주식형·실물자산
인 금에 다섯 개 이상 쪼개어 가입할 것을 권했다.적립식채권형펀드
보다 적립식주식형펀드 가입권장

④허리띠 졸라매고 모은 목돈이 헛되이 사라지지 않도록 들어오는
돈의 10퍼센트는 보장성보험을 위해 버리라고 했다.

⑤시간의 화폐가치 측정을 위해 삼성전자 주식을 1980년 1월부터
매월 100만 원씩 적립식으로 매입한 사람과 1990년 1월부터 매
월 적립식으로 매입한 사람의 투자원금은 1억 2,000만 원밖에 차
이가 나지 않지만 투자이익금 차이가 241억 원에 달한다는 것도
증명해 보이면서 하루라도 빠른 가입을 권했다. 하지만 개별주
식은 위험하니 주식형펀드의 장점을 말하면서 주식형펀드 가입
을 권했다.

⑥연금 탑을 6층까지 만들면서 각 연금 단계에서 자산 운용할 형태
는 다음과 같이 정리할 수 있다.

연금 1층, 공적연금국민연금, 사학연금, 공무원연금, 군인연금은 개인이 자산
운용 지시를 할 수 없다고 했다. 연금 2층의 경우 회사원은 퇴직연금에
가입되어 있는데
퇴직연금 DC형 가입자와 개인형퇴직연금IRP 가입자는 50세까지 주
식형펀드를 운용자산에 많이 편입해야 한다.

연금 3층 역시 50세까지 운용자산에 주식형펀드 비중을 높이고, 연금 4층의 종신보험은 약정이자율보장보험 50퍼센트와 변액보장보험 50퍼센트 비율로 가입하되, 변액보장보험 역시 주식형펀드 편입 비중을 높여야 한다.

연금 5층의 주택연금은 60세가 될 때까지 내 집 가치를 올릴 수 있을 만큼 최대로 올리는 집테크를 통해 똘똘한 집 한 채를 만들 필요가 있다.

연금 6층의 농지연금을 위해서는 젊을 때 저렴한 가격으로 임야_{土임}를 사서 농지로 전환시킨 후, 주말에 골프보다 가족과 틈틈이 농사지으면서 65세에 농지연금에 가입할 것을 권했다.

이와 같이 연금 6층이 전부 완성되면 평생 돈이 마르지 않는 화수분지갑이 만들어질 것이며, 가족들과 함께 힐링하면서 행복하고 아름다운 노후를 즐길 것이다.

모쪼록 독자분들 모두 올바른 투자를 통해 만들어진 화수분지갑을 가지고 웃음꽃이 만발한 노후를 보내길 기원한다.

참고문헌

김봉국, 〈승자의 안목〉, 센추리원, 2013

김성회, 〈성공하는 CEO의 습관〉, 페이퍼로드, 2008

박상언, 〈대한민국 부동산 투자를 지배하는 100가지 법칙〉, 스마트비즈니스, 2015

벤 벤슨, 〈돈에 관한 생각〉, 퍼플카우, 2012

브루스 그린왈드, 〈VALUE INVESTING〉, 국일증권경제연구소, 2002

선대인, 〈선대인, 미친 부동산을 말하다〉, 웅진지식하우스, 2013

신동준, 〈사마천의 부자경제학〉, 위즈덤하우스, 2012

야자와 사이언스 연구소, 〈세상을 바꾼 경제학〉, 김영사, 2013

이명로, 〈월급쟁이 부자들〉, 스마트북스, 2014

이병남, 〈경영은 사람이다〉, 김영사, 2014

이상윤, 〈부동산개발 전문가과정(Ⅰ): 상권입지분석 편〉, 한경아카데미, 2005

이상윤, 〈부동산개발 전문가과정(1)〉, 한경아카데미, 2005

전영수, 〈인구 충격의 미래 한국〉, 프롬북스, 2014

정은길, 〈여자의 습관〉, 다산북스, 2013

조원경, 〈식탁 위의 경제학자들〉, 쌤앤파커스, 2016

짠돌이카페 슈퍼짠 9인, 〈돈이 모이는 생활의 법칙〉, 길벗, 2014

투자신탁협회, 〈채권투자운용 및 투자전략〉, 투자신탁협회연수교재, 2002

부자들의 재테크 불변의 습관

초판 1쇄 발행 · 2018년 1월 15일
초판 2쇄 발행 · 2018년 3월 10일

지은이 · 이정우
펴낸이 · 김동하

펴낸곳 · 책들의정원
출판신고 · 2015년 1월 14일 제2015-000001호
주소 · (03955) 서울시 마포구 방울내로9안길 32, 2층(망원동)
문의 · (070) 7853-8600
팩스 · (02) 6020-8601
이메일 · books-garden1@naver.com
블로그 · books-garden1.blog.me

ISBN 979-11-87604-46-4 (03320)